공공·금융·의료·교육·복지
분야별로 알아보는 Q&A

개인정보
보호법 편

전주현 지음

사례 중심으로 알아보는
개인정보
보호 실무

정보문화사
Information Publishing Group

사례 중심으로 알아보는
개인정보 보호 실무

초판 1쇄 인쇄 | 2017년 01월 15일
초판 1쇄 발행 | 2017년 01월 20일

지　은　이 | 전주현
발　행　인 | 이상만
발　행　처 | 정보문화사

책 임 편 집 | 최동진
편 집 진 행 | 노미라
일 러 스 트 | 강소정

주　　　　소 | 서울시 종로구 대학로 12길 38 (정보빌딩)
전　　　　화 | (02)3673-0037(편집부) / (02)3673-0114(代)
팩　　　　스 | (02)3673-0260
등　　　　록 | 1993년 8월 20일 제1-1013호
홈 페 이 지 | www.infopub.co.kr

I　S　B　N | 978-89-5674-730-9

국내 대형 인터넷 쇼핑몰의 개인정보 유출 사건이 또 한 번 보안업계에 큰 파장을 던져 주었다. 1,030만 명의 개인정보가 유출되었기 때문이다. 경찰청 사이버 수사과는 쇼핑 몰 해킹 사건을 북한의 소행으로 판단하였다. 그 근거로는 사용된 IP 주소, 악성코드의 유사성, 협박 메일에 쓰인 문제 등 세 가지를 제시했다. 또한, 30억 원에 달하는 비트코 인(가상화폐)을 요구하기도 했다고 경찰청은 밝혔다.

개인정보 유·노출은 어제오늘의 일이 아니다. 정보 인프라가 잘 갖추어진 대한민국은 이제 해킹의 테스트 베드가 된다는 이야기까지 들린다. 글로벌 환경이 더욱 복잡해지 고 인터넷이라는 도구는 생활에 더 가깝고 깊게 자리 잡고 있다.

우리는 왜 이렇게 반복적으로 당하고만 있어야 하는가? 해킹의 주범인 공격자가 있지 만, 피해자인 개인정보처리자나 정보통신 서비스 제공자가 오히려 가해자가 되어 버리 는 경우가 발생한다. 반복적인 개인정보 유·노출과 맞물려 '개인정보 자기결정권'이라 는 정보주체의 권리도 강화되고 있다.

혹자는 정보보호와 개인정보 보호 두 가지 관점에서 볼 때 '개인정보만 이슈가 되고 정 보보호는 왜 덜 주목받는가?', '개인정보에만 초점이 맞추어져 있고 정보보호에는 조명 이 덜 비추어지는가?'라는 의구심을 가지기도 한다. 이는 미묘한 차이점이 있다는 사실 을 기억해야 한다.

2016년 국내 대기업 중 한 곳이 이메일 해킹으로 무역 대금 240억 원을 잘못 송금하는 바람에 사기를 당하는 사건이 발생했다. 사실 피해 규모로 본다면 적지 않은 금액이지 만, 언론이나 방송에 그다지 조명을 받지 못했다. 그 이유는 바로 피해자가 해당 기업 으로 국한되었기 때문이다.

다시 말해 피해를 본 기업의 자산에만 손실이 발생한 것이다. 하지만 개인정보 유출이 일어난 대형쇼핑몰은 언론·방송에 집중적으로 보도되었고 경찰은 즉각 수사를 시행하였다. 또한, 민간합동조사단이 발동되어 조사에 착수하였다. 개인정보는 기관 및 기업의 자산이 아닌 바로 정보주체가 그 개인정보의 주인이다. 이렇듯 조직의 자산에 대한 보호와 정보주체의 자산인 개인정보 보호의 출발점에 차이가 있기 때문에 개인정보 유출에 더욱 민감한 반응을 일으키고 있다.

2011년 9월 30일 「개인정보 보호법」이 시행되어 공공과 민간 350만 업종이 법의 대상이 되었다. 개인정보 보호법은 일반법이다. 정보통신망법과 신용정보 보호법은 특별법으로, 개인정보 보호에 대한 법적 근거로 자리 잡게 되었다. 이전에는 「공공기관에 관한 개인정보 보호법률」이 있었고, 정보통신망법에 민간 부분이 준용사업자로 적용되었으나 법의 사각지대가 생겨 「개인정보 보호법」이 사각지대를 해소하는 법으로 의미를 부여하게 되었다.

「개인정보 보호법」이 제정된 지 5년이라는 시간이 흘렀다. 그 사이 네 번의 개정이 이루어졌으며 고시도 개정되었다. 이제 정보보안(개인정보 보호) 업무를 하기 위해서는 그 기준점이 되는 법적 준수사항을 반드시 알아야 일을 할 수 있게 되었다. 그만큼 기술적으로 복잡해지고 주먹구구식이 아닌 체계적인 보안관리가 되어야 함을 나타낸다.

필자는 지난 20년간 필드에서 정보보안 기술과 실무를 익히고 관리하였으며, 개인정보 보호법이 제정되던 2011년부터 개인정보 보호에 대한 관련 법령과 인증제도를 연구하고 공부하고 있다. 지금까지 행정자치부 개인정보 보호 전문 강사로 활동하면서 기업과 기관에서 300여 회가 넘는 개인정보 보호 강의를 진행하였다.

반복적인 강의를 하다 보면 법조문을 다시 보게 되고 그 의미와 사례를 다시 살펴보게 된다. 기본적인 법률을 근거로 다양한 분야에 개인정보 보호를 적용하려면 해당 분야에 맞는 법 해석 능력과 사례, 그리고 개정된 사항을 빠르게 전달해야 한다.

시행 초기에는 법의 개념 전달에 심혈을 기울었다. 시간이 지날수록 법이 적용되는 분야가 다양하기 때문에 그 분야와 산업에 맞는 교육과 개인정보에 대한 인식 전달이 필요함을 느꼈다.

수많은 현장을 누비면서 실무 담당자로부터 많은 질문과 이메일 그리고 개인정보 보호 자문을 하면서 실무 현장에 맞는 지식을 차곡차곡 쌓은 덕에, 이제 막 시작하는 개인정보 담당자에게 전달해 주고 싶은 마음이 생겨 이 책을 쓰게 되었다. 흩어져 있는 지식을 한곳에 담으려 했으며, 개인정보 업무를 처음 담당하는 자를 대상으로 그 눈높이를 맞추고자 최대한 쉽고 간결하게 쓰려고 하였음을 밝힌다.

「개인정보 보호법」도 법률인 만큼 자주 공부하다 보면 법률적 지식도 같이 상승함을 알게 된다. 필자는 실제 그런 경험이 다른 영역에서 많이 도움이 되었음을 밝힌다. 이 책은 일반법인 「개인정보 보호법」을 위주로 쓰였다. 「개인정보 보호법」은 개인정보에 대한 일반법이고 공공과 민간 분야에 널리 적용되는 법이기도 하지만, 「정보통신망 이용촉진 및 정보보호 등에 관한 법률」을 같이 기술하기엔 독자들이 더 혼란스러워 할 것 같아 기회가 되면 따로 「정보통신망법」에 대해 자세히 전달해 보기로 하고, 주로 「개인정보 보호법」 기반으로 서술하게 되었다. 또한 실무자 인터뷰를 통하여 공공기관, 대기업, 금융기관, 엔터테인먼트, 정보보안 컨설턴트 등 개인정보 보호에 대해 같이 고민하는 생각을 지면에 그대로 실어 보았다.

1부는 개인정보처리자 입장에서 처리해야 할 개인정보 관련 업무를 살펴보았다. 개인정보를 수집·이용·제공·저장·파기해야 하는 역할과 책임이 개인정보처리자에게 있기 때문이다. 대다수 실무에서는 개인정보처리자가 해야 할 역할과 책임에 대한 필요성을 많이 언급해 달라고 요구한다. 개인정보취급자는 개인정보 업무처리에 대한 역량을 갖추어야만 하므로 이 책이 도움될 것으로 판단된다.

「개인정보 보호법」 조문 중에서 3장이 개인정보 처리, 4장이 안전한 관리로 개인정보처리자의 핵심 부분을 명시하고 있다.

2부는 정보주체로서 개인정보 자기결정권을 행사할 수 있는 여러 가지 제도적 내용을 살펴보았다. 개인정보 열람, 정정, 삭제, 정지 등 정보주체로서 권리를 명시한 부분이다. 정보주체인 개인이 개인정보 업무와 관련하여 '개인정보 자기결정권'을 행사할 수 있는 근거 조항이다.

3부는 앞의 이론적 바탕을 중심으로 실제 현장 사례를 삽화를 통해 독자들이 보다 쉽게 이해하고 구독할 수 있도록 구성하였다. 그 외 자주하는 질문을 공공, 금융, 의료, 교육, 복지 분야로 나누어 질문과 답변 형식으로 구성하였다. 또한, 최근 이슈가 되었던 사건사고 중에서 대법원 주요 판결을 살펴보았다.

4부는 각종 개인정보 관련 법정 서식을 담아 업무에 필요한 양식과 법에서 규정한 과징금, 과태료 부과내역을 「부록」으로 참고할 수 있도록 구성하였다. 무엇보다 고민했던 것 중의 하나가 텍스트에만 의존하지 않고 현장의 개인정보 보호 책임자 및 담당자의 목소리를 담아 보려 노력하였다.

이 책은 「개인정보 보호법」 법 자체 연구보다는 실용서로서 실제 업무 현장에 도움이 되고자 하는 목적으로 쓰였기 때문에 가장 중요시되는 법 '제3장 개인정보처리', '제4장 안전한 관리', '제5장 정보주체의 권리'를 중심으로 설명하였다는 것을 밝힌다. 그 외에 다른 법조문은 필요하면 공개 배포된 자료나 법 전문 서적을 참고하길 바란다.

개인정보 보호를 연구하면서 규정과 제도를 자주 접하다 보니 어쩔 수 없이 법을 많이 접하게 되었고, 자연스럽게 법에서 요구하는 유권해석이나 판례들도 참고하면서 법의 사상이나 철학을 조금씩 느낄 수 있었다. 결국, 정보보안(개인정보 보호)은 기술적인 부분을 기본 바탕으로 하고, 컴플라이언스(법 준수)를 지켜야 하는 더 많은 역량을 요구하는 길을 함께 걷고 있다.

세상이 복잡하게 변하고 있으므로 이에 따른 제도와 규정 준수는 필수적인 사항이 되었다.

2016년 여름은 너무나 더웠다. 전기 누진세 때문에 선풍기를 틀고, 때로는 연구실에서 늦은 밤까지 자료를 찾으면서 무더운 여름과 함께 땀을 흘렸다. 또한, 조금 더 가치 있는 책을 만들기 위해 현장에서 실제 개인정보 업무를 담당하고 있는 몇몇 분들에게 서면 인터뷰를 진행하였다. 이에 응해 주신 정환석 님, 황규연 님, 최일영 님, 주상식 님, 김민성 님, 김도형 님 그리고 익명으로 인터뷰해 주신 분까지 진심으로 감사드린다.

끝으로 이 책이 나오기까지 힘써 주신 정보문화사에 깊은 감사의 말씀을 전한다. 언제나 아들 잘되기만 바라는 부모님과 동생들에게도 감사드린다. 영원히 마음속에 담고 있는 아내와 두 아들에게 이 책을 바친다.

전주현

간단한 자기소개 부탁드립니다.

지방공기업 개인정보 보호 담당자로서 '공공기관 개인정보 보호 관리수준진단' 최우수 기관으로 2회 선정되어 행정안전부장관 표창을 받은 정환석이라고 합니다. 지금은 개인정보 보호 관련 박사학위 논문을 준비 중이며, 틈나는 대로 개인정보 보호법과 관련하여 많은 이들이 알기 쉽게 이해할 수 있고, 업무에 적용할 수 있도록 우수사례 전파와 뉴스 등에 칼럼을 기고하고 있습니다.

공공기관에서 개인정보 업무처리를 위해 가장 개선해야 할 사항은 무엇이라 생각하는지 세 가지만 말씀해 주세요.

첫째, 전문 인력 양성 및 전담조직의 구성이다. 공공기관 특성상 잦은 인사이동에 따른 개인정보 보호 담당자의 전문성이 낮다(많은 기관이 개인정보 보호 업무는 귀찮고 일 많은 업무로 치부하기 때문에 직급이 낮은 인력이 맡아서 처리하고 있다). 따라서 전담인력에 대하여는 최소한 3년 이상의 근무자가 3년 이상 업무를 수행하도록 하여 기관의 개인정보 보호 업무에 대한 안정화에 투자가 필요하다고 본다. 또한, 개인정보 보호를 위한 전담조직을 구성하여 개인정보 유출 사고 발생 시 체계적이고 신속한 대처로 기업의 개인정보를 안전하게 관리함이 필요하다고 생각된다.

둘째, 법령 이해를 통해 업무에 적용한다. 아직도 공공기관의 직원 채용 양식에서 주민등록번호를 수집하는 경우가 많다. 이는 법령에 대한 관심과 이해도가 낮아서 나타나는 현상이라고 본다. 기관의 임직원 모두가 법을 잘 이해하고 업무에 적합한 법 적용이 필요하다.

셋째, 인식 전환이 필요하다. 개인정보 보호법을 준수해야 하는 자는 개인정보 보호 담당자만이 아닌 공공기관 임직원 모두가 해당한다. 이러한 점에 대해 모두가 인식하고 많은 관심을 기울여 개선해 나가야 할 것이다.

공공기관은 개인정보 업무 중에 위탁이나 3자 제공을 하는 경우가 많습니다. 공공기관에서 위탁과 3자 제공 시 어떻게 업무처리를 하고 있나요?

위탁과 3자 제공은 많은 부분이 비슷하다. 따라서 잘 구분하여 처리해야 한다.

위탁의 경우 ① 계약서 체결, ② 위탁업무별 맞춤형 관리·감독 지표를 만들어 정기적으로 감독 및 수탁자 교육을 한다. ③ 개인정보 수집 또는 제공을 할 경우 공문서에 의하여 제공하고 있으며, 업무 목적 달성 시(계약 만료 등) 수집 또는 제공된 파일을 즉시 파기하고 결과를 회신토록 하고 있다.

3자 제공의 경우는 수집 목적 내 제공과 목적 외 제공으로 나누는데, 두 가지 모두 제공 시에는 문서에 의하여 제공하고 있고, 목적 달성 시 파기 후 통보하도록 하고 있다. 목적 외 제공의 경우 제공 대장에 명시하게 된다.

위탁과 3자 제공 모두 개인정보 처리방침에 대상기관을 명시하고 있다. 이 모든 사항은 정기적인 임직원 교육에 의하여 전달되어 시행되고 있다.

'공무원도 전문직'을 시행하여 전문성을 높이겠다고 정부에서 발표했습니다. 정보보안, 개인정보 보호 전문직 인재 채용에 대해 어떻게 생각하시나요?

전문직 채용은 꼭 필요한 사항이라 생각한다. 많은 공공기관에서 전문직을 채용하고 있지만, 해당 업무를 전담하지 못하고 겸직을 하거나 특정 기간이 지나 인사발령이 나는 등 전문직에 대한 관리에 아쉬운 점이 많다. 전문직 채용과 운영에 대하여 좀 더 강력한 정책이 나온다면 공공기관의 개인정보 보호 수준은 지금보다 훨씬 더 발전하리라 본다.

개인정보 업무는 광범위하고 관리적·기술적·물리적 보호조치를 요구하게 됩니다. 한 팀에서 업무처리는 어렵다는 것이 일반적인 의견입니다. 관리적 조치와 기술적 조치를 어떻게 역할 분담하여 처리하면 효율적일까요?

이 문제는 기업의 환경이 다르기 때문에 정답은 없는 것 같다. 다만, 기술적, 물리적 보호 조치는 전산이나 통신 쪽의 성격이 강하기 때문에 관련 부서에서 전담하고, 관리적 보호조치는 기획부서에서 총괄하고 법무팀이나 감사팀에서 지원하는 형태로 진행하는 것이 이상적이라 생각한다.

현재 개인정보 업무처리를 위해 가장 신경 쓰고 있는 이슈는 무엇인가요? 그것을 해결하기 위해 어떤 노력을 하고 있나요?

공공기관에서는 개인정보 보호를 위하여 많은 노력을 하고 있기 때문에 관리적인 수준은 높다고 본다. 하지만 2014년 카드 3사 개인정보 유출 사건에서 보듯이 수탁자에 대한 개인정보 유출이 가장 심각하다고 생각한다. 그렇기 때문에 수탁업무별 맞춤형 관리·점검 지표를 만들고 이를 기반으로 감독하고 교육하고 있다. 그 결과 수탁자의 개인정보 보호 수준이 상승함에 따른 위탁자의 개인정보 또한 잘 관리될 수 있었다. 이에 대하여는 별도의 연구가 진행되고 있고 곧 결과를 발표하여 공유할 예정이다.

공공기관에서 개인정보 업무를 담당하면서 겪는 애로사항과 보람된 사항을 각각 말씀해 주신다면?

개인정보 보호법 제정 및 시행 이후 공공기관 개인정보 보호 담당자들은 법 이해와 업무적용이라는 두 가지 큰 벽에 부딪혔었다. 곧이어 공공기관 개인정보 보호 관리수준 진단을 통하여 전국의 공공기관들에 대한 법 준수성에 대하여 진단이 들어갔고, 모두 그에 대한 준비방법을 몰라 힘들어했다. 이를 해결하기 위해 먼저 ISO27001, CPPG, PIP 등에 대해 순차적으로 준비하여 개인정보 보호법에 대한 이해도와 전문성을 높였다.

이후 수준 진단 항목에 따라 내부관리계획, 지침, 양식정비 등 많은 것을 정비 점검하고 교육하였다. 그 결과 전국 공공기관 중 최우수 기관으로 선정되어 행정안전부장관 표창을 받게 되었다. 이를 계기로 많은 이들에게 우수 사례 발표 및 전파를 하게 되었고 현재는 박사학위까지 준비하고 있다. 모든 일이 그러하듯이 위기는 곧 기회인 것 같다. 현재의 어려움을 기회로 되살리기 위한 노력으로 최선을 다한다면 승리는 여러분의 것이라 생각한다.

간단한 자기소개 부탁드립니다.

B 대학교 병원 보건의료정보팀 H입니다.

의료기관이 개인정보에 많은 관심이 있는데, 아마도 민감정보인 의료정보를 다량으로 보유하고 있어서 그렇다고 생각합니다. 최근 의료기관이 개인정보에 관심을 많이 두는 이유는 무엇인가요?

첫째, 상위기관의 관리수준 진단, ISMS 등 필수로 해야 하는 사항이 많아졌다.

둘째, 병원은 의료법에 의해 잘 지킨다고 생각했는데, 민감정보가 많아서 더 세분화 된 것 같고 사례가 많다.

의료기관에서 개인정보 관련 가장 중점적으로 관심을 두고 해결해야 할 과제는 무엇이라고 생각하시나요? 세 가지만 말씀해 주세요.

첫째, 전 직원의 개인정보 인식 전환

둘째, 개인정보의 암호화

셋째, 전담 인력

대형 의료기관인 만큼 개인정보 업무처리에 애로사항이 많을 것 같은데, 가장 큰 애로사항 세 가지만 말씀해 주신다면?

첫째, 관련 법 해석의 어려움(개인정보 보호법, 의료법, 정보통신망법 등)

둘째, 여러 부서의 협조가 필요하나 주관 부서를 제외하고는 협조가 잘 안 됨

셋째, 현장에서 질의했을 때 담당부서에서 즉시 답이 나오지 않는 경우가 많음(case by case가 많음)

개인정보 업무처리를 하면서 가장 기억에 남거나 보람된 사례를 한 가지 말씀해 주신다면?

2015년 개인정보 보호 관리수준 진단에서 우수한 점수를 획득함(점수가 좋다고 잘하는 것은 아닌데 그 당시에는 굉장히 기분이 좋았음)

의료기관 개인정보 보호 책임자로 의료 개인정보 보호에 대해 개선해야 할 점이나 하고 싶은 말씀이 있다면?

전담인력의 부재로 인하여 업무가 과중하다. 업무를 처리하기 위해서는 전문지식이 필요하나 아직 많이 부족한 것 같다.

간단한 자기소개 부탁드립니다.

B 은행 보안 담당자 R입니다.

최근 핀테크 열풍으로 인해 금융권 정보보안 및 개인정보 업무 관련 일들이 많을 텐데요. 금융회사에서 가장 신경 써야 할 부분 세 가지만 말씀해 주세요.

첫째, 비대면 실명확인 방법 및 인증절차의 적정성

둘째, 거래정보의 기밀성과 무결성 보장

셋째, 바이오정보 획득 · 보관(저장/관리 포함) · 등록/재등록 · 인증(매칭) · 파기 관련 메커니즘 및 프로세스의 보안 적정성

금융회사 개인정보 업무처리를 하다 보면 애로사항도 많이 있으리라 생각됩니다. 업무처리를 하면서 가장 개선해야 할 필요성이 있는 부분은 어떤 것이 있을까요? 세 가지만 말씀해 주세요.

첫째, 과도한 컴플라이언스와 감독 · 규제 완화 필요

둘째, 정보보호 부서에 보안 · 개인정보 보호의 R&R(역할과 책임)이 과도하게 집중

셋째, 적정수의 전문 인력 확보

일반적으로 금융권은 뛰어난 인재와 높은 급여로 많은 사람이 금융회사에서 일하기를 원합니다. 금융회사 정보보안이나 개인정보 업무를 담당하기 위해 갖추어야 할 자격이나 요건은 어떤 것이 있을까요?

첫째, 자격증 정보보안기사/산업기사, CISSP, CISA 등(필수는 아님)

둘째, 개인정보 보호, IT 관련 실무 경험

셋째, 열정과 끈기

금융회사에서 개인정보 업무를 하면서 가장 보람된 사례를 말씀해 주세요.

평소 고객의 패턴과는 다른 부정인출로 의심되는 금융거래를 실시간으로 파악하여 보이스피싱, 대출 사기, 피싱 · 피망 등 각종 전자금융사기 행위를 차단한다. 2016년 현재 135건, 13억 원의 고객자산을 보호하고 금융피해를 예방했다.

금융회사에서 개인정보 보호 인식 제고를 위해 특별히 실행하고 있는 활동 세 가지만 말씀해 주세요.

첫째, 최근 보안이슈를 내부 공지하여 보안 인식 제고

둘째, 매월 셋째주 수요일을 '사이버보안 점검의 날'로 지정하여 단말기의 백신운용, 패치현황, 화면보호기 설정, 필수 보안 프로그램 설치 여부 등 11개 필수 항목을 점검 후 채점하여 미비자에 대한 관리 통제

셋째, 매주 초 사용자 단말기에 보관된 파일을 대상으로 '개인식별번호' 보유를 파악하여 삭제 조치하고 보관이 필요한 경우엔 파일 암호화 및 관리대장에 기록하도록 공지

금융회사 인터넷 홈페이지 이용 시 개인정보 관련하여 가장 주의해야 할 점은 무엇일까요?

첫째, 공인인증서는 하드디스크에 보관하지 않고, USB에 보관하여 사용

둘째, 쉽게 추측할 수 있는 비밀번호를 사용하지 않고, 전자금융거래 비밀번호와 계좌 비밀번호는 타 인터넷 사이트와 반드시 다르게 사용

셋째, 웹 브라우저와 웹 서버 간 암호화 통신 시 은행 서버의 안전성과 신뢰성을 전달하기 위해 다르게 표시하고 있으므로 가짜 파밍 사이트 구별 가능(예 브라우저 주소창을 녹색, 노란 자물쇠 등 다르게 표시)

넷째, 전자금융 이용내역을 본인에게 즉시 알려주는 서비스를 적극 이용(예 전자금융거래 내역을 본인의 핸드폰 등으로 즉시 확인할 수 있는 휴대폰 문자 메시지 서비스)

다섯째, 은행들이 제공하는 다양한 개인정보 보호 서비스 이용(예 PC 단말기 지정서비스, 추가 인증서비스, 나만의 이미지 서비스, 그래픽 인증서비스 등)

기타 금융회사 개인정보 보호 담당자로서 하고 싶은 말씀이 있다면?

첫째, 금융기관은 어떤 경우도 전화로 OTP 번호를 불러 받거나, 인터넷뱅킹/스마트폰뱅킹 화면에서 보안카드 번호 전체 입력을 요구하지 않습니다.

둘째, 사용하는 인터넷 공유기에 비밀번호가 설정되지 않아서 해커들의 공격 표적이 되고 있으므로 공유기에 비밀번호 설정 등 보안 조치를 해야 합니다.

셋째, 제발~ 출처가 불분명한 이메일이나 의심되는 게시판 글은 열어보지 마세요.

넷째, 인터넷 금융거래에 이용하는 PC에 백신 프로그램 설치 및 최신 윈도우 보안패치를 적용하여 해킹 등으로부터 PC를 보호하세요.

간단한 자기소개 부탁드립니다.

㈜씨에이에스 개인정보 사업부문 수석 최일영입니다. CISA/CEH/정보보안기사/PIA/PIMS/정보시스템감리원이고 행정자치부 개인정보 보호 전문 강사입니다.

개인정보 관련 다양한 프로젝트 경험이 있었을 텐데, 최근 컨설팅하면서 일반기업이나 공공기관에서 요구하는 개인정보 관련 최대 이슈는 무엇인가요?

공공기관의 경우 2017년 3월 30일 시행될 개인정보 보호법 개정안 제24조2 제1항 1호의 내용인, 법률·대통령령·국회규칙·대법원규칙·헌법재판소규칙·중앙선거관리위원회규칙 및 감사원규칙에서 구체적으로 주민등록번호의 처리를 요구하거나 허용한 경우로 주민등록번호의 처리가 제한됨에 따라, 기존 시행규칙에 근거하여 주민등록번호를 처리했던 공공기관의 주민등록번호 처리근거 검토 및 확보가 주요 이슈사항이다.

민간기업의 경우 100만 건 미만(2017년 1월 1일), 100만 건 이상(2018년 1월 1일)까지 주민등록번호의 암호화 저장이 이슈사항인데 특히, 텍스트 기반 전자문서뿐만 아니라, 이미지 형태의 비정형 데이터에 포함된 주민등록번호의 비식별화 또는 암호화에 대해 많은 관심이 쏠리고 있다.

개인정보 컨설팅을 하면서 컨설턴트는 많은 역량을 요구하게 됩니다. 개인정보 보호 컨설턴트가 되기 위해선 어떤 자격을 갖추면 좋을까요? 세 가지만 말씀해 주세요.

첫째, 법적 준거성 및 명확한 논리에 기반한 최신의 기술적, 관리적 지식

둘째, 합리적이고, 효율적인 관점에서 고객사 입장의 정보보호 방안을 제시할 수 있는 유연한 사고

셋째, 끊임없이 변화하는 정보보호 환경에 대처하기 위한 정보수집 노력

개인정보 컨설팅을 하면서 겪는 가장 큰 애로사항은 무엇인가요?

고객사에 따라 다른 업무현황 및 담당자의 이해도 수준에 맞는 컨설팅 수준 책정이 항상 고민해야 하는 부분이다.

개인정보 컨설팅 시 민간기업과 공공기관에서 요구하는 요구사항에 차이점이 있나요? 있다면 가장 큰 차이점은 무엇인가요?

다양한 시각과 차이점이 존재하겠지만, 일반적으로 민간기업은 비용 효율성, 공공기관은 법적 준거성을 우선순위로 둔다는 차이점이 있다.

개인정보 관련 컨설팅을 하면서 가장 중점적으로 컨설팅하는 것은 무엇인가요? 세 가지만 말씀해 주세요.

첫째, 고객사에 따라 최적화한 법적 준거성 및 비용 효율성

둘째, 현재 상황뿐만 아닌 향후 개인정보 정책의 방향성 제시

셋째, 체크리스트 등의 형식 기반이 아닌 실제 침해 가능성을 상정한 개인정보 보호 방안

개인정보 컨설팅 시 가장 보람된 사례가 있다면?

개인정보 보호를 차세대 시스템 개발 등 초기부터 고민하는 고객사가 많이 늘고 있다. 해당 시스템의 요소별 개인정보 보호 방안을 분석, 설계 단계에서 제시하여 개인정보를 보다 효율적으로 관리하고 보호할 수 있는 시스템이 구축되도록 일조했을 때가 가장 보람 있는 순간이다.

개인정보 컨설턴트가 일반기업이나 기관 개인정보 보호 담당자에게 전하고자 하는 메시지가 있다면?

개인정보 보호는 힘들지만, 누군가는 책임지고 꼭 해야 하는 일입니다. 항상 어려운 여건하에서도, 상당한 성과를 이루어내고 있는 기관 및 기업 개인정보 보호 담당자분들의 노력에 아낌없는 박수를 올립니다.

간단한 자기소개 부탁드립니다.

안녕하세요. 저는 S.M. ENTERTAINMENT에서 IT 개발 및 정보보호 등을 총괄하고 있는 주상식이라고 합니다.

최근 한류 열풍 때문에 주목받는 분야가 엔터테인먼트 분야입니다. 국내 대형 엔터테인먼트 기업인만큼 팬들의 개인정보 보호에도 많은 신경을 쓸 텐데, 어떤 부분에 주력하고 있는지 세 가지만 말씀해 주세요.

가능하면 사용자의 개인정보를 최소한으로 수집한다는 원칙을 가지고 있으며, 정책 및 기술보호 조치를 관련 법령 등의 기준으로 준수한다. 아울러 고객의 개인정보 보호 역량을 강화하기 위한 개발과 인프라단의 프로세스도 지속적인 모니터링을 통해 개선하고 있다.

개인정보 보호 책임자(CPO)로서 개인정보 보호 관련 업무 시 애로사항이 있다면?

관련 법령이 요구하는 사항들은 나날이 증가하고 있으나, 현실적인 환경 및 관련 서비스들은 미비한 부분이 많다. 다양한 기술적 보호 조치 등에 대해 관련 법규가 따라가고 있지 못한 부분이다. 또한, 관계자들의 인식 제고도 여전히 대내외적으로 필요한 상황이다.

엔터테인먼트 기업이라 트래픽이 매우 많을 텐데, 클라우드 서비스를 이용하는 것으로 알고 있습니다. 클라우드 서비스 이용 시 개인정보 보호 관련 이슈가 어떤 것이 있을지 세 가지만 말씀해 주세요.

클라우드는 이미 많은 기업에서 다양한 형태로 사용되고 있다.

첫째, 관련 법령에는 클라우드를 통한 개인정보의 취급 및 보호 조치 등에 대해서는 반영하고 있지 못해, 실질적인 보호 수준으로 인정받지 못하는 부분이 있다.

둘째, 개인정보를 위한 정보보호 측면에서 볼 때, 예전 서버 및 네트워크 등의 시스템 자원을 직접 관리할 때만큼 다양한 솔루션과 기술의 활용이 제한적이라는 문제는 존재한다.

셋째, 대단위 트래픽이 일어날 경우, 정보보호에 대한 대응은 이뤄진다 해도, 증가한 트래픽 비용은 여전히 기업의 부담으로 남게 된다.

연예인 개인정보는 유출되면 사회적으로 굉장한 파장을 가져오게 됩니다. 잘 보호하고 있을 텐데 어떻게 하고 있는지 궁금합니다.

명확하게 망 분리와 데이터 자원에 대해 분리를 하고 있다. 관련 내용은 일반적인 사용자 정보 등과 별도로 관리 감독하며, 본인 역시 연결될 가능성도, 권한도 가지고 있지 않다.

개인정보 보호 관련 업무를 하면서 보람되었다고 생각될 때는 언제인가요?

보람이라면 지금까지 관련 '문제가 발생하지 않았다'이고, 보람이기보다는 부담이 항상 자리를 차지하고 있다. 대다수의 개인정보 보호 및 정보보호를 담당하는 모든 사람들이 그렇지 않을까?

국내 대형 엔터테인먼트 기업인만큼 규모가 작은 엔터테인먼트 기업보다 체계적인 관리를 할 것으로 생각되는데, 위·수탁 관계는 어떻게 관리하고 있나요?

가능한 위·수탁 관계를 맺지 않고, 내부적으로 직접 관리를 우선시하고 있다. 개인정보 등의 제공에서도 민감 정보를 수집하지 않고 있지만, 이마저도 최소한의 원칙으로 수집 목적 및 기간을 한정하여 제공하고 있다.

개인정보 보호 책임자(CPO)로서 개인정보 보호 인증 도입에 대한 의견을 말씀해 주세요.

개인정보 보호 인증 체계를 도입하는 것은 이제 모든 기업이 필수적으로 갖춰야 하는 사항이라고 생각한다. 대외적인 신뢰도와 내부적인 프로세스에 대한 안전 여부를 스스로 확인할 좋은 기회이자 내용이라고 생각한다. 우리도 내년까지 도입하는 것을 목표로 추진 계획을 하고 있다.

개인정보 업무를 담당한 지 얼마 안 된 초보 담당자에게 가장 중점적으로 점검해야 할 요소는 책임자 입장에서 무엇이라고 생각하시나요?

기술과 정책적인 내용 모두가 중요하고, 이를 통한 프로세스 정립이 우선될 수 있겠지만, 그 무엇에 앞서, 개인 정보를 취급하는 모든 담당자의 인식 제고가 가장 중요하다고 생각한다. 기업의 가장 중요한 자산이라는 확고한 의식을 가지고 있어야 한다.

질문 외에도 추가로 더 하고 싶은 말씀 있으면 덧붙여 의견 주세요.

대한민국 개인정보 보호 및 정보보호의 인식을 높이는 데 크게 기여하고 계신 전주현 교수님의 인터뷰에 참여하게 된 것에 감사하다는 말씀드리며, 수도권 이외의 지방에도 관련된 많은 기회가 만들어지기를 기대해 봅니다.

간단한 자기소개 부탁드립니다.

롯데건설 미래혁신팀에서 정보보호 업무를 담당하고 있는 김민성입니다. 주로 기술적, 관리적 정보보호에 대한 비중이 크지만, 개인정보 유출 사고가 쟁점이 되는 만큼 보유하고 있는 개인정보가 안전하게 지켜지고 각 부서에서 적법한 절차에 따라 업무에 사용될 수 있도록 지원하는 업무를 맡고 있습니다. 올해로 정보보호 관련 업무를 10년째 하고 있지만, 경험이 안전을 보증한다고 생각하지 않습니다. 보안사고 발생 시 위험성이 크고 쉬운 일은 아니지만, 전문성을 바탕으로 회사의 중요자산과 개인정보가 지켜지도록 책임감을 느끼고 업무에 임하고 있습니다. 내년까지 회사에서 이루어지는 정보보호 활동에 대하여 객관적으로 분석하고 리스크에 대응할 수 있도록 시스템을 만드는 것이 목표입니다.

대기업 건설 분야에서 개인정보 보호 관련 가장 신경 쓰고 관리하는 부분은 어떤 것이 있는지 세 가지만 말씀해 주세요.

건설 분야는 금융사나 쇼핑몰과 같은 서비스 업종보다 개인정보 보유량이 많은 편은 아니다. 다만, 파트너사와의 협업, 분양 등 건설업의 비즈니스를 위하여 대외적으로 운영하는 시스템과 데이터가 있으므로 이에 필요한 보안정책을 준수하기 위하여 노력하고 있다.

첫째, 개인정보 위·수탁 관리이다. 사업 유형에 따라 개인정보에 대한 위·수탁이 발생하게 되는데, 맡겨진 개인정보들이 제3자에게 임의로 제공되지는 않는지, 개인정보 처리 증적을 관리하는지, 수탁사에 대한 교육과 점검을 철저히 하고 있다.

둘째, 임직원에 대한 교육이다. 법률에서 규정한 사항 이외에는 주민등록번호를 처리하면 안 되는데, 모르고 PC에 보관했다가 문제가 되는 경우가 있다. 따라서 개인정보에 대한 교육을 꾸준히 하여 보안의식이 강화되도록 하고 있다.

셋째, 점검이다. 정기적인 교육을 통하여 전달된 내용을 실제로 업무에 잘 적용하고 이행하고 있는지 정기 또는 불시 점검을 통하여 현황을 파악하고 미 준수자가 발생하지 않도록 하고 있다.

그룹사 개인정보 업무를 하면서 애로사항은 무엇인가요?

개인정보 업무를 하면서 가장 큰 애로사항은 빠른 주기로 개정되는 법규를 준수하기 위하여 업무 프로세스를 개선하거나 시스템의 재개발이 필요할 때이다.
가령 법률 개정에 따라 회사업무에서 개인정보 활용 근거가 사라지는 경우 각 부서의 실무자들과 협의를 하게 되는데, 그동안 해오던 업무의 형태가 있다 보니 이를 개선하는 데 있어 어려움이 발생하는 경우가 많다.

또한, 법률 개정에 따라 업무시스템의 DB 일부를 마스킹하거나 테이블 분리가 필요한 경우 개발공수와 비용 발생 및 전사 적용 이후 업무시스템 운영에 리스크는 없는지 분석해야 하므로 부담을 갖고 작업하는 경우가 있다.

또, 법률은 개정되어 시행되었으나 시행령이 나오지 않은 경우이다. 법률 위반 시 행정제재 사항이 있으므로 대응책을 마련해야 하지만, 시행일이 지나도 시행령이 공표되지 않아 뚜렷한 대응을 하지 못하는 경우도 있다.

제조업이나 건설업 등 비 ICT 관련 분야 정보보안이나 개인정보 업무 관심도는 어떤지 분위기를 말씀해 주세요.

개인정보 보호법이라는 일반법이 공표된 후 꽤 시간이 흘렀고 사회적으로 개인정보 유출 사고가 빈번하여 이전보다 많이 신경을 쓰고 있다. 특히 건설업은 안전, 신뢰가 중요한 덕목인데 물리적인 사고 없이 고객의 개인정보가 지켜지지 않았을 때 신뢰도는 한순간에 무너지기 때문에 동종 회사 중 PIMS 인증을 획득하는 등 꼭 필요한 부분에는 투자하여 보안을 강화하는 추세이다.

정보보호라는 것이 공신력 있는 인증을 받거나 보안 솔루션 구축만이 전부는 아니므로 정기적으로 임직원 교육을 하고 부서별 내부관리계획을 세워 준수함으로써 보안의식을 강화하고 있다.

대기업 그룹사에서 개인정보 업무 담당자는 무엇이 가장 필요하다고 생각하시나요?

회사의 규모를 떠나 개인정보 업무를 맡았다면 나의 것을 지킨다는 마음가짐이 중요하지 않을까 생각한다. 회사는 이익 증대를 위해 존재한다. 따라서 각 부서는 가능하면 이익을 단기간에 올릴 수 있도록 매진하게 된다. 이때 목표 달성이 임박했고 보안의 일부 절차만 무시한다면 더 빠른 시간에 매출을 극대화할 수 있을 때 어떤 것이 가치 있는 것인지 갈등하는 경우가 많다. 이럴 때 바로 앞의 기회만을 생각하기보다 회사의 미래를 내다보고 보안에 어긋나면 절대 타협하지 않는 윤리의식이 필요하다고 생각한다.

개인정보 보호 인식 제고 문화 정착을 위해 실천하고 있는 방법 세 가지만 말씀해 주세요.

첫째, 매월 첫째 주 정보보호의 날을 운영한다. 정보보호 주간에는 주요 보안 이슈사항에 대해 뉴스레터에 담아 전파하고 각 부서에서는 정보보호 현황을 점검하고 문제점이 없는지 평가한다. 임직원 개개인도 그룹웨어의 체크리스트를 통하여 보안 준수사항을 확인할 수 있도록 하고 있다.

둘째, 현장 점검이다. 부서와 현장 사무실을 방문하여 문서관리와 같은 사무환경을 기본으로 실제 업무 PC를 점검하여 불필요한 개인정보는 없는지, 중요 정보는 안전하게 보관되고 있는지 확인한다. 점검 결과는 회사에 공지하여 보안에 대한 경각심을 갖도록 한다.

셋째, 개인정보 관련 홍보물을 배치한다. 화면보호기에 정보보호 관련 내용을 띄우고 눈에 띄는 위치에 포스터 게시 및 마우스패드와 같은 사무용품에도 개인정보 보호 문구를 넣어 지속적인 인식 제고가 될 수 있도록 한다.

개인정보 교육은 의무교육인데, 형식적인 교육을 하는 곳이 많습니다. 그룹사 개인정보 교육은 어떤 식으로 진행하나요? 잘 활용하는 노하우가 있다면 소개해 주세요.

각 그룹사 실무자들의 경우 그룹에서 주관하는 정보보호 교육에 정기적으로 참석하여 교육을 받는다. 그룹 내 다양한 업종의 회사가 있으므로 이슈사항에 대한 조별 토의 및 대응방안에 대한 여러 의견을 공유하고 여러모로 해석할 수 있다는 것이 큰 장점이라고 생각한다.

또한, 그룹사들의 사업유형에 따라 개인정보를 위·수탁하는 경우가 많은데, 수탁사를 대상으로 매월 개인정보 보호 교육을 한다. 많은 수탁사가 적극적으로 교육에 참여할 수 있도록, 그룹에서 주관하는 개인정보 보호 교육을 이수할 경우 가점을 부여하는 등 방안을 모색하고 있다.

이제 막 개인정보 업무를 담당하기 시작했다면 경험에 비추어 볼 때 무엇부터 해야 하는지 조언 한마디 해주세요.

개인정보 보호 관련 전문서적을 읽거나 자격증을 취득하는 것도 도움이 되지만 현재 회사에서 보유하고 있는 개인 정보량이 얼마나 되는지 파악하고 반드시 보유해야 할 필요성과 근거가 있는지 확인이 필요하다. 그리고 개인정보들이 수집되는 시점부터 파기에 이르기까지 라이프사이클을 그려보는 것이 의미 있다고 생각한다. 물론 처음에는 이해도 안 되고 힘들겠지만 모르는 부분은 관련 법률을 찾아보며 내용을 익히고 준수 여부를 꼼꼼히 점검하다 보면 회사에서 처리되는 과정이 눈에 보이기 시작하고 개인정보 보호 업무에 대한 자신감이 생길 것이다.

여유가 된다면 개인정보 관련 세미나에 참석하여 최근 이슈사항을 습득하고 참석자들과 관계를 형성하는 것도 업무에 큰 도움이 될 것이다.

간단한 자기소개 부탁드립니다.

국내 모 금융회사 정보보호 부서에서 IT 보안 업무를 담당하고 있습니다. PC 보안 및 서버보안 업무를 주로 하고 있습니다.

금융회사에서 개인정보 관련 솔루션을 관리하여 어떤 업무를 하는지 몇 가지만 소개해 주세요.

개인정보 보호 관련 솔루션에는 주로 PC단에서 운영되는 솔루션이 많으며, PC의 통제를 통해 개인정보 유출 차단에 중점을 두고 있다. 개인정보 검색 솔루션부터 시작해 문서 보안 시스템, 출력물 보안 시스템, 통합 PC 보안 시스템, 백신 프로그램 등 PC단에는 회사의 중요정보(고객 개인정보, 회사 기밀정보 등)를 보호하기 위해 다양한 프로그램이 설치되어 있다.

첫째, 개인정보 검색 솔루션은 패턴 기반으로 PC에 개인정보파일이 있는지 검사하는 솔루션으로 문서파일 내에 특정 개인정보(주민등록번호, 연락처 등)가 포함되어 있을 경우 탐지하여 사용자에게 통보하여 삭제를 유도하고, 회사의 개인정보 보호 담당자에게 회사 내 개인정보파일 보유 현황을 모니터링 할 수 있도록 함으로써 개인정보 파일들을 통제하는 역할을 한다.

둘째, 문서 보안 시스템은 PC에서 생성되는 문서파일을 암호화하여 문서가 외부에 유출이 되더라도 열람할 수 없도록 하여 중요문서를 안전하게 보호하는 역할을 한다.

셋째, 출력물 보안 시스템은 프린터 출력물에 개인정보가 포함되어 있을 경우 마스킹 처리를 하고, 마스킹을 해제하기 위해 부서장 승인을 득하도록 하여 개인정보의 무단 출력을 예방하는 역할을 한다.

넷째, 통합 PC 보안 시스템은 매체 통제 시스템으로 외부 저장장치 및 스마트기기를 통해 정보가 유출되지 못하도록 차단하는 역할을 한다.

다섯째, 백신 프로그램은 PC의 악성코드를 탐지 치료하여 PC를 보호하는 역할을 한다.

개인정보 솔루션을 운영하면서 애로사항이나 힘든 점은 무엇인가요?

PC단에 설치되는 프로그램이다 보니 많은 기업의 경우 관리에 어려움이 있을 수 있다. PC 환경이 다양하므로 프로그램에 변경이 있을 경우에는 철저한 검증이 필요하다.

정책 적용도 마찬가지이다. 잘못된 정책이 내려갈 경우 업무가 마비될 수 있으므로 철저한 검증을 거쳐 정책을 내려야 한다.

시스템의 가용성도 중요하다. 시스템 장애가 발생할 경우 PC단의 업무가 마비될 수 있다.

예를 들어, 문서 보안 시스템에서 장애가 발생한 경우 문서가 열리지 않아 업무가 마비되는 사태가 발생할 수 있다.

다른 정보보호 시스템도 마찬가지겠지만, PC 클라이언트 단의 정보보호 시스템의 변경사항에 신중히 처리해야 한다.

금융회사에서 개인정보 관련하여 가장 중점적으로 관리하는 업무는 무엇인지 세 가지만 말씀해 주세요.

첫째, PC단에 개인정보파일 관리이다. 금융회사이다 보니 PC단에서 처리해야 할 개인정보들이 많을 수밖에 없다. 개인정보는 처리 후 삭제할 수 있도록 관리하고 있다.

둘째, 개인정보파일 통제이다. 개인정보파일에 대한 관리도 중요하지만, 유출이 되지 않도록 통제하는 것도 중요하다. USB 차단, 스마트기기 차단, 출력물 차단, 인터넷 차단 등 개인정보파일이 유출되지 않도록 기술적인 정보보호를 통해 통제하고 있다.

셋째, 개인정보 암호화이다. 법률적인 요건(개인정보 보호법)에 따라 금융회사에서 보유하고 있는 개인정보(DBMS뿐만 아니라 비정형 파일(이미지 등)까지)를 2018년까지 암호화해야 한다. 대부분의 금융회사가 2018년까지 회사에서 보유하고 있는 모든 개인정보에 대해 암호화할 수 있도록 추진하고 있다.

만약 업무용 PC에서 개인정보(주민등록번호)가 발견되면 어떻게 조치를 취하나요?

탐지되면 먼저 본인이 확인할 수 있도록 하여 삭제를 유도하고 있으며, 삭제하지 않는 사용자는 별도 통보를 통해 삭제를 유도하고 있다. 그래도 개인정보파일을 별도의 승인 없이 보관하고 있을 때는 KPI(핵심평가지표)에 반영하여 인사평가에 반영하고 있다.

금융회사 정보보안 업무와 개인정보 업무 역할은 어떻게 구분하나요?

예전 정보보호 업무는 기술적인 부분에 치중하였으나 개인정보의 중요성이 높아지면서 개인정보 보호에 집중된 업무파트가 새로 생겨났다.

정보보호 부서는 IT 보안을 담당하는 IT 보안파트와 개인정보 보호를 담당하는 개인정보 보호파트로 나누어지며, IT 보안파트는 기술적인 보안을 통해 회사의 정보를 보호하는 역할을 하고 있다. 개인정보 보호파트는 개인정보 보호와 관련된 법률적인 요건(Compliance)을 검토하여 회사 규정에 반영하고, 정기적인 개인정보 관리실태 점검을 통해 개인정보 관리적인 측면을 모니터링하고 통제하고 있다.

금융회사 개인정보 보호 솔루션 담당자로서 취업 준비생이나 이직하고자 하는 분들에게 조언 한마디 해주세요.

정보보호 업무 분야는 IT 기술, 정보보호 기술뿐만 아니라 법률적인 부문, 비즈니스적인 측면 등 고려해야 할 부분이 매우 많은 분야입니다. 법적인 요건을 충족하기 위한 정보보호 시스템 도입, 회사의 비즈니스 목표도 충족하기 위한 보안 시스템의 운영, IT 서비스의 취약한 부분을 보호하는 역할도 해야 합니다.

정보보호 업무를 하기 위해서는 IT 기술 및 정보보안 기술을 많이 아는 것도 중요하지만, 법률적 요건인 컴플라이언스(Compliance) 또한 잘 알아야 합니다. 기업의 정보보호 시스템이 컴플라이언스 요건을 만족시키기 위해 구축되어 졌다고 해도 과언이 아닙니다(이것은 기업의 정보보호를 강화하기 위해 국가에서 강제적인 사항으로 만들어 간 것이기도 합니다).

정보통신망법, 개인정보 보호법, 전자금융거래법, 전자금융감독규정 등 다양한 법에서 정보보호를 위한 요건이 포함되어 있습니다. 이 요건을 만족하기 위해 기업에서는 어떠한 정보보호 체계를 갖춰야 할지 알 수 있습니다. 정보보호 관련 법률 공부를 통해 정보보호 기술에 반영할 수 있는 지식을 키워야 합니다.

목 차

1부 개인정보처리자

🎙 개인정보 보호의 이해 ··

2부 정보주체의 권리 강화

정보주체의 권리 보장

SECURITY

1부

개인정보
처리자

I

개인정보 보호의 이해

① 개인정보 보호의 필요성

1. 정보화 사회의 개인정보 가치 증대

정보통신 기술의 발전으로 과거 소량의 단순 정보를 교환하던 시대에서 복잡하고 대량의 정보를 교환하는 시대로 발전하였다. 언제 어디서나 정보를 교환하는 유비쿼터스를 거쳐 최근 사물인터넷(IoT)까지 진화·발전하고 있다. 이는 시간적·공간적 제약이 없는 디지털 사회에 살고 있고 개인이 식별되는 경우의 수가 더 많아지고 개인정보의 가치는 점점 커지고 있다는 사실이다. 즉, 조금 더 나은 차별화된 개인화 서비스를 제공함으로써 편리함과 윤택함을 줄 수 있다는 것이다. 따라서 개인의 성향, 특성, 습관, 구매 패턴, 움직임 등 개인의 정보를 수집해야만 하는 환경에 직면해 있기 때문에 더 많은 개인정보를 수집하게 된다.

2. 정보화 사회와 서비스 발전

정보화 사회로 발전하면서 수많은 서비스도 발전하게 되었다. 농경사회에서 산업사회로, 산업사회에서 정보화 사회로 이제는 제4차 산업혁명[1]이 일어날 것이라고 많은 전문가들은 전망한다. 미래학자 앨빈 토플러는 디지털 사회의 특징을 다음과 같이 비교하여 설명하였다.

정보화를 위한 인프라는 거미줄처럼 더욱 구축되었고, 농촌과 도시할 것 없이 가정마다 초고속 인터넷망이 구축되어 편리하게 삶을 영위하게 되었다. 유선망뿐만 아니라

	지식 기반의 전환	시간 기반의 변화	공간 기반의 변화
산업사회	제품 제공 비즈니스	9AM ~ 6PM 업무	직접 방문(금융, 쇼핑, 교육)
디지털 사회	지식 제공 비즈니스 컨설팅 비즈니스	24시간 쇼핑, 금융, 택배 업무 등	사이버 거래 금융 사이버 교육

▲ **표 1-1** 디지털 사회의 특징 〈출처 : 한국인터넷진흥원〉

무선과 스마트폰까지 삶에 있어 필수적인 도구가 됨에 따라 그 데이터양도 무한히 증가하게 되었다. 증가된 데이터를 어떻게 잘 활용할 것인지는 '빅데이터'라는 개념으로 우리 삶 속에 깊이 다가왔다. 이는 제품에서 지식기반으로, 9시 출근 6시 퇴근에서 24시간 이용하는 서비스로, 대면 서비스에서 온라인으로 이루어지는 비대면 서비스로 진화·발전하였다.

3. 정보화 사회의 문제점

정보화 사회로 발전함에 따라 편리성이 늘어나고, 윤택한 삶을 더욱 풍요롭게 해준다. 인터넷이라는 기술로 지구 반대편에 일어나고 있는 일을 실시간으로 접할 수 있게 되었고, 전자우편(e-mail)을 통해 물리적인 거리가 먼 곳에서도 실시간으로 커뮤니케이션을 할 수 있게 되었다. 이는 혁명이 아닐 수 없다. 그렇게 기술이 고도화되고 인터넷은 삶에 깊이 자리매김하지만, 이에 따른 역기능도 문제점으로 나타나기 시작하였다.

3-1. 정보시스템 사고 피해 범위 확대

정보화 발전으로 인프라가 잘 갖추어진 상태에서의 사고는 치명적이다. 대부분 업무가 정보시스템으로 처리됨에 따라 시스템 일부의 사고가 사회·국가 전체에 영향을 주기 때문이다.

---

1 세계 각국의 정치 경제 지도자들이 모이는 2016 다보스포럼은 중요 논의 과제로 4차 산업혁명을 꺼내 들었다. 4차 혁명의 특징은 디지털, 바이오 등 기술 사이의 융합이다. 전문가들은 이 융합으로부터 새로운 창조가 이루어질 것으로 예상한다. 인공지능, 3D프린팅, 자동차의 자율 주행기능, IoT, 바이오 테크놀로지 등이 4차 혁명으로 태어나게 될 주요 기술의 예이다.

2007년 에스토니아 사태가 그 예이다. 수도 탈린에 있던 소련군 동상을 외곽으로 옮겨 러시아와 갈등을 빚고 있는 에스토니아의 주요 인터넷 사이트들이 3주 동안 사이버 공격을 받았다. 정보통신 강국인 에스토니아로선 데이터베이스와 네트워크 시스템에 대한 공격을 국가 신경망 침해로 받아들였다. 전국민의 60%가 인터넷 금융을 이용하고 총선에는 세계 최초로 인터넷 전자투표를 실시한 에스토니아는 'e-스토니아'로 불릴 만큼 인터넷이 활성화되어 있다.

〈가디언〉 인터넷 판은 에스토니아 총리실, 의회, 대부분의 정부 중앙부처, 정당, 주요 신문사 세 개, 가장 거래가 활발한 은행 두 곳의 사이트들이 사이버공격 목표가 됐다고 보도했다.[2] 이와 같이 한 나라가 정보시스템의 공격을 받았을 때 그 피해 범위는 점차 확대된다는 것을 에스토니아 사태에서 시사하는 바가 크다. 특히, 전 세계 유일한 분단 국가인 우리나라에서는 무엇보다 사이버 안전에 대한 대응 노력이 필요하다.

3-2. 새로운 정보화 역기능 출현

인터넷 게임 중독 및 반사회적 유해 매체의 범람, 사이버 명예훼손 등 정보화로 인한 새로운 정보화의 역기능도 출현하기 시작하였다. 향후 사물인터넷(IoT) 등의 기술이 더욱 발전하면 사물과 사람, 사물과 사물 사이에 여러 가지 역기능도 발생할 것으로 예상된다.

3-3. 개인정보 및 사생활 침해

인터넷을 통한 대량의 정보가 수집·이용되기 시작하면서 개인정보 유출 및 침해행위도 크게 증가하였다. 최근 국내 유명한 쇼핑몰의 개인정보 유출[3] 사고가 알려지면서 국민들은 또 한 번 개인정보 유출에 큰 충격을 받았다. 각 시민단체와 소비자 단체는 즉각적인 보도자료와 비난의 목소리 수위를 높였다. 또한, 개인정보 유출 피해자로 확인

---

2 에스토니아 '사이버테러' 배후는 러시아? 2007. 5. 17 한겨레
3 2016년 7월 해킹에 따른 고객 1,030만여 명의 이름, 아이디, 주소, 전화번호 등의 정보가 유출됐다. 피해를 본 고객들의 집단소송 움직임까지 일고 있어서 개인정보 유출로 인한 파장은 거세지고 있다.

된 사람들은 피해자 모임을 통하여 법적인 손해배상 청구 소송에 참여가 활발하게 이루어졌다. 그만큼 개인 사생활과 개인정보에 대한 개인적 의식 수준이 높아졌고, 정보주체로서 자신의 권리를 주장하는 법적 근거인 「개인정보 보호법」 시행도 한몫하고 있다고 본다.

개인정보란 무엇인가? 가장 많이 받는 질문 중의 하나이며, 이 책을 읽고 있는 독자들도 가장 궁금해하는 사항일 것이다. 무엇이 개인정보이고, 어디서 어디까지가 대상이고, 범위인지에 따라 유출되었을 때의 결과 차이가 크다는 사실을 알아야 한다.

처음 개인정보 업무를 담당하게 되면 무조건 관련 법령부터 찾게 되는데, 어느 정도 담당 업무를 숙지한 담당자는 명확한 근거와 법 적용 해석에 주의를 기울이게 된다. 한 가지 당부하고자 하는 것은 법이라는 것은 늘 여러 가지 해석에 따라 다르게 보는 관점이 있다.

다수설과 소수설, 우린 법 전문가가 아니므로 이런 문제에 너무 민감하게 반응하기보다 정부에서 배포한 자료와 해설서를 중심으로 개인정보 업무를 처리하면 된다. 또한, 중요한 사안에 대해서는 개인정보 보호위원회 등의 질의를 통하여 위원회 결정을 따르면 되고, 유출되었을 때에는 법원의 판결을 받으면 된다. 그러니 너무 법에 매몰되기보다는 조금 더 개인정보처리자 입장에서 효율적으로 업무처리를 할 수 있고 정보주체를 보호하는 업무 개선 방법이 있는지를 모색하여 개인정보 보호법 해설서와 지침서를 충실히 따르면 된다.

1. 개인정보의 개념

지금부터 이해가 되지 않는 사람은 반복적으로 읽어서 개인정보 개념을 차근차근 숙지하길 바란다. 이를 명확히 해 놓는 것이 중요한데, 그 이유는 추후 뒤쪽 법조문으로 갈

수록 해당 조문에 대한 정보가 과연 개인정보인가 아닌가, 개인정보 보호법에 적용되는 대상인가 아닌가를 판단하는 부분이기 때문이다.

어렵지 않다. 필자가 언급하는 내용을 읽으면서 순서대로 따라와 주길 바란다. 먼저 법률 조문을 언급하고 그다음 법조문에 따른 해석을 하는 방식으로 구성하겠다.

> "개인정보"란 **살아 있는 개인에 관한 정보**로서 성명·주민등록번호 및 영상 등을 통하여 **개인을 알아볼 수 있는 정보**(해당 정보만으로는 특정 개인을 알아볼 수 없더라도 다른 정보와 쉽게 결합하여 알아볼 수 있는 것을 포함한다)를 말한다(개인정보 보호법 제2조 정의).

> "개인정보"란 **생존하는 개인에 관한 정보**로서 성명·주민등록번호 등에 의하여 특정한 개인을 알아볼 수 있는 부호·문자·음성·음향 및 영상 등의 정보(해당 정보만으로는 특정 개인을 알아볼 수 없어도 다른 정보와 쉽게 결합하여 알아볼 수 있는 경우에는 그 정보를 포함한다)를 말한다(정보통신망법 제2조 정의).

1-1. 개인(個人)에 관한 정보

개인의 정신, 신체, 재산, 사회적 지위, 신분 등에 관한 사실을 판단하고 평가를 하는 일체의 정보를 말한다. 우리나라 개인정보 보호법에서 개인정보의 범위를 넓게 규정한 것은 개인정보의 처리·공개에 따라 개인이 권리·이익을 침해당했다고 느끼는 정도는 개인에 따라 다르고, 또한 처리방법이나 사용 목적에 따라 달라질 수 있으므로 정보의 종류에 따라 적용대상 여부를 결정하지 않고 모든 정보를 대상으로 하겠다는 법 제정 당시의 취지이다.

개인정보 보호법은 일반법이므로 사람, 장소, 사항 등에 특별한 제한 없이 일반적으로 적용되지만, 사적인 영역에서 개개인이 보유하는 개인정보를 모두 보호 대상으로 하지는 않으므로 그 보호 대상과 규율 범위를 명확히 할 필요가 있다.[4]

1-2. 살아(생존하고) 있는 개인

개인에 대한 정보는 '살아 있는(개인정보 보호법)', '생존하고 있는(정보통신망법)' 정보에 한한다. 보호 대상이 되는 개인정보 주체가 생존하고 있어야 한다.

---

[4] 개인정보 보호 법령 및 지침 고시·해설서, 2011. 12, p.11

1-3. 사망한 개인에 관한 정보

사망한 개인에 관한 정보는 적용대상에서 제외된다. 사망자에 관한 정보가 유출됨으로써 유족 등의 명예가 훼손될 수 있다는 점에서 이 법의 적용을 받아야 한다는 주장도 있으나 프라이버시권은 인격권으로 상속이 불가능하며 **사망자에 대한 정보는 권리를 행사할 주체가 존재하지 않으므로** 제외한 것이다. 다만, 사망자와 유족과의 관계를 나타내는 정보는 사망자의 정보인 동시에 관계되는 유족의 정보이기도 하기 때문에 유족이 생존하는 경우에는 생존하는 개인에 관한 정보로 법의 적용대상이 된다.

1-4. 기업주(개인사업자 포함)의 당해 사업에 관한 정보

개인정보의 주체는 생존하고 있는 '자연인(自然人)'을 의미한다. 개인사업자의 당해 사업에 관한 정보는 순수한 개인에 관한 정보와 구분하기 곤란하고, 이 법의 목적이 개인정보의 처리에 따른 개인의 권리와 이익의 보호에 있기 때문에 그 대상은 개인의 학력, 기능, 신체, 재산 및 각종 사회적·경제적 활동에 관한 정보까지 포함된다고 볼 때 이 법의 적용대상에 포함된다. 즉, 개인사업자에 대한 개인정보는 개인정보 보호법에 보호가 된다. 이는 교육 시 많이 하는 질문 중의 하나다.

다만, 사업에 관한 정보의 경우 그 사업의 주체가 개인이 아닌 법인(法人) 또는 단체인 때에는 이 법의 적용대상에서 제외된다. 예를 들어, 법인 또는 단체의 이름(상호), 사업자등록번호, 영업소 주소 및 전화번호, 대표자 성명, 임원현황, 자산규모, 주가, 영업실적, 영업비밀 등은 이 법에 적용되지 않는다. 대표자 성명도 개인으로서 정보가 아닌 법인에 대한 대표자 성명으로 간주한다.

1-5. 당해 개인을 식별할 수 있는 정보

정보주체가 누구인지, 누구에 관한 정보인지를 제3자가 알 수 있는 정보를 말한다. 일반적으로 성명을 포함한 정보가 개인을 식별할 수 있는 정보에 해당하지만 이외에도 성명 없이 특수한 직명, 직장명 등을 포함한 경우도 이에 해당된다. 따라서 개인을 '알아볼 수 있는' 정보여야 한다.

'식별(識別)'이란 특정 개인을 다른 사람과 구분하거나 구별할 수 있는 것을 의미한다. 다만, 한 가지 정보만으로 특정 개인을 알아볼 수 없는 경우가 많다. 예를 들어, 이름만 있는 경우 동명이인이 존재한다면 특정인을 식별할 수 없게 되고, 식별성(Identification) 이 요구된다.

1-6. 다른 정보와 쉽게 결합하여 특정 개인을 식별할 수 있는 것

당해 정보만으로 정보주체가 누구인지 식별할 수 없다고 하더라도 일정한 조건으로 검색하고 번호를 출력하여 그 결과를 다른 파일에 결합하여 용이하게 정보주체를 확인할 수 있다면 개인정보에 해당된다. 예를 들어, 생년월일만 기록된 파일을 검색한 후 그 결과를 주민등록번호와 성명이 기록되어 있는 파일과 대조했을 때 쉽게 정보주체를 식별할 수 있는 경우에는 개인정보라고 할 것이다. 이는 다른 기관이 보유한 파일과 결합하여 특정 개인을 식별할 수 있는 경우에도 적용된다고 할 것이다.

"쉽게 결합하여"는 합리적인 범위에서 쉬운 결합을 말한다. 예를 들어, 성명과 소속, 이메일을 결합할 때 식별을 위해 불합리할 정도의 시간, 노력, 비용이 투입되지는 않는다.

주소와 본적이 성명과 결합한 경우나 병력, 학력, 종교, 사상 등 개인에 관한 신상 기록이 성명과 결합한 경우에는 개인을 식별할 수 있는 자료가 되므로 주소, 본적, 병력 정보 등도 개인정보에 포함된다. 전자메일주소(e-mail)와 User ID 역시 성명이나 기타 정보와 결합한 경우 개인을 식별할 수 있으므로 보호할 필요가 있는 개인정보이다.

알아두기

법적 보호 대상으로 고려되는 개인정보의 개념

개인정보는 모든 '개인에 관한 정보'를 뜻하지만 법적 보호 대상으로 고려되는 개인정보는 '**개인 관련성**'과 '**식별 가능성**'이라는 두 가지 기준에 의해 제한된 개념이다.

- OECD(1980) : 식별된 또는 식별될 수 있는 개인에 관한 모든 정보
- EU(1995) : 자연인을 식별하거나 식별할 수 있는 모든 정보

• **아이디·패스워드**

온라인 게임서비스 제공 업체인 N사가 게임 서버의 업데이트 과정에서 실수로 일부 이용자의 아이디와 비밀번호 등이 로그파일로 기록되는 사고가 났다. 이 사안을 법원에서는 이용자의 아이디와 비밀번호는 당연히 개인정보에 해당한다는 전제에서 별도의 판단을 하지는 않았다(서울고등법원 2006나12182).

• **이메일**

은행 담당자가 특정 유형의 금융상품 가입 고객에게 이메일을 발송하면서 실수로 해당 금융상품에 가입한 고객의 성명, 주민등록번호, 이메일 등의 정보를 첨부파일로 발송해 이메일을 수령한 고객들이 다른 고객들의 정보를 알 수 있게 한 사건에서 법원은 **이메일만으로는 특정 개인을 알아볼 수 없지만 다른 정보와 결합할 경우 특정인에 대한 추정이 가능해 개인정보로 판단했다**(서울중앙지법 2007. 2. 8 선고 2006가합 33062, 53332 판결).

• **IMEI, USIM 일련번호**

스마트폰 애플리케이션 개발 업체가 사용자의 동의 없이 단말기의 고유한 식별자인 IMEI 및 USIM 일련번호의 조합정보를 전송해 서버에 저장하도록 하는 'XX통'이라는 증권정보 제공 애플리케이션이 문제된 사안에서 법원은 기계적인 정보라도 특정 개인에게 부여됐음이 객관적으로 명백하고, 이러한 정보를 통해 개인이 식별될 가능성이 크다면 이를 개인정보로 봐야 한다고 판단했다.

이들 정보가 개인의 소유로 귀속되기 전까지는 기기나 특정 카드에 부여된 고유번호이지만, 어느 **개인이 소유하는 순간부터** 이들 번호는 '기기나 특정카드에 부여된 고유번호'라는 의미 이외에 특정 개인이 소유하는 휴대폰의 기기번호 및 USIM 카드의 일련번호'라는 의미를 함께 지니게 된다는 것이다(서울중앙지방법원 2011. 2. 23 선고 2010고단5343 판결).

• **휴대전화 뒷번호**

경찰로부터 도박현장을 단속당한 피고인이 경찰에 신고자를 알려달라는 부탁에 휴대전화 뒷번호 4자리를 알려줬는데, 이를 통해 신고자가 누구인지 알 수 있었다. 이에 대해 법원은 휴대전화 사용이 보편화되면서 휴대전화 뒷번호 4개 숫자에 생일이나 기념일 등의 일정한 의미나 패턴을 담는 경우가 많고 집 전화번호의 뒷자리와 일치시키는 경우, 한 가족이 동일한 휴대전화번호 뒷자리 4자를 사용하는 경우도 적지 않다는 점, 그리고 휴대전화번호 뒷자리에 그 전화번호 사용자의 정체성이 담기는 현상이 점점 심화되고 있다는 점을 들어 개인정보로 판단했다.

특히, 전화번호 사용자와 일정한 인적관계를 맺어온 사람이라면 특정한 개인을 파악할 가능성이 높으며, 휴대전화 뒷번호 4자만으로는 그 전화번호 사용자를 식별하지 못한다 하더라도 **뒷번호 4자와 관련성이 있는 생일, 기념일, 집 전화번호, 가족 전화번호, 기존 통화내역 등을 통해 사용자가 누구인지 알아볼 수 있다는 것**이 그 이유이다(대전지방법원 논산지원 2013고단17 판결).

알아두기

개인정보 해당 여부 판단 기준 정리

개인정보 보호법 등 관련 법률에서 규정하고 있는 개인정보 개념은 다음과 같으며 이에 해당하지 않는 경우에는 개인정보가 아니다.

개인정보는 ① 살아 있는 ② 개인에 관한 ③ 정보로 ④ 개인을 알아볼 수 있는 정보이며, 해당 정보만으로 특정 개인을 알아볼 수 없더라도 ⑤ 다른 정보와 쉽게 결합하여 알아볼 수 있는 정보를 포함

① (살아 있는) 자에 관한 정보여야 하며 사망자, 자연인이 아닌 법인, 단체 또는 사물 등에 관한 정보는 개인정보에 해당하지 않음
② (개인에 관한) 정보여야 하므로 여럿이 모여서 이룬 집단의 통계값 등은 개인정보에 해당하지 않음
③ (정보)의 종류, 형태, 성격, 형식 등에 관하여는 특별한 제한이 없음
④ (개인을 알아볼 수 있는 정보)이므로 특정 개인을 알아보기 어려운 정보는 개인정보가 아님
⑤ (다른 정보와 쉽게 결합하여)란 결합 대상이 될 다른 정보의 입수 가능성이 있어야 하고, 또 다른 정보와의 결합 가능성이 높아야 함을 의미

2. 개인정보의 유형(분류)

공공기관과 기업에서는 업무수행을 위해 다양한 개인정보를 보유하고 있으며, 보유하는 개인정보의 유형, 중요도 등에 따라 달리 보호될 수 있다.

개인정보는 일반정보, 신체정보, 정신적 정보, 재산적 정보, 사회적 정보, 의료정보, 통신정보, 민감정보 등으로 다양하게 유형화할 수 있다.

• 민감정보의 수집은 우선적으로 제한된다(법 제23조).
• 단, 민감정보의 경우에도 정보주체의 동의나 법률에 근거할 경우 수집은 가능하며, 이에 대해 한층 더 엄격한 관리가 요구된다.

구 분		내 용
일반 정보	일반정보	이름, 주민등록번호, 주소, 전화번호, 생년월일, 출생지, 가족관계 및 가족구성원의 정보 등
신체적 정보	신체정보	얼굴, 지문, 홍채, 음성, 유전자정보, 키, 몸무게
	의료·건강정보	건강상태, 진료기록, 신체장애, 장애등급
정신적 정보	기호·성향정보	도서, 비디오 대여기록, 잡지구독정보, 여행 등 활동내역, 식료품 등 물품구매내역, 인터넷 웹사이트 검색내역
	신념·사상정보	종교 및 활동내역, 정당, 노조 가입여부 및 활동내역
재산적 정보	개인·금융정보	소득정보, 신용카드번호 및 비밀번호, 통장계좌번호 및 비밀번호, 동산·부동산 보유내역, 저축내역
	신용정보	개인 신용 평가정보, 대출 또는 담보설정 내역, 신용카드 사용내역
사회적 정보	교육정보	학력, 성적, 출석상황, 자격증 보유내역, 상벌기록, 생활기록부
	법적정보	전과, 범죄기록, 재판기록, 과태료 납부내역
	근로정보	직장, 고용주, 근무처, 근로경력, 상벌기록, 직무평가기록
기타	통신정보	통화내역, 인터넷 웹사이트 접속 로그파일, 이메일이나 문자메시지
	위치정보	IP 주소, GPS 등에 의한 개인위치 정보
	병역정보	병역여부, 군번, 계급, 근무부대
	화상정보	CCTV를 통해 수집된 화상정보

▲ **표 1-2** 개인정보의 유형

조직 내부에서만 관리되는 구성원들의 인사관리 정보의 경우 민감 정도가 높은 수준의 개인정보이므로 엄격한 관리가 요구된다. 최근 정보통신기술의 발달로 인해 보호되어야 할 개인정보의 유형이 다양해지고 있다.

"내부적 업무처리"의 범위 : 인사, 급여, 예비군 관리 등의 최소 범위에 한한다.

저자 한마디
- 개인정보의 범위와 대상에 대해 숙지한다.
- 각종 판례를 통해 개인정보 보호법 대상 유무를 확인한다.

3. 개인정보 관련 용어

3-1. 처리(處理)

> "처리"란 개인정보의 수집, 생성, 연계, 연동, 기록, 저장, 보유, 가공, 편집, 검색, 출력, 정정(訂正), 복구, 이용, 제공, 공개, 파기(破棄), 그 밖에 이와 유사한 행위를 말한다(개인정보 보호법 제2조).
>
> 정보통신서비스 제공자와 그로부터 제24조의2제1항에 따라 이용자의 개인정보를 제공 받은 자(이하 "정보통신서비스 제공자 등"이라 한다)는 제3자에게 이용자의 개인정보를 수집, 생성, 연계, 연동, 기록, 저장, 보유, 가공, 편집, 검색, 출력, 정정(訂正), 복구, 이용, 제공, 공개, 파기(破棄), 그 밖에 이와 유사한 행위(이하 "처리"라 한다)를 할 수 있도록 업무를 위탁(이하 "개인정보 처리위탁"이라 한다)하는 경우에는 다음 각 호의 사항 모두를 이용자에게 알리고 동의를 받아야 한다. 다음 각 호의 어느 하나의 사항이 변경되는 경우에도 또한 같다〈개정 2016. 3. 22〉(정보통신망법 제25조 개인정보의 취급위탁).

개인정보 활용을 위해서는 수집·생성부터 저장·보관·가공·편집·검색 등 다양한 여러 단계의 처리 과정을 거쳐야 한다. 개인정보 보호법에서는 포괄적인 의미로 '처리'라는 개념으로 정의하고 있다. 따라서 조직이나 기관에서 개인정보를 활용한 처리 업무를 광범위하게 하고 있기 때문에 구성원 대부분은 개인정보 업무처리를 하고 있다고 보면 된다. 다만, 다른 사람의 개인정보를 단순히 전달 또는 전송하는 업무만 담당하는 것은 개인정보의 처리로 보지 않는다(예 우편배달 사업자).

초기에는 '처리' 개념에 '연계', '연동'이 없었으나 조직의 본사와 지사 간에, 기관과 기관 사이에 연동, 연계하는 경우가 많아 법 개정 시 추가되었다.

「정보통신망법」은 '처리'와 유사한 개념으로 제25조에서 개인정보를 수집·보관·처리·이용·제공·관리·파기 등을 '취급'이라고 일괄하여 약칭하고 있다. 하지만 2016년 3월 2일 개인정보에 관한 법 중 개인정보 보호법과 정보통신망 이용촉진 및 정보보호 등에 관한 법률(이하 '정보통신망법')의 개정법이 국회 본회의를 통과하고, 3월 22일 공포되었다. 개정 내용에 따르면 제25조 등 「개인정보 보호법」의 규정에 따라 개인정보 '취급'을 '처리'로 변경하는 등 용어를 통일하였다(2016. 9. 23 시행).

이는 기존에 홈페이지 제일 하단에 '개인정보 취급방침', '개인정보 처리방침'과 같이 용어의 혼란으로 가중되었던 부분을 '개인정보 처리방침'으로 일괄 통일한다는 의미도 있다.

- 「개인정보 보호법」은 '처리'를 컴퓨터를 이용한 정보처리에 한정하지 않고 개인정보를 수집·이용·제공하는 행위까지 포괄하고 있어 매우 넓은 의미로 정의하고 있다.
- 개인정보 보호법과 정보통신망법 사이에 용어의 통일로 인해 '개인정보 관리책임자'가 '개인정보 보호책임자'로 통일되었다(2016. 9. 23 시행).

저자 한마디
- 취급 → 처리, 취급방침 → 처리방침
- 개인정보 관리책임자 → 개인정보 보호책임자
- 개인정보 보호법이 정보통신망법보다 순서상으로 뒤에 제정되어 개인정보 보호법 용어를 기준으로 법 정합성 차원에서 통일하려는 의도로 보인다.

3-2. 정보주체, 이용자

"정보주체"란 처리되는 정보에 의하여 알아볼 수 있는 사람으로서 그 정보의 주체가 되는 사람을 말한다(개인정보 보호법 제2조).

"이용자"란 정보통신서비스 제공자가 제공하는 정보통신서비스를 이용하는 자를 말한다(정보통신망법 제2조).

'정보주체'는 처리되는 정보에 의하여 알아볼 수 있는 사람으로서 그 정보의 주체가 되는 사람을 말한다. 알아볼 수 있는 사람이고, 살아 있는 자연인이며 처리되는 정보주체가 되는 자이다. 신분이나 국적에 상관없이 정보주체가 될 수 있으며 외국인도 개인정보 보호법상 정보주체가 될 수 있다.

저자 한마디
- 속인주의 : 자기 나라 국민을 기준으로 법령의 적용범위를 결정하는 것이며, 행위지가 국가 내외의 어느 곳이든지 자국민에 의하여 행해진 것이면 자기 나라 법령을 적용하는 원칙
- 속지주의 : 영토를 기준으로 하여 법령의 적용범위를 결정하는 것으로, 어느 나라 영토 내에 있든지 내외국인 여하를 막론하고 그 나라의 법령을 적용하는 원칙

우리나라 형법 제2조에서 '대한민국 영역 내에서 죄를 범한 내국인과 외국인에게 적용한다.'라고 하였고, 제4조에서 '대한민국 영역 외에 있는 대한민국의 선박 또는 항공기 내에서 죄를 범한 외국인에게 적용한다.'라고 규정하여 속지주의를 채택하고 있다. 그러나 제3조에서 '본법은 대한민국 영역 외에서 죄를 범한 내국인에게 적용한다.'라고 규정하여 속인주의도 채택하고 있다. 또 형법 5조와 6조에서는 국가의 이익과 대한민국 국민을 보호하려는 보호주의를 보충적으로 채택하고 있다.

「정보통신망법」은 보호 대상을 정보통신서비스를 이용하는 '이용자'로 한정하고 있다는 사실에 주목할 필요가 있다. 따라서 정보통신서비스를 이용하지 않는 개인정보는 일반법인 「개인정보 보호법」에 적용을 받게 되어 사각지대를 해소하게 되었다.

 저자 한마디
- 정보통신망법 대상자는 이용자에 한해 정보통신망법을 적용한다.
- 정보통신서비스 이용자가 아닌 개인정보는 개인정보 보호법을 적용한다.

3-3. 개인정보파일

"개인정보파일"이란 개인정보를 쉽게 검색할 수 있도록 일정한 규칙에 따라 체계적으로 배열하거나 구성한 개인정보의 집합물(集合物)을 말한다(개인정보 보호법 제2조).

'개인정보파일'이란 개인정보를 쉽게 검색할 수 있도록 일정한 규칙에 따라 체계적으로 배열하거나 구성한 개인정보의 집합물을 말한다. 전자적으로 구성된 파일만 해당하는 것이 아니라 수기(手記) 문서 자료 등도 포함이 된다. 즉, 종이문서도 해당이 된다.

검색·활용이 가능하도록 구성된 고객정보 데이터베이스, 병원에서 환자에 대해 작성된 진료기록부 파일 등이다. 하지만 단순히 개인정보가 기재되어 있는 문서나 체계적으로 배열·검색할 수 있도록 구성되어 있지 않은 경우에는 개인정보파일에 해당하지 않을 수 있다.

 저자 한마디
- 개인정보파일은 컴퓨터 파일뿐만 아니라 종이문서도 해당된다.
- 체계적으로 배열·검색할 수 있는 집합물이 해당된다.

3-4. 개인정보처리자, 정보통신서비스 제공자

> "개인정보처리자"란 업무를 목적으로 개인정보파일을 운용하기 위하여 스스로 또는 다른 사람을 통하여 개인정보를 처리하는 공공기관, 법인, 단체 및 개인 등을 말한다(개인정보 보호법 제2조).

'개인정보처리자'는 '개인정보취급자'와 구분된다. 개인정보 처리를 하는 사람으로 착각할 수 있으나 개인정보처리자는 업무를 목적으로 개인정보를 처리하는 공공기관이나 법인·단체, 개인을 의미한다.

'개인정보취급자'는 개인정보처리자의 지휘·감독을 받아 개인정보를 처리하는 임직원, 시간제근로자, 인턴 등을 말한다.

'개인정보처리자' 구성요건은 다음 네 가지로 정리된다.

- '업무를 목적'으로 개인정보를 처리하여야 한다. 예를 들어, 어떤 온라인 티켓판매 업체에서 콘서트 티켓을 판매 후 참석자에게 빵을 나누어 주었는데 유통기간이 지난 제품이라 티켓판매 업체에 항의하였다. 티켓판매 업체는 연락처를 남겨주면 처리하겠다고 약속하였다. 다음날 빵 제조 업체에서 이상 유무 확인 차 전화를 하였다. 최초 개인정보를 수집한 곳은 티켓판매 업체인데 엉뚱한 빵 제조 업체에서 개인정보를 이용한 연락이 과연 '업무'를 목적으로 한 행위에 해당이 되는가? 티켓판매 업체는 '개인정보처리자'인가를 고민하게 된다.

  여기서 '업무'란 직업상 또는 사회생활상 지위에 기하여 계속적으로 종사하는 사무나 사업의 일체를 의미하는 것으로 보수 유무나 영리 여부와는 관계없이 단 1회의 행위라도 계속 반복의 의사가 있다면 업무로 볼 수 있다.[5]

- 개인정보파일을 운영하기 위한 것이어야 한다. 「개인정보 보호법」상 개인정보처리자가 되기 위해서는 개인정보파일을 운영하고 있어야 한다. 개인정보 수집·이용·제공 등에 대한 동의, 개인정보에 대한 보호조치 등의 의무부과 대상은 개인정보파일을 운영하는 자로 한정하여 개인의 사소한 행위(일회성 메모나 문서작성)까지 규제하지 않도록 하기 위함이다.

---

5 개인정보 보호 법령 및 지침 고시 해설서, 2011. 12, p.18

- 스스로 또는 다른 사람을 통하여 개인정보를 처리하는 것을 말한다. 개인정보처리자는 스스로 개인정보를 처리할 수도 있지만 다른 사람을 통하여 개인정보를 처리할 수 있다(예 수탁자, 대리인 등). 수탁자는 위탁자의 소속 직원으로 본다는 조항(제26조제6항)이 있으니 엄격하게 말하면 수탁자도 개인정보처리자가 된다.
- 공공기관, 법인, 단체, 개인이어야 한다. 개인정보처리자를 간혹 개인정보취급자와 혼동하여 개인정보를 담당하는 사람으로 이해하는 경우가 많은데 공공기관, 영리·비영리 법인, 영리·비영리 단체, 개인 모두 포함한다. 동호회, 동창회와 같은 비영리 단체도 포함된다. 개인에는 1인 사업자 등 본인의 업무 목적으로 개인정보를 처리하는 경우가 포함된다.

저자 한마디

개인정보처리자 구성요건
- 업무 목적
- 개인정보파일 운용
- 스스로 또는 다른 사람을 통하여 처리
- 공공기관, 법인, 단체, 개인 모두 포함

"정보통신서비스 제공자"란 「전기통신사업법」 제2조제8호에 따른 전기통신사업자와 영리를 목적으로 전기통신사업자의 전기통신 역무를 이용하여 정보를 제공하거나 정보의 제공을 매개하는 자를 말한다(정보통신망법 제2조).

「정보통신망법」에서는 「전기통신사업법」에 따라 전기통신사업자 및 영리를 목적으로 전기통신사업자의 전기통신 역무를 이용하여 정보를 제공 또는 정보 제공을 매개하는 자를 말한다. 영리를 목적으로 하는 경우로 한정함으로써, 영리·비영리를 구분하지 않은 개인정보처리자와 개념상 구분된다.

저자 한마디

개인정보 업무처리를 위해 가장 먼저 숙지해야 할 것은 처리할 내용이 '개인정보 보호법' 대상인지 '정보통신망법' 대상인지 구분하여 관련 법률을 적용하는 것이다. 따라서 해당 서비스가 영리를 목적으로 하는지, 전기통신사업자 전기통신 역무를 통하여 정보를 제공하는지에 따라 일반법인 '개인정보 보호법'과 특별법인 '정보통신망법'으로 다르게 적용된다.

3-5. 개인정보 보호법에서 말하는 공공기관

"공공기관"이란 다음 각 목의 기관을 말한다(개인정보 보호법 제2조).

가. 국회, 법원, 헌법재판소, 중앙선거관리위원회의 행정사무를 처리하는 기관, 중앙행정기관(대통령 소속 기관과 국무총리 소속 기관을 포함한다) 및 그 소속 기관, 지방자치단체

나. 그 밖의 국가기관 및 공공단체 중 대통령령으로 정하는 기관

"대통령령으로 정하는 기관"이란 다음 각 호의 기관을 말한다(개인정보 보호법 시행령 제2조).

1. 「국가인권위원회법」 제3조에 따른 국가인권위원회
2. 「공공기관의 운영에 관한 법률」 제4조에 따른 공공기관
3. 「지방공기업법」에 따른 지방공사와 지방공단
4. 특별법에 따라 설립된 특수법인
5. 「초·중등교육법」, 「고등교육법」, 그 밖의 다른 법률에 따라 설치된 각급 학교

「개인정보 보호법」에서는 공공부문과 민간부문을 구분하지 않고 하나의 법률에 의하여 동일한 개인정보 보호가 적용된다. 이는 기존 「정보통신망법」 제67조2항에 준용사업자로 적용되던 업종이 삭제되고 「개인정보 보호법」에 대상이 되면서 공공과 민간을 포함하는 일반법으로서 「개인정보 보호법」이 제정되어 사각지대를 해소하게 되었다.

「개인정보 보호법」에는 헌법기관이 포함되었다는 것이 특징이다. 국회·법원·헌법재판소·중앙선거관리위원회의 행정사무를 처리하는 기관을 말한다. 즉, 국회사무처, 국회도서관, 국회입법조사처, 국회예산정책처, 법원행정처, 헌법재판사무처, 중앙선거관리위원회사무처 등을 말한다.

「공공기관의 운영에 관한 법률」 제4조에 따라 지정된 기관을 말한다. 다만, 기획재정부장관은 「방송법」에 따른 한국방송공사와 「한국교육방송공사법」에 따른 한국교육방송공사는 공공기관으로 지정할 수 없기 때문에 공공기관에서 제외된다(법 제4조제2항제3호).

저자 한마디

• 개인정보 보호법상 공공기관에 교육기관이 포함됨에 유의한다.

• 각종 법령과 고시 등을 보면 반드시 해당 법령이나 고시에서 사용되는 용어를 앞부분에 정의해 놓고 있다. 용어의 정의를 해석하는 것은 굉장히 중요한 부분이고 잘 파악하고 있어야만 법률 해석을 잘못하는 실수를 방지할 수 있다. 따라서 용어를 반복적으로 읽어 음미해 볼 필요가 있다.

③ 개인정보 보호 원칙

개인정보 보호 원칙은 선언적 규범으로 그 자체가 개인정보처리자를 직접적으로 구속하지는 않는다. 개인정보처리자에게 지침을 제시해 주고, 정책 담당자에게 정책 수립 방향 및 법 준수의 기준을 제시해 준다.

OECD 프라이버시 8원칙	개인정보 보호 원칙
수집 제한의 원칙	목적에 필요한 최소한의 원칙 사생활 침해를 최소화하는 방법으로 처리 익명 처리의 원칙
정보 정확성의 원칙	처리 목적 내에서 정확성 · 완전성 · 최신성 보장
목적 명확화의 원칙	처리 목적의 명확화
이용 제한의 원칙	목적 범위 내에서 적법하게 처리, 목적 외 활용금지
안전성 확보의 원칙	권리침해 가능성을 고려하여 안전하게 관리
처리방침 공개의 원칙	개인정보 처리방침 등 공개
정보주체 참여의 원칙	열람청구권 등 정보주체의 권리보장
책임의 원칙	개인정보처리자의 책임준수 · 신뢰확보 노력

▲ 표 1-3 OECD 프라이버시 8원칙과 개인정보 보호 원칙 〈출처 : 개인정보 보호 법령 지침 고시 해설서, 2011. 12〉

1980년 제정된 「OECD 프라이버시 8원칙」과 「EU 개인정보 보호지침」(1995)을 참고하였으며, 「APEC 프라이버시 원칙」(2004)을 고려하여 국내 일반법으로서 개인정보 보호법의 조기 정착에 힘을 기울였다고 본다. 하지만 법이라는 일반적인 속성으로 인해 기술과 환경 변화에 따라 기본원칙은 지키면서 지속적인 개정이 이루어지고 있다. 개인정보 보호법이 추구하고자 하는 목적이라고도 하겠다.

개인정보 보호 원칙은 각 조문에 반영되었다. 개인정보는 필요한 최소한으로 수집해야 하며 사생활 침해를 최소화하는 방법으로 처리해야 한다. 특히 개인정보처리자가 익명 처리가 가능한 경우에는 익명에 의하여 처리될 수 있도록 하여야 한다. 기술의 발전으로 인한 빅데이터 활용과 개인정보 보호의 활용에 의미를 두는 원칙이라 하겠다.

또한, 개인정보 수집 시 처리 목적을 알리고 수집하는 만큼 처리 목적 내에서 정확하고 명확하게 최신성을 보장해야 한다. 이는 개인정보 처리방침에 위탁과 3자 제공 등 개인정보 처리함에 있어 현행화가 되어야 한다. 수집 시 개인정보 처리 목적을 알리는 것은 중요한 핵심사항이다. 정보주체의 개인정보를 어떻게 처리할 것인가에 대한 목적을 알리는 사항이므로 향후 개인정보 유출에 따른 기준점이 되기 때문이다. 목적 내 사용, 목적 외 사용 등에서 처리해야 할 프로세스가 달라진다.

개인정보를 처리함에 있어 안전하게 보호해야 한다. 이는 「개인정보 보호법」은 '개인정보 안전성 확보조치기준'으로 「정보통신망법」은 '개인정보 기술적·관리적 보호조치 기준'으로 명시하고 있다. 개인정보 처리에 있어 1차적인 보호방법은 기술적 조치라 하겠다. 하지만 두 개 모두 보호조치기준 외에 일어나는 개인정보 유출 사고에 대한 부분은 책임을 묻고자 하는 법적 근거 기준이 없어 현실에서는 보호조치 기준만 지키면 되는 것으로 이해하는 것은 바람직하지 못하다. 이런 측면에서 보호조치가 하향 평준화되고 있다는 비판이 제기되고 있어 자율적 규제와 징벌적 손해배상을 꾸준히 제기하고 있다. 다행히 이번 법 개정에서 징벌적 손해배상 제도가 도입되어 향후 얼마나 실효가 있을지 두고 봐야 한다.

개인정보 처리방침은 개인정보처리자가 개인정보 처리 업무를 하면서 반드시 정보주체나 이용자에게 알리거나 공개해야 할 사항을 표시해 놓은 방침이다. 가장 보편적인 방법으로 개인정보처리자 또는 정보통신서비스 제공자 홈페이지 제일 하단에 개인정보 처리방침으로 공개해 놓도록 하였다. 정보주체나 이용자가 가장 먼저 개인정보 업무 처리를 위해 개인정보처리자나 정보통신서비스 제공자가 어떻게 처리하는지를 점검해 보는 지침이 된다.

개인정보 보호법의 제정이 가지는 가장 큰 의미 중 하나는 정보주체의 권리를 보장받을 수 있는 법적 근거가 마련되었다는 점이다. 과거 '공공기관에 관한 개인정보 보호 법률'과 '정보통신망법'이 존재하였으나 사각지대가 많았다.[6]

대다수 개인정보처리자, 정보통신서비스 제공자 측면에서 준수해야 할 법적 근거 기준으로 관심을 가지게 되는데 정보주체로서 권리를 행사하는 것이 더 중요하다. 정보주체로서 권리행사(열람청구, 정정, 삭제, 처리정지)가 이루어졌을 때 개인정보처리자나 정보통신서비스 제공자가 움직이게 되는 사례를 많이 보았기 때문이다. 앞으로 정보주체의 권리보장이 더 강화되어 많은 분쟁이 생길 것으로 예상된다. 현재는 단체소송으로 손해배상을 진행하고 있다.

개인정보의 주체는 개인정보처리자나 정보통신서비스 제공자가 아닌 정보주체 또는 이용자라는 점에서 인식의 전환이 필요하다. 기업은 개인정보를 이용하여 불법적인 영리를 추구하고 공공기관은 오·남용을 통해 원래 목적의 범위를 벗어나서는 안 된다. 이를 위반할 때에는 반드시 법적인 책임을 져야 하며 무엇보다 신뢰를 바탕으로 소중한 정보주체의 개인정보를 생명주기에 따라 처리해야 함은 당연하게 되었다.

저자 한마디

- 우리나라 개인정보 보호법은 OECD 개인정보 8원칙을 잘 따르고 있으며, 각국의 다양한 개인정보 관련 법률을 참고하여 제정하였기 때문에 상당히 엄격하게 규정되어 있다고 평가하고 있다.
- 개인정보 관련 시험에 자주 출제되는 부분이기도 하다.

---

6 2008년 GS칼텍스의 개인정보 1,100만 건이 유출되었으나 정보통신망법상 준용사업자의 범위에 정유업이 포함되어 있지 않아 2009. 7. 1 정보통신망법이 개정되었다. 추후 집단소송이 진행되었으나 항소심 재판부에서도 GS칼텍스 측에 배상책임이 없다고 판결한 바 있다(2011. 6. 27 연합신문).

1. 법률의 적용기준

> 개인정보 보호에 관하여는 다른 법률에 특별한 규정이 있는 경우를 제외하고는 이 법에서 정하는 바에 따른다(개인정보 보호법 제6조)〈개정 2014. 3. 24〉.

개인정보에 관하여 다른 법률과의 관계를 규정한 것이다. 「개인정보 보호법」은 일반법적 성격을 가진다. 초기 법 제정 시에는 「정보통신망 이용촉진 및 정보보호 등에 관한 법률」, 「신용정보의 이용 및 보호에 관한 법률」 등에 따라 다른 법률에 특별한 규정이 있는 경우를 제외하고는 이 법에서 정하는 바에 따른다'고 명시하였다. 그러나 법 개정(2014. 3. 24)이 되어 현재는 다양한 분야별 특별법 등에서 개인정보 처리에 대한 규정이 있어 명시적으로 나타냈던 부분을 삭제하였다. 「개인정보 보호법」은 포괄적 의미에서 일반법으로 위치하게 되었다. 이 점에서 개인정보취급자가 처리하고 있는 **분야별 특별법을 더욱 치밀하게 숙지해야 하는 의무가 주어졌다고 보겠다.** 의외로 특별법과 일반법을 함께 적용해야 하는 부분이 많이 있기 때문이다.

즉, 「개인정보 보호법」을 기본으로 숙지하면서 분야별 특별법을 반드시 숙지해야만 개인정보 처리업무를 하게 된다는 의미이다. 예를 들어, 금융회사의 경우 「신용정보의 이용 및 보호에 관한 법률(이하 '신용정보보호법')」, 의료기관의 경우 「의료법」, 교육기관의 경우 「초·중등 교육법」, 「고등교육법」 등 개인정보처리자 분야별 법령을 숙지해야만 한다.

개별법에서 이 법의 내용과 다른 규정을 두고 있다고 해서 무조건 개별법 규정이 적용되는 것이 아니다. 목적, 취지가 개별법과 상황 모순이나 불합리한 경우 판단하여 적용하게 된다. 예를 들어, 인물사이트 운영에 있어 정보통신서비스 제공자는 이용자와 관계에서 「정보통신망법」이 적용이 되지만, 인물 DB에 구성하는 개별 정보주체와는 서비스 이용자가 아니기 때문에 「개인정보 보호법」이 적용된다.

일부 지자체의 경우 온라인 쇼핑몰을 만들어 지역 특산품을 판매한다고 가정하면 지자체는 공공기관에 속하기 때문에 「개인정보 보호법」이 적용되지만 쇼핑몰을 운영하여 영리를 추구한다면 「정보통신망법」이 적용된다. 이처럼 개인정보 활용 목적과 취지에 따라 적용되는 관련 법령도 다르다는 것을 명심해야 한다.

다른 '법률'에 특정한 규정이 있는 경우에만 그 법률의 규정이 「개인정보 보호법」에 우선하여 적용된다. 법률이 아닌 시행령이나 시행규칙 고시, 조례 등에 이 법과 다른 규정이 있는 경우에는 그 시행령 등은 우선 적용되지 않는다. 그런 경우 「개인정보 보호법」이 우선하여 적용된다. 다만, 그 시행령 등이 법률의 위임을 받은 경우 그 시행령 등이 우선하여 적용된다.

「개인정보 보호법」에서 명시한 '법령'이란 '법률', '시행령', '시행규칙'만 대상이 되고, 조례 등은 적용되지 않는다. 2017년 3월부터는 주민등록번호 수집 법정주의가 기존 '법률', '시행령', '시행규칙'에 따라 수집할 수 있던 반면에 '법률'이나 '시행령'에 근거가 없으면 주민등록번호도 수집할 수 없다. 이는 주민등록번호 수집 법정주의 시행 후 수집근거 마련을 위한 시행규칙이 급증하였기 때문에 더 까다로운 법적 요건을 강화한 것이다.[7]

저자 한마디

법령은 법률, 시행령, 시행규칙을 의미한다.

---

7 연합뉴스, 개인정보 수집 출처, 본인에게 알려준다. 2016. 3. 3

2. 법률의 적용대상

개인정보 업무처리 시 공공기관과 오프라인 사업자의 경우 대부분 「개인정보 보호법」 대상이고, 영리를 목적으로 하는 온라인 사업자의 경우 「정보통신망법」 대상이 된다. 기타 금융회사의 경우 「신용정보 보호법」 대상이 된다. 대표적인 개인정보 보호 3법이다. 무엇보다 준수해야 할 법령이 어떤 법령인지에 따라 약간의 차이가 있으므로 반드시 적용 법령을 알아두어야 한다.

누구나 알 수 있는 영역에서는 이렇게 각각의 법령으로 나눌 수 있지만 최근에는 온·오프라인을 동시에 활용하여 개인정보를 처리하는 경우가 늘어나고 있다. 공공기관이 지역 온라인 쇼핑몰을 운영하거나 앱을 통하여 O2O(온라인과 오프라인이 결합한 사업형태) 사업 등이 급증하고 있어 개인정보 업무처리 시 복잡한 법적 준수사항에 대해 각별히 신경 써야 한다.

개인정보 처리 단계별 조치사항

1 라이프 사이클에 따른 관리

개인정보는 수집·이용 → 보관·저장 → 제공 → 파기의 절차에 따라 처리하는데, 이것을 '개인정보 라이프 사이클(Life Cycle)'이라고 한다. 「개인정보 보호법」에서는 개인정보 라이프 사이클에 따른 처리 단계별 조치 사항에 대해 법률로 규정하고 있다.

1. 개인정보 보호법 법률체계

수집·이용·파기	→	제공·위탁	→	기술적·관리적 보호조치	→	정보주체의 권리보장
제15조 수집·이용		제17조 개인정보 제공		제29조 안전조치 의무		제35조 개인정보 열람
제16조 수집 제한		제18조 이용·제공 제한		제30조 처리방침수립 공개		제36조 개인정보 정정삭제
제20조 수집 출처 고지		제19조 제공 받은 자 이용·제공 제한		제31조 책임자 지정		제37조 개인정보 처리정지
제21조 개인정보 파기		제26조 위탁 처리 제한		제32조 파일등록 및 공개		제38조 권리행사 방법절차
제22조 동의 받는 방법		제27조 영업양도·양수		제33조 개인정보 영향평가		제39조 손해배상 책임
제23조 민감정보 처리		제28조 취급자 관리감독		제34조 개인정보 유출 통지		

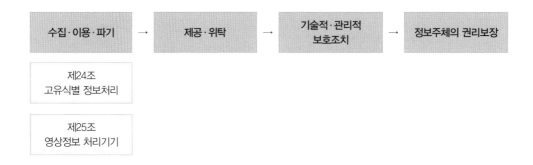

2. 개인정보 보호법(제29조) 개인정보 안전조치 의무 안전성 확보조치 기준 고시 체계

3. 개인정보 보호법 주요 개정 현황

2011년 9월 30일 개인정보 보호법이 시행된 이후 네 차례에 걸쳐 개정되었다. 개인정보 업무처리를 위해 그동안 어떠한 형태로 개정되었는지 먼저 살펴보고 시작하겠다.

뒷부분에서 다시 언급하겠지만 법 개정에 대한 사항을 반드시 숙지하고 있어야 한다. 그 이유는 무엇이라 생각하는가? 왜 반드시 숙지하고 있어야 하는가? 법률, 시행령, 고시 등 개정된 사항이 하위 규정 및 내부관리계획이나 안전성 확보조치기준 등에서 개정된 사항으로 개인정보 업무처리에 반영되어야 하기 때문이다. 따라서 기본적 법 준수뿐만 아니라 개정사항을 꼼꼼히 체크하는 것도 중요하다.

- 주민등록번호 처리 제한(13. 8. 6 공포), 시행(14. 8. 7)
  - 주민등록번호 수집 법정주의 실시, 주민등록번호 유출 시 과징금 부과
  - 법적 근거 없는 주민등록번호 파기(16. 8. 6)

- 주민등록번호 보호조치 강화(14. 3. 24 공포), 시행(16. 1. 1)
  - 주민등록번호 보관 시 암호 조치 의무화

- 개인정보 보호 책임성 강화(15. 7. 24 공포), 시행(16. 7. 25)
  - 법정·징벌적 손해배상제도 도입, 개인정보 범죄 처벌 강화
  - 개인정보 보호위원회 기능 강화

- 주민등록번호 수집 법정주의 강화 등(16. 3. 29 공포), 시행(16. 9. 30)
  - 개인정보 수집 출처 고지 의무화, 주민등록번호 수집근거 강화(시행규칙 제외, 17. 3. 30 시행), 민감정보 안전성 확보 조치 의무화

개정된 사항을 하나씩 살펴보도록 하자. 법률 개정은 국회 동의를 얻어야 하지만 시행령은 국회 동의 없이도 개정이 가능하다는 것을 알아두자. 시행령은 자주 개정될 가능성이 있기 때문에 꾸준한 관심을 가지는 것이 바람직하다.

3-1. 주민등록번호 수집 법정주의(14. 8. 7 시행)

법 개정 전	법 개정 후
정보주체의 별도 동의 받은 경우 처리 가능	정보주체의 동의 받아도 처리 불가(법24조의2)
– 다른 개인정보 처리와 별도 동의 시 처리 가능 – 법령에서 구체적으로 고유식별 정보처리를 요하거나 허용하는 경우	– 법령에서 구체적으로 처리를 요하거나 허용한 경우 – 정보주체 또는 제3자의 급박한 신체, 생명, 재산의 보호 – 행정자치부령으로 정하는 경우

▲ **표 1-4** 주민등록번호 수집 법정주의

주민등록번호 수집은 법에 의하지 않고서는 수집할 수 없게 되었다. 대부분 생년월일로 대체되었으며, 법적 근거가 없는 주민등록번호는 파기하여야 한다. 또한, 주민등록번호 분실·도난·유출·훼손 시에는 5억 원 이하의 과징금이 부과된다. 본인 인증확인 기관이 아니면서 아직도 본인 인증확인을 위해 주민등록번호 등을 수집하는 경우가 있다.

3-2. 개인정보 범죄 처벌 강화(15. 7. 24 시행)

법 개정 전	법 개정 후
10년 이하의 징역 또는 1억 원 이하의 벌금	부정으로 취득하여 영리목적으로 3자에게 제공
공공기관의 개인정보 처리 업무를 방해할 목적으로 개인정보 변경, 말소	– 행정업무 방해뿐만 아니라 부정한 방법으로 취득하여 3자에게 제공하는 등 – 개인정보 불법 유통으로 얻은 범죄 수익 몰수, 추징

▲ **표 1-5** 개인정보 범죄 처벌 강화

개인정보를 부정한 방법으로 취득하여 제3자에게 제공하거나 불법 유통으로 얻은 범죄 수익은 몰수, 추징한다는 내용이다.

3-3. 주민등록번호 의무적 암호화(16. 1. 1 시행)

법 개정 전	법 개정 후
다음의 경우 고유식별 정보 암호화 - 통신망을 통하여 송·수신하거나 보조저장매체로 전달 시 - 인터넷 구간과 구간, 내부망의 중간지점에 저장 시 - 업무용 컴퓨터 또는 모바일 기기에 저장 시	주민등록번호 보관 시 암호화 의무(법24조의2제2항) - 100만 명 미만 주민등록번호 보관 16. 12. 31까지 암호화 - 100만 명 이상 주민등록번호 보관 17. 12. 31까지 암호화 ※ 주민등록번호 암호 조치 미이행 시 3천만 원 이하 과태료 부과

▲ 표 1-6 주민등록번호 암호화 의무

주민등록번호는 고유식별 정보 중에 가장 많이 사용하는 식별자로서 유출되었을 때에는 많은 피해를 입게 된다. 따라서 반드시 주민등록번호는 보관 시 암호화 조치를 하도록 법률로 규정하게 되었다. 과거에는 위험도 분석이나 개인정보 영향평가를 통해 암호화 조치를 하지 않아도 되었던 사항이 이제는 **법률에 명시한 사항**이다.

3-4. 새로운 손해배상제도 도입(16. 7. 25 시행)

구 분	징벌적 손해배상제도	법정 손해배상제도
적용 요건	개인정보처리자의 고의·중과실로 개인정보 유출 또는 동의 없이 활용하여 피해 발생	개인정보처리자가 고의·과실로 개인정보가 분실·도난 유출된 경우
입증책임	- 개인정보처리자가 고의·중과실 없음을 입증 - 피해액은 피해자가 입증	- 개인정보처리자가 고의·과실 없음을 입증 - 피해자에 대한 피해액 입증책임 면제
구제 범위	재산 및 정신적 피해 모두 포함	사실상 피해입증이 어려운 정신적 피해
배상 규모	실제 피해액의 3배 이내 배상	300만 원 이하의 범위에서 상당한 금액
적용 시기	개정법 시행 이후 유출사고	

▲ 표 1-7 징벌적·법정 손해배상제도

기존 개인정보 유출로 인해 많은 피해를 입었지만 정보주체에게 피해 보상은 미미하였다. 그 이유는 우선 피해액 산정이나 입증책임이 정보주체에게 있어 피해 입증이 쉽지 않았기 때문이다. 이를 보완하고자 **법정 손해배상제도와 징벌적 손해배상제도**를 도입하였다. 이는 2014년 카드 3사 금융정보 유출이 실마리가 되었다. 자세한 사항은 본문 조항에서 다시 설명하겠다.

3-5. 중요 개인정보 보호조치 강화(16. 9. 30 시행)

법 개정 전	법 개정 후
– 민감정보 안전성 확보조치 명문화 규정 없음 – 고유식별 정보는 암호화 의무만 부과 – 주민등록번호는 법령에만 근거가 있어야 처리 가능	– 민감정보에 대한 안전성 확보조치 의무를 명문화 – 고유식별 정보 안전조치 의무 이행 유무 조사(공공기관, 5만 명 이상 고유식별 정보처리자, 2년마다 1회 조사) – 주민등록번호 수집근거(법률, 시행령, 헌법기관규칙)(대법원, 헌법재판소, 중앙선관위, 감사원)

▲ **표 1-8** 민감정보 안전조치 명확화 및 헌법기관 규칙

그동안 민감정보가 중요하고 원칙적 처리 금지만 규정하였던 것을 **안전한 조치를 취해야** 한다는 명문화 규정을 반영하게 되었다. 민감정보를 가장 많이 처리하는 의료기관의 경우 개인정보 처리에 대한 부담이 늘어났고, 이에 대응하는 계획도 반드시 수립하여 유출에 대비하여 이행하여야 한다.

또한, 주민등록수집 근거를 법률, 시행령, 시행규칙에서 **법률, 시행령, 헌법기관규칙**으로 축소하여 주민등록번호 수집 법적 근거를 강화하였다. 이는 시행규칙을 통해 아직도 무분별한 주민등록번호를 수집하고 있어 이를 개선하기 위해 보완·조치한 것이다.

3-6. 개인정보 자기결정권 강화(16. 9. 30 시행)

법 개정 전	법 개정 후
정보주체 이외의 개인정보 수집 시 정보주체가 요구 시 출처 고지	정보주체의 동의에 따라 제3자로부터 개인정보를 제공 받아 수집한 경우 출처 고지 의무화
정보주체의 요구가 있으면 개인정보 수집 출처, 처리목적, 처리정지를 요구할 권리가 있다는 사실 고지	• 개인정보 수집 출처 고지 의무대상 　– 5만 명 이상의 민감정보 또는 고유식별 정보처리자 　– 100만 명 이상의 정보주체의 개인정보처리자 • 개인정보 수집 출처 고지 방법 　– 서면, 전화, 문자전송, 전자우편 등의 방법으로 고지 　– 개인정보를 제공 받은 후 3개월 이내 고지 　– 정보주체가 고지한 사실을 해당 개인정보를 파기할 때까지 관리

▲ **표 1-9** 개인정보 자기결정권 강화

정보주체 외에 개인정보 수집 시 정보주체 요구가 있으면 반드시 출처를 고지해야 한다. 그런데 개정된 법에는 **정보주체의 동의에 따라 제3자로부터 개인정보를 제공 받아 수집한 경우 출처 고지를 의무화**하였다. 즉, 정보주체의 별도 동의나 법령에 따라 3자 제공하였다 하더라도 기존에는 정보주체에게 사후적인 고지를 하지 않았다. 하지만 하반기(16. 9. 30)부터는 3자로부터 개인정보를 받아 수집한 경우 반드시 정보주체에게 알려야 한다. 그 대상과 방법을 구체적으로 명시하였다.

저자 한마디

- 개정된 법률 사항을 숙지하고 개인정보 처리 업무에 적극 반영한다.
- 업무 프로세스 개선이 필요하면 개인정보 보호 위원회를 열어 개인정보 이슈사항을 심의·의결하여 업무를 처리한다.
- 개인정보 보호 위원회 : 조직 내 개인정보 업무처리를 위한 심의, 의결 기구, 국가기관 명칭과 동일하지만 혼동하지 말아야 한다.

② 수집 · 이용 단계에서의 관리

개인정보 업무처리를 위해 필요한 개인정보를 수집하려면 근거가 명확해야 하고 수집 사실이 안내되어야 한다.

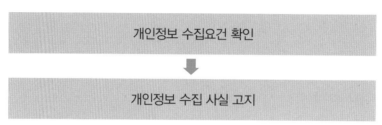

▲ **그림 1–1** 수집 단계에서의 주요 활동

1. 개인정보 수집 · 이용(법 15조)

> 개인정보의 "수집"이란 정보주체로부터 직접 이름, 주소, 전화번호 등의 정보를 제공 받는 것뿐만 아니라 정보주체에 관한 모든 형태의 개인정보를 취득하는 것을 말한다(개인정보 표준지침 제6조).

• **업무 주체** : 개인정보취급자, 개인정보처리자

• **주요 내용** : 기관이나 기업에서 업무수행을 위해 필요한 개인정보를 수집 · 이용하기 위해서는 관계 법률에 근거하거나 정보주체의 동의가 필요하다.

• **확인 사항** : 개인정보를 수집함에 있어 다음의 사항들을 확인해야 한다.

  − 법률에 근거하고 있는 수집인가?

  − 법률의 근거가 없을 경우 정보주체의 동의를 얻고 있는가?

  − 수집 목적을 분명하게 하고 있는가?

  − 수집 목적을 위해 필요한 범위에서의 개인정보만을 수집하고 있는가?

  − 적법하고 정당한 방법으로 수집하고 있는가?

1-1. 개인정보의 수집요건

개인정보는 정보주체로부터 직접 수집하는 경우도 있지만 국가기관, 신용평가기관, 온·오프라인, 수탁기관 그리고 제3자로부터 수집 가능하다. 또한 직접 수집하지 않더라도 개인정보 처리업무를 하면서 자동으로 생성되는 경우도 있다.

개인정보처리자는 다음 어느 하나에 해당하는 경우 개인정보를 수집할 수 있으며, 그 수집 목적의 범위에서 이용할 수 있다. 이제 하나씩 해당 조항을 분석해 보자.

- 정보주체의 동의를 받은 경우
- 법률에 특별한 규정이 있거나 법령상 의무를 준수하기 위하여 불가피한 경우
- 공공기관이 법령 등에서 정하는 소관 업무의 수행을 위하여 불가피한 경우
- 정보주체와의 계약 체결 및 이행을 위하여 불가피하게 필요한 경우
- 정보주체 또는 그 법정대리인이 의사표시를 할 수 없는 상태에 있거나 주소불명 등으로 사전 동의를 받을 수 없는 경우로서 명백히 정보주체 또는 제3자의 급박한 생명, 신체, 재산의 이익을 위하여 필요하다고 인정되는 경우
- 개인정보처리자의 정당한 이익을 달성하는 데 필요한 경우로서 명백하게 정보주체의 권리보다 우선하는 경우(이 경우 개인정보처리자의 정당한 이익과 상당한 관련이 있고 합리적인 범위를 초과하지 아니하는 경우에 한한다)

1-1-1. 정보주체의 동의를 받은 경우(제1호)

개인정보의 주체인 개인에게 사전에 동의를 받은 경우 개인정보를 수집할 수 있다. '동의'는 개인정보처리자가 개인정보를 수집·이용하는 것에 대한 승낙의 의사표시이다. 여기서 동의는 명시적인 동의를 의미한다. **명시적 동의란 정보주체가 명시적으로 개인정보 수집에 대한 '동의', '동의 안 함'에 대해 스스로 결정할 수 있도록 동의를 받는 것을 말한다.** 반대의 개념으로 묵시적인 동의가 있다. 예를 들면, 전체 메일링을 할 때 거부의사가 없는 경우는 메일링 수신에 대한 동의가 있는 것으로 간주하는 것은 명시적인 동의를 받은 것이 아니다.

오프라인 경우 종이 등에 '동의함'과 '동의 안 함'에 체크를 통하여 동의에 따른 증적(證跡)을 남기며, 온라인의 경우 웹상에서 '동의함'과 '동의 안 함'의 버튼을 만들어 체크하도록하여 의사표시를 할 수 있다. 다만, 구두나 전화상 동의를 받을 수 있으나 입증책임의 문제가 발생할 수 있으므로 정보주체의 동의하에 통화내용을 녹취할 수 있다. 동의는 반드시 증적자료를 남길 수 있도록 하는 방법을 선택하는 것이 바람직하다.

개인정보처리자가 **정보주체의 동의를 받을 때**에는 반드시 정보주체가 동의내용과 의미를 명확히 알 수 있도록 해야 한다. 알려야 할 내용은 다음과 같다.

- 개인정보 수집·이용 목적
- 수집하고자 하는 개인정보 항목
- 개인정보 보유 및 이용 기간
- 동의 거부할 권리가 있다는 사실 및 동의 거부에 따른 불이익

「정보통신망법」에서는 마지막 항의 '동의 거부할 권리가 있다는 사실 및 동의 거부에 따른 불이익'이 알려야 하는 사항에 포함되어 있지 않다. 개인정보 업무를 하다보면 개인정보 관련 법률 사이에도 차이점이 있어 잘 숙지하고 업무에 적용해야 한다. 최근 법정합성 때문에 두 법률의 용어나 명칭을 통일하는 방향으로 개정되고 있다.

정보주체의 동의에 의한 개인정보 수집 시 고려사항

정보주체의 동의에 의한 개인정보를 수집할 경우 사전에 개인정보 수집목적, 보유기간, 이용범위, 목적 달성 후 처리방법, 이의제기 절차 등의 충분한 사전 설명과 명시적인 동의가 이루어진 후 수집하여야 한다.

개인정보 수집단계에서 '동의를 받아야 하는가?', '동의 받지 않고 가능한가?' 어떠한 경우에 개인정보를 수집·이용할 수 있는 요건이 되는지 하나씩 파악하는 것이 중요하다. '개인정보 라이프 사이클'상에서 수집·이용은 첫 진입단계이므로 개인정보 업무처리를 위해 무엇보다 중요한 조문이다. 정부에서 배포한 개인정보 보호 법령 해설서를 중심으로 참조하여 살펴보도록 하겠다.

'고객님은 동의를 거부할 권리가 있습니다. 다만, 서비스 제공을 위한 필수사항이므로 거부 시 해당 서비스 이용이 불가능합니다.'는 현재 법률은 동의 거부권리를 명시하고 있지만, 실질적(?) 거부권 행사 시에는 서비스 이용이 불가능하다고 명시하고 있다. 이러한 측면에서 "법의 최소 수집 원칙에 입각해 최소 수집 범위를 벗어나는 경우 설명 의무를 부과하고 거부가 실질적으로 가능한 동의 절차가 돼야만 법의 취지가 살아난다"며 "그에 맞게 제도를 개선해야 한다"고 현재 법 제도 개선책을 주장하는 법학자도 있다.[8]

이는 동의서를 읽거나 동의에 클릭했다 하더라도 실질적 동의로 보기 어려운 상황이 발생한다고 보는 전문가도 있다. 물론, 이에 대한 최소한의 수집 입증책임은 개인정보처리자에게 있다.

1-1-2. 법률에 규정이 있거나 법령상 의무 준수를 위해 불가피한 경우

- 법률의 특별한 규정 : 법률에 특별한 규정이 있어 개인정보의 수집·이용을 구체적으로 허용하거나 요구하고 있어야 한다. 법률에 규정이 있어야 하므로 시행령이나 시행규칙에 규정하는 것은 안 된다. 보통 처음 개인정보 업무를 맡게 되면 이런 부분에서 착각하는 경우가 많다. 쉽게 설명하면 '○○법'으로 규정되어 있어 개인정보의 대상과 범위가 법률에 의해 규정된 경우라 하겠다.

법률의 특별한 규정 예시[9]
- 「정보통신망법」 제31조(법정대리인의 권리)
- 「신용정보법」 제40조(신용정보회사 등의 금지사항)
- 「보험업법」 제176조(보험료율 산출기관)
- 「자동차손해배상 보장법」 제14조(진료기록의 열람 등)
- 「병역법」 제11조의2(자료의 제출요구 등)
- 「의료법」 제21조(기록열람 등), 제22조(진료기록부 등)

---

8 서비스 약관동의, 고객의 선택권은 있었나?, 아이뉴스24, 2013. 3. 21 참조
9 개인정보 보호 법령 및 지침 해설서, 2011. 12

- 법령상의 의무 준수 : 개인정보 수집·이용 시 법률에 의한 의무뿐만 아니라 시행령, 시행규칙에 따른 의무도 포함된다. 즉, 법령의 의미를 법률뿐만 아니라 시행령(대통령령), 시행규칙(훈령)까지 포함하는 의미로 하위 법령까지 해석하면 된다. 법령상의 의무 준수라고 하면 법률에 의한 의무 준수보다 더 폭넓은 관점에서 개인정보를 수집·이용할 수 있다고 본다.
- 불가피한 경우 : 개인정보를 수집하지 않고는 법령에서 부과하는 의무를 이행하는 것이 불가능하거나 개인정보처리자가 다른 방법을 사용하여 의무를 이행하는 것이 현저히 곤란한 경우를 의미한다.

법률이나 법령의 의무 준수를 위한 불가피한 경우 예시[10]

- 사업자들에게 부과된 결합상품 리콜의무(「소비자기본법」)
- 각종 법령에 따른 본인확인 및 연령확인 의무(「정보통신망법」, 「청소년보호법」, 「공직선거법」, 「금융실명거래 및 비밀보장에 관한법률」, 「선원법」, 「법원경비관리대의 설치·조직 및 분상사무 등에 관한 규칙」)

법률이나 법령의 의무 준수를 위한 불가피한 경우 사례[11]

손해배상을 부당하게 수취할 목적으로 고의로 교통사고를 조작하거나 과장하여 사고를 일으킨 후 가해 운전자와 직접형상을 요구하면서 가해 운전자가 가입한 손해배상 보험회사에 자신의 개인정보를 주지 않는 경우가 발생할 수 있다.

이에 보험회사는 「개인정보 보호법」 제15조제1항2호에 따라 피해자의 동의 없이 개인정보를 수집·이용할 수 있는데 이는 「상법」 제719조에서 책임보험계약의 보험자는 피보험자가 보험기간 중의 사고로 인하여 제3자에게 배상할 책임을 진 경우에 이를 보상할 책임이 있으므로, 이러한 법령상 의무를 준수하기 위해 불가피한 경우(피해자의 개인정보 수집·이용에 따른 동의거부) 보험회사는 피해자의 동의 없이 피해자의 개인정보를 수집·이용할 수 있도록 하고 있기 때문이다.

상법 제719조(책임보험자의 책임)

책임보험계약의 보험자는 피보험자가 보험기간 중의 사고로 인하여 제3자에게 배상할 책임을 진 경우 이를 보상할 책임이 있다.

---

10 개인정보 보호 법령 및 지침해설서, 2011. 12
11 개인정보 보호 법령 및 지침해설서, 2011. 12

1부 개인정보 처리자

1-1-3. 공공기관이 법령 등에서 정하는 소관 업무를 수행하기 위해 불가피한 경우

- 공공기관 : 개인정보를 수집·이용할 수 있는 대상과 범위를 공공기관에 대해 규정하였다. 여기서 공공기관이란 제2조에 정의한 공공기관을 말한다. 개인정보 보호법상 공공기관에는 교육기관도 포함된다는 사실에 유의한다. 따라서 초·중학교, 고등학교, 대학교 등 교육기관은 공공기관에 준하여 개인정보 업무처리를 하여야 한다.

- 법령 등에서 정하는 소관 업무
  - '법령 등에서 정하는 소관 업무'는 제2호에서 규정하고 있는 '법령상 의무 준수'에 포함될 수 있으나 법령상 의무 준수와 소관 업무 수행의 차이를 조금 더 명확하게 하기 위해 별도로 규정한 것이다.
  - '법령 등에서 정하는 소관 업무'란 「정부조직법」 및 각 기관별 직제령·직제규칙, 개별 조직법 등에서 정하고 있는 소관 사무 이외에 「주민등록법」, 「국세기본법」, 「의료법」, 「국민건강보험법」 등 소관법령에 의해서 부여된 권한과 의무를 말한다. 지방자치단체의 경우 조례에서 정하고 있는 업무 등을 의미한다.

- 불가피한 경우
  - 개인정보를 수집하지 않고는 법령 등에서 해당 공공기관에 부여하고 있는 의무를 이행하는 것이 불가능하거나 개인정보처리자가 다른 방법을 사용하여 소관 업무를 수행하는 것이 현저히 곤란한 경우를 의미한다.
  - 불가피성의 판단은 공공기관의 업무와 성격에 비춰볼 때 법률로 규율하는 것이 불가능하므로 일차적으로 해당 공공기관의 장이 결정해야 한다.

1-1-4. 계약 체결·이행을 위해 불가피하게 필요한 경우

정보주체와 계약 체결 및 이행을 위해 불가피한 경우에는 정보주체에 대한 고지·동의 없이도 개인정보를 수집할 수 있도록 한 조항이다. '계약 체결'에는 준비단계도 포함된다.

- 계약 체결을 위해 불가피한 경우[12] : 근로자와 사용자가 근로계약을 체결하는 경우, 임금지급, 교육, 증명서 발급, 근로자 복지제공을 위하여 근로자의 동의 없이 개인정보를 수집·이용할 수 있다(표준 개인정보 보호지침 제6조제6항). 이력서를 받는 행위는 근로계약을 체결하기 위한 준비단계로 개인정보 수집에 대한 동의는 불필요하다. 단, 계약 미체결 시에는 수집한 개인정보는 즉시 파기해야 한다.

  특히, 신규직원을 채용할 때 이력서에 주민등록번호 수집은 주민등록번호 수집 법정주의(14. 8. 7)에 따라 법적 근거 없이는 수집할 수 없다. 일반적으로 생년월일로 대체하여 수집한다.

  - 보험회사가 계약 체결을 위해 청약자의 자동차 사고 이력, 다른 유사보험의 가입 여부 등에 관한 정보를 수집하는 경우

  - 거래 체결 전에 거래 상대방의 신용도 평가를 위해 정보를 수집·이용하는 경우

  - 근로자를 채용 및 근로계약 체결 전에 지원자의 이력서, 졸업증명서, 성적증명서 등 정보를 수집·이용하는 경우

  근로자 계약 체결을 위해서 수집한 개인정보는 「채용절차의 공정화에 관한 법률 시행령」에 따라 채용이 되지 않을 시 돌려받을 수 있다. 다만, 온라인(인터넷)을 통한 파일 제출에 대한 규정은 없다. 보다 자세한 내용은 관련 법령을 참고하길 바란다.

  서비스 계약 체결을 위해 개인정보 보유기간 산정
  개별 서비스 계약의 특성에 따라 보유기간을 설정하면 된다. 만일 특별한 법(예 전자상거래 소비자보호법 등)에서 정한 기간이 있다면 해당 법률의 정해진 기간에 따라 보유 가능하다.

- 계약이행을 위해 불가피한 경우[13]

  - '계약이행'은 물건의 배송·전달이나 서비스의 이행과 같은 주된 의무의 이행뿐만 아니라 부수 의무 이행도 포함된다(예 경품배달, 포인트관리, 애프터서비스 의무).

  홈쇼핑 회사가 고객이 주문한 상품을 배송하기 위해 주소, 연락처 정보를 수집하는 경우

---

[12] 개인정보 보호 법령 및 지침해설서, 2011. 12
[13] 개인정보 보호 법령 및 지침해설서, 2011. 12

경품행사 시 당첨자에게 경품을 발송하기 위해 주소와 연락처 정보를 수집하는 경우
온라인 쇼핑몰 주문 시 포인트를 지급하기로 약정하고 주문정보를 수집하는 경우
병원에서 치료를 위해 본인이나 가족에게 가족력, 지병 등에 관한 정보를 수집하는 경우

– 대리인을 통한 계약 체결의 경우 대리권을 부여받았는지의 여부는 반드시 필요한
사항으로 대리권 확인을 위한 목적으로 대리인의 개인정보를 수집·이용할 수 있
다(표준지침 제6조5항). 위임장에 기재된 대리인의 개인정보는 대리인의 동의하에
수집·이용하여야 한다. 대리인의 개인정보는 대리인의 명시적인 반대의사 표시
가 없는 한 단순히 대리인지 여부를 확인하기 위해서 수집·이용할 수 있다.

– 근로자가 근로계약을 체결한 후 임금지급, 교육, 증명서 발급, **근로자 복지제공을
위하여 근로자의 동의 없이 개인정보를 수집·이용할 수 있다**(표준 개인정보 보호지침 제
6조6항).

– 근로자의 동의를 받지 않는다 하더라도 근로계약 체결 시 근로계약서 등을 통해
개인정보 수집·이용에 대한 사항을 알리는 것이 바람직하다.

근로자 개인정보 처리 안내 사례 [14]

○○회사는 고용계약에 포함된 개인정보를 임금지급, 복지제공, 교육신청 등을 위해 이용합니다.
그 밖에 직원의 개인정보는 다음과 같이 수집·이용될 수 있습니다.
– 출입시스템에 의하여 출입문 통과 시 출입증을 착용한 직원의 출입정보가 기록됩니다.
– 회사홍보, 업무연락 등을 위해 직원의 이름, 부서, 직위, 직장 전화번호, 팩스번호, 이메일 등이
공개됩니다.
– 직원이 업무망에 접속한 경우 접속기록이 생성·보관됩니다.

1-1-5. 급박한 생명·신체·재산상 이익을 위하여 필요한 경우

급박한 생명·신체·재산상 이익을 위하여 필요하다고 인정되는 경우 정보주체의 동의
없이 개인정보를 수집할 수 있다. 다만, 정보주체 또는 법정대리인의 의사표시를 할 수
없는 상태에 있거나 주소불명 등으로 사전 동의를 받을 수 없는 경우에 해당된다.

---

14 개인정보 보호 법령 및 지침해설서, 2011. 12

- **의사표시를 할 수 없는 경우** : 교통사고, 정신미약, 수술 등으로 정보주체가 자신의 의사표시를 할 수 없는 경우를 의미한다. 태풍·홍수·화재 등의 재난상태, 고립이나 납치·구금·감금되어 정보주체의 의사를 물어볼 수 없는 경우를 말한다.

- **사전에 동의를 받을 수 없는 경우** : 이메일 차단, 주소불명, 전화불통 등 불가피한 사유로 사전에 동의 받을 수 없는 상태를 말한다. 법정대리인이 멀리 떨어져 있거나 단순히 동의를 거부하는 경우는 사전에 동의 받을 수 없는 경우에 포함하지 않는다. 사전에 동의를 받을 수 없는 경우가 해소되면 개인정보처리자는 사후적으로 정보주체의 동의를 받아야 한다(개인정보 표준지침 제14조).

- **명백히 정보주체의 이익을 위한 경우** : 개인정보의 수집·이용이 명백하게 정보주체 또는 제3자의 생명·신체·재산상의 이익을 위한 것이어야 한다. 제3자의 이익이 정보주체의 이익보다 월등한 경우에만 동의 없는 개인정보 수집이 가능하다. 제3자의 재산상 이익은 정보주체의 생명·신체의 이익을 앞설 수 없다.

- **급박한 생명·신체·재산상 경우** : 정보주체 또는 제3자의 급박한 생명·신체·재산상 이익이 있을 경우 개인정보를 수집·이용할 수 있다.

급박한 이익의 사례[15]

- 조난·홍수 등으로 실종되거나 고립된 사람을 구조하기 위해 주소, 연락처, 위치정보 등 개인정보를 수집하는 경우
- 아파트에 화재가 발생한 경우 집 안에 있는 자녀를 구하기 위해 해당 자녀 또는 부모의 휴대전화번호를 수집하는 경우
- 의식불명이나 중태에 빠진 환자의 수술 등 의료조치를 위해 개인정보를 수집하는 경우

1-1-6. 개인정보처리자의 정당한 이익 달성을 위해 필요한 경우

개인정보처리자의 정당한 이익 달성을 위해 필요한 경우에는 정보주체의 동의 없이 개인정보를 수집할 수 있다. 개인정보처리자의 이익이 명백해야 하고, 수집하고자 하는 개인정보가 개인정보처리자의 정당한 이익과 상당한 관련이 있어야 한다. 또한, 합리

---

15 개인정보 보호 법령 및 지침해설서, 2011. 12

적인 범위를 초과해서는 안 된다.

- 개인정보처리자의 정당한 이익
  - 요금 징수 및 정산, 채권 추심 소 제기 및 진행 등을 위한 고객 서비스의 이용내역, 과금내역 등의 개인정보를 생성·관리하는 경우
  - 사업자가 고객과의 소송이나 분쟁에 대비하여 요금 정산자료, 고객의 민원제기 내용 및 대응자료 등을 수집·관리하는 경우
- 명백하게 정보주체의 권리보다 우선 : 개인정보처리자가 정당한 이익달성을 위해 명백하게 정보주체의 권리보다 우선하는 경우 개인정보를 수집·이용할 수 있다.

1-1-7. 친목단체의 운영을 위한 경우

친목단체를 운영하기 위하여 회원의 개인정보를 수집·이용하는 경우 정보주체의 동의 없이 사용 가능하다. 친목 단체란 온라인, 오프라인을 포함하여 자원봉사, 취미, 정치, 종교 등 공통의 관심사나 목표를 전제로 단체를 이루고 구성원 상호 간 친교하면서 화합을 조성하는 것을 목적으로 하는 모임을 말한다.

다음은 친목단체의 운영을 위한 사항이다.

- 친목단체의 가입을 위한 성명, 연락처 및 친목단체의 회칙으로 정한 공통의 관심사나 목표와 관련된 인적사항
- 친목단체의 회비 등 친목유지를 위해 필요한 비용의 납부현황에 관한 사항
- 친목단체 활동에 대한 구성원의 참석여부 및 활동 내용에 관한 사항
- 친목단체 구성원 상호 간의 친교와 화합을 위해 구성원이 다른 구성원에게 알리기 원하는 생일, 취향 및 가족의 애경사 등에 관한 사항

저자 한마디

개인정보 수집·이용 요건을 아주 상세하게 기술하였다. 하지만 상황에 따라 사례별로 의사 결정자가 판단해야 하는 상황도 있다.

1-2. 개인정보 수집 출처 고지(법 20조)

① 개인정보처리자가 정보주체 이외로부터 수집한 개인정보를 처리하는 때에는 정보주체의 요구가 있으면 즉시 다음 각 호의 모든 사항을 정보주체에게 알려야 한다.
   1. 개인정보의 수집 출처
   2. 개인정보의 처리 목적
   3. 제37조에 따른 개인정보 처리의 정지를 요구할 권리가 있다는 사실
② 제1항에도 불구하고 처리하는 개인정보의 종류·규모, 종업원 수 및 매출액 규모 등을 고려하여 대통령령으로 정하는 기준에 해당하는 개인정보처리자가 제17조제1항제1호에 따라 정보주체 이외로부터 개인정보를 수집하여 처리하는 때에는 제1항 각 호의 모든 사항을 정보주체에게 알려야 한다. 다만, 개인정보처리자가 수집한 정보에 연락처 등 정보주체에게 알릴 수 있는 개인정보가 포함되지 아니한 경우에는 그러하지 아니하다〈신설 2016. 3. 29〉.
③ 제2항 본문에 따라 알리는 경우 정보주체에게 알리는 시기·방법 및 절차 등 필요한 사항은 대통령령으로 정한다〈신설 2016. 3. 29〉.
④ 제1항과 제2항 본문은 다음 각 호의 어느 하나에 해당하는 경우에는 적용하지 아니한다. 다만, 이 법에 따른 정보주체의 권리보다 명백히 우선하는 경우에 한한다〈개정 2016. 3. 29〉.
   1. 고지를 요구하는 대상이 되는 개인정보가 제32조제2항 각 호의 어느 하나에 해당하는 개인정보파일에 포함되어 있는 경우
   2. 고지로 인하여 다른 사람의 생명·신체를 해할 우려가 있거나 다른 사람의 재산과 그 밖의 이익을 부당하게 침해할 우려가 있는 경우(개인정보 보호법 제20조)

개인정보를 정보주체 외에 공개된 출처로부터 수집이나 제3자로부터 수집하여 처리하는 경우 정보주체에게 수집 등 처리 전에 고지하는 것이 불가능한 경우가 많다. 이에 정보주체의 요구가 있으면 즉시 고지할 수 있도록 하는 조항이다.

1-2-1. 정보주체 이외의 의미

정보주체가 제외한 제3자로부터 제공 받은 개인정보, 인터넷, 홈페이지 등의 공개된 소스로부터 수집한 개인정보를 말한다. 여기서 "제3자"란 정보주체와 정보주체 또는 그의 법정대리인으로부터 개인정보를 실질적·직접적으로 수집·보유한 개인정보처리자를 제외한 모든 자를 의미한다(개인정보 표준지침 제7조2항).

1-2-2. 고지 시기 및 고지사항

정보주체 외에 개인정보 수집 시 정보주체 요구가 있으면 다음의 사항을 즉시 알려야 한다.

- 개인정보의 수집 출처
- 개인정보의 처리 목적
- 제37조에 따른 개인정보 처리의 정지를 요구할 권리가 있다는 사실

1-2-3. 고지 예외 대상

정보주체 외에 개인정보 수집 시에도 예외 사항은 있다. 다음의 사항일 경우 고지하지 않아도 된다. 다만, 이 법에 따른 정보주체의 권리보다 명백히 우선하는 경우에 한한다.
- 고지를 요구하는 대상이 되는 개인정보가 제32조제2항 각 호의 어느 하나에 해당하는 개인정보파일에 포함되어 있는 경우
- 고지로 인하여 다른 사람의 생명·신체를 해할 우려가 있거나 다른 사람의 재산과 그 밖의 이익을 부당하게 침해할 우려가 있는 경우

「정보통신망법」은 정보주체 이외로부터 개인정보를 처리할 때 정보주체의 요구가 있는 경우 고지하도록 하는 의무를 규정하고 있지 않으므로 이에 관하여 「개인정보 보호법」의 적용을 받는다(정보통신망법이 특별법이고 개인정보 보호법이 일반법으로 사각지대를 해소하는 의미). 이는 「정보통신망법」의 개인정보 대상이 정보통신서비스 제공 역무를 제공하는 정보통신서비스를 이용하는 이용자에 한정하기 때문이기도 하다. 따라서 「정보통신망법」에 적용되지 않는다고 해서 규율에서 벗어나는 것이 아닌 일반법인 「개인정보 보호법」에 적용받는다는 사실을 각인해야 한다. 사각지대를 없애는 것이 「개인정보 보호법」 제정의 목적이기도 하다.

저자 한마디

정보주체 외 개인정보 수집 시 정보주체의 요구가 있으면 즉시 수집 출처와 처리목적을 알려야 한다. 최근 개정된 개정안에서는 제3자 제공으로 개인정보 수집 시 정보주체에게 출처 고지를 의무화하도록 개정되었다.

1-3. 개인정보 수집 제한(법 16조)

> ① 개인정보처리자는 제15조제1항 각 호의 어느 하나에 해당하여 개인정보를 수집하는 경우에는 그 목적에 필요한 최소한의 개인정보를 수집하여야 한다. 이 경우 최소한의 개인정보 수집이라는 입증책임은 개인정보처리자가 부담한다.
> ② 개인정보처리자는 정보주체의 동의를 받아 개인정보를 수집하는 경우 필요한 최소한의 정보 외의 개인정보 수집에는 동의하지 아니할 수 있다는 사실을 구체적으로 알리고 개인정보를 수집하여야 한다〈신설 2013. 8. 6〉.
> ③ 개인정보처리자는 정보주체가 필요한 최소한의 정보 외의 개인정보 수집에 동의하지 아니한다는 이유로 정보주체에게 재화 또는 서비스의 제공을 거부하여서는 아니 된다.

실무 현장의 목소리를 들어보면 수집 단계에서 개인정보 범위와 대상을 해석하는 것이 가장 큰 애로사항이라 말한다. 또한 개인정보 수집 시 서식개선이나 업무 프로세스 개선 없이 기존 관행 그대로 법 준수를 하려다보니 담당자는 늘 힘들어 한다. 본 조항은 「개인정보 보호법」 제정 취지와 가장 부합하는 조항이다.

1-3-1. 개인정보 최소 수집의 원칙

제15조1항에 의해 개인정보 수집 시에는 수집 목적에 필요한 범위 내에서 최소한의 개인정보만 수집하여야 한다. 수집 시에는 고지해야 할 항목이 수집목적, 수집항목, 보유기간, 수집 시 거부에 따른 불이익 등이 고지 후 동의를 받아 수집하기 때문에 최소한 수집함에는 여지가 없다. 다만, 동의 없이 수집 시 과다수집으로 정보주체의 개인정보 유·노출에 따른 위험 때문에 개인정보 수집 시에는 **최소한의 수집으로 하는 것을 원칙으로** 한다.

서비스 제공자가 수집하는 "필요한 최소한의 개인정보"는 서비스 특성을 고려하여 서비스 제공을 위해 반드시 필요한 최소한의 정보에 한한다.

1-3-2. 개인정보 책임자 입증책임 부담

개인정보 수집 시 **최소한의 입증책임은 개인정보처리자가 부담한다.** 수집한 개인정보가 최소한의 개인정보라는 것을 입증하지 못하면 개인정보처리자가 책임을 부담한다는 것이다. 예를 들어, 일반적인 개인정보 수집목적에 따른 수집과 특수한 결혼중계를 하기 위한 개인정보 수집과는 다를 것이다. 이때 개인정보를 수집하는 처리자는 최소한의 수집이라는 것을 입증해야만 한다. 최소한이라는 것은 합리적이고 범용적인 수준에서 판단해야 할 것이다.

1-3-3. 재화 또는 서비스 제공 거부 금지

개인정보 수집 시 반드시 **최소한**으로 수집해야 하는 필수정보 선택정보를 구분하여 수집해야 한다. 이때 선택정보를 선택하지 않았다는 이유만으로 재화와 서비스 제공을 거부해서는 안 된다. 즉, 홈페이지 회원가입을 위한 단계에서 선택정보를 선택하지 않았다는 이유로 회원가입 다음 단계로 넘어가지 않도록 하는 것은 안 된다는 것이다. 이는 유료와 무료 상관없이 적용이 된다. 강제로 개인정보를 수집·이용하는 것을 방지하기 위함이다.

- 개인정보 최소 수집 원칙
- 최소 수집에 따른 입증책임은 개인정보처리자 부담

1-4. 개인정보 동의 받는 방법(법 22조)

① 개인정보처리자는 이 법에 따른 개인정보의 처리에 대하여 정보주체(제5항에 따른 법정대리인을 포함한다. 이하 이 조에서 같다)의 동의를 받을 때에는 각각의 동의 사항을 구분하여 정보주체가 이를 명확하게 인지할 수 있도록 알리고 각각 동의를 받아야 한다.

② 개인정보처리자는 제15조제1항제1호, 제17조제1항제1호, 제23조제1항제1호 및 제24조제 1항제1호에 따라 개인정보의 처리에 대하여 정보주체의 동의를 받을 때에는 정보주체와의 계약 체결 등을 위하여 정보주체의 동의 없이 처리할 수 있는 개인정보와 정보주체의 동의가 필요한 개인정보를 구분하여야 한다. 이 경우 동의 없이 처리할 수 있는 개인정보라는 입증책임은 개인정보처리자가 부담한다〈개정 2016. 3. 29〉.

③ 개인정보처리자는 정보주체에게 재화나 서비스를 홍보하거나 판매를 권유하기 위하여 개인정보의 처리에 대한 동의를 받으려는 때에는 정보주체가 이를 명확하게 인지할 수 있도록 알리고 동의를 받아야 한다.

④ 개인정보처리자는 정보주체가 제2항에 따라 선택적으로 동의할 수 있는 사항을 동의하지 아니하거나 제3항 및 제18조제2항제1호에 따른 동의를 하지 아니한다는 이유로 정보주체에게 재화 또는 서비스의 제공을 거부하여서는 아니 된다.

⑤ 개인정보처리자는 만 14세 미만 아동의 개인정보를 처리하기 위하여 이 법에 따른 동의를 받아야 할 때에는 그 법정대리인의 동의를 받아야 한다. 이 경우 법정대리인의 동의를 받기 위하여 필요한 최소한의 정보는 법정대리인의 동의 없이 해당 아동으로부터 직접 수집할 수 있다.

⑥ 제1항부터 제5항까지에서 규정한 사항 외에 정보주체의 동의를 받는 세부적인 방법 및 제5항에 따른 최소한의 정보의 내용에 관하여 필요한 사항은 개인정보의 수집매체 등을 고려하여 대통령령으로 정한다.

1-4-1. 동의 시 필수사항과 선택사항 구분(포괄적 동의 금지)

개인정보처리자가 개인정보를 수집 처리 시 동의 받을 때에는 각각의 동의 사항을 구분하여 동의를 받아야 한다. 정보주체가 동의한 사실이 명확히 확인될 수 있도록 해야 하며, 일괄적으로 동의 받아서는 안 된다. 또한, 거부 의사표시가 없다는 것만으로 동의한 것으로 간주하는 묵시적인 동의가 아닌 반드시 정보주체로서 자신의 의사를 명확히 하는 명시적인 동의를 받아야 한다.

고유식별 정보와 민감정보는 원칙적으로 수집금지를 하고 있다. 다만, 예외규정을 두어 명시하고 있다. 이에 고유식별 정보와 민감정보는 별도의 동의를 받아야 한다. 여기서 별도의 동의라 함은 통상적인 동의와 구분하여 목적을 고지하고 받아야 한다는 의미이다.

1-4-2. 동의가 필요한 사항과 필요 없는 사항 구분

개인정보 처리에 대해하여 정보주체의 동의를 받을 때에는 정보주체와 계약 체결 등을 위하여 정보주체의 동의 없이 처리할 수 있는 개인정보와 정보주체의 동의가 필요한 개인정보를 구분해야 한다. 동의 없이 처리할 수 있는 개인정보에 대한 입증책임은 개인정보처리자가 부담한다.

1-4-3. 홍보하거나 판매를 위한 동의 방법

정보주체에게 재화나 서비스를 홍보하거나 판매를 권유하기 위하여 개인정보 처리에 대한 동의를 받으려는 때에는 정보주체가 이를 명확하게 인지할 수 있도록 알리고 동의를 받아야 한다. 이는 상품판매, 홍보 마케팅을 위해 판매나 홍보에 이용된다는 사실을 다른 동의와 구분하여 동의 받는 것을 의미한다.

1-4-4. 재화, 서비스 등의 제공 거부 금지 시 동의방법

개인정보처리자가 선택적으로 동의할 수 있는 사항에 동의하지 않거나(제2항), 홍보, 마케팅을 위한 동의(제3항), 목적 외 이용·제공에 대한 동의(제18조제2항제1호)를 거부하였다는 이유로 개인정보처리자는 정보주체에게 재화 또는 서비스의 제공을 거부하여서는 아니 된다.

1-4-5. 만 14세 미만 아동의 개인정보 동의

개인정보처리자는 만 14세 미만 아동의 개인정보를 처리하기 위하여 동의를 받아야 할 때에는 그 법정대리인의 동의를 받아야 한다.

법정대리인

법정대리인이란 본인 의사에 의하지 않고 법률의 규정에 의하여 대리인이 된 자로 미성년자의 친권자(「민법」 제909조, 제911조, 제916조, 제920조), 후견인(「민법」 제931조~제936조), 법원이 선임한 부재자의 재산관리인(「민법」 제22조, 제23조), 상속재산관리인(「민법」 제1023조제2항, 제1053조), 유언집행자(「민법」 제1096조) 등이 이에 해당한다.

법정대리인의 동의를 얻기 위해서는 법정대리인의 이름과 연락처를 알아야 한다. 이에 법정대리인 동의를 얻기 위해 필요한 최소한의 정보(이름, 연락처)는 법정대리인 동의 없이 아동으로부터 수집할 수 있다. 이때, 아동에게 자신의 신분과 연락처 그리고 법정대리인의 성명과 연락처를 수집하고자 하는 이유를 알려야 한다(표준지침 제13조제1항).

아동으로부터 수집한 법정대리인의 개인정보는 동의를 얻기 위한 목적으로만 이용하여야 한다. 법정대리인의 동의 거부가 있거나 법정대리인의 동의 의사가 확인되지 않은 경우 수집일로부터 5일 이내에 파기해야 한다.

1-4-6. 시행령에 규정한 수집매체에 따른 동의 방법

• 동의 내용이 적힌 서면을 정보주체에게 직접 발급하거나 우편 또는 팩스 등의 방법으로 전달하고, 정보주체가 서명하거나 날인한 동의서를 받는 방법

- 전화를 통하여 동의 내용을 정보주체에게 알리고 동의의 의사표시를 확인하는 방법
- 전화를 통하여 동의 내용을 정보주체에게 알리고 정보주체에게 인터넷 주소 등을 통하여 동의 사항을 확인한 후 다시 전화를 통하여 그 동의 사항에 대한 동의 의사표시를 확인하는 방법

전화에 의한 동의와 관련하여 통화내용을 녹취할 때에는 녹취사실을 정보주체에게 알려야 한다(개인정보 표준지침 제12조제5항).

- 인터넷 홈페이지 등에 내용을 게재하고 정보주체가 동의 여부를 표시하도록 하는 방법
- 동의 내용이 적힌 전자우편을 발송하여 정보주체로부터 동의의 의사표시가 적힌 전자우편을 받는 방법
- 전자문서를 통해 동의 내용을 정보주체에게 알리고 정보주체가 전자서명을 받는 방법, 개인명의의 휴대전화 문자메시지를 이용한 동의, 신용카드 비밀번호를 입력하는 방법 등

저자 한마디

- 개인정보 수집 시 필수사항과 선택사항을 구분한다.
- 홍보나 판매를 위해서는 별도의 동의를 받는다.
- 만 14세 미만의 경우 법정대리인의 동의를 받는다.
- 동의 시 전자우편, 팩스, 인터넷 홈페이지, 전자문서, 휴대폰 문자메시지 등이 사용 가능하다.

③ 민감정보 · 고유식별 정보 처리 단계에서의 관리

1. 민감정보처리(법 23조)

① 개인정보처리자는 사상·신념, 노동조합·정당의 가입·탈퇴, 정치적 견해, 건강, 성생활 등에 관한 정보, 그 밖에 정보주체의 사생활을 현저히 침해할 우려가 있는 개인정보로서 대통령령으로 정하는 정보(이하 "민감정보"라 한다)를 처리하여서는 아니 된다. 다만, 다음 각 호의 어느 하나에 해당하는 경우에는 그러하지 아니하다.

　1. 정보주체에게 제15조제2항 각 호 또는 제17조제2항 각 호의 사항을 알리고 다른 개인정보의 처리에 대한 동의와 별도로 동의를 받은 경우

　2. 법령에서 민감정보의 처리를 요구하거나 허용하는 경우

② 개인정보처리자가 제1항 각 호에 따라 민감정보를 처리하는 경우에는 그 민감정보가 분실·도난·유출·위조·변조 또는 훼손되지 아니하도록 제29조에 따른 안전성 확보에 필요한 조치를 하여야 한다〈신설 2016. 3. 29〉.

「개인정보 보호법」상 민감정보와 고유식별 정보로 나누어 보호 범위를 달리하고 있지만 민감정보와 고유식별 정보 모두 개인정보 보호법 범위에 포함되어 있다. 그러나 민감정보와 고유식별 정보는 오·남용 및 유·노출될 경우 정보주체에게 심각한 피해를 발생시키게 되어 구분하여 보호하고 있는 것이다. 우선 민감정보에 대해 알아보자.

1-1. 민감정보란?

「개인정보 보호법」에서 의미하는 민감정보는 사상·신념, 노동조합·정당가입 탈퇴, 정치적 견해, 건강, 성생활 등에 관한 정보, 그 밖에 정보주체의 사생활을 현저히 침해할 우려가 있는 개인정보로서 대통령령으로 정하는 정보이다.

대통령령으로 정하는 민감정보(영 제18조)
1. 유전자검사 등의 결과로 얻어진 유전정보
2. 「형의 실효 등에 관한 법률」 제2조제5호에 따른 범죄경력 자료에 해당하는 정보
다만, 공공기관이 법 제18조제2항제5호부터 제9호까지의 규정에 따라 다음 위의 어느 하나에 해당하는 정보를 처리하는 경우는 민감정보로 보지 않는다.

민감정보는 원칙적으로 처리하여서는 안 된다. 다만, 다음의 경우에는 허용된다. 제23조는 개인정보 처리에 관하여 특별한 규정이므로 제15조, 제17조 및 제18조 등 개인정보 처리에 관한 규정에 우선하여 적용된다.

- 정보주체에게 제15조제2항 각 호 또는 제17조제2항 각 호의 사항을 알리고 다른 개인정보 처리에 대한 동의와 별도로 동의를 받은 경우
- 법령에서 민감정보의 처리를 요구하거나 허용하는 경우(⑩ 의료법 제21조2항, 총포도검화약류 등 단속법 시행규칙 별지 제10호의 3서식)

법정서식에 민감정보 기재사항이 있는 경우도 포함한다.

개인정보처리자가 **민감정보를** 처리하는 경우에는 그 민감정보가 분실·도난·유출·위조·변조 또는 훼손되지 아니하도록 제29조에 따른 **안전성 확보에 필요한 조치를** 하여야 한다〈신설 2016. 3. 29〉(시행일 2016. 9. 30 제23조제2항).

> **정보통신망법상 수집 제한(제23조제1항)**
> 가족 및 친인척 관계, 학력(學歷) 및 병력(病歷), 사회활동 경력 등 개인의 권리·이익이나 사생활을 뚜렷하게 침해할 우려가 있는 정보는 「정보통신망 이용촉진 및 정보보호 등에 관한 법률」 제23조제1항에 따라 민감정보에 해당한다.

최근 정보보호 관리체계(ISMS) 의무 인증의 확대에 따라 민감정보를 많이 처리하고 있는 일정 이상 규모의 병원일 경우, 정보보호 관리체계(ISMS) 인증 심사를 받아야 한다. 비 ICT 영역으로 확대되었다는 것에 주목할 필요가 있다. 이는 추후 다른 중요한 산업으로의 확대를 의미한다. 미이행 시 최대 3천만 원의 과태료가 부과된다.[16]

> **저자 한마디**
> - 해당 개인정보가 민감정보에 포함되는지 여부를 구별하는 것이 중요하다.
> - 법률과 시행령에 명시되어 있는 민감정보가 무엇인지 파악한다.

---

16 ISMS 의무대상 "의료 교육기관으로 확대" 미래창조과학부 보도자료, 2016. 6. 1 참조

2. 고유식별 정보처리(법 24조)

① 개인정보처리자는 다음 각 호의 경우를 제외하고는 법령에 따라 개인을 고유하게 구별하기 위하여 부여된 식별 정보로서 대통령령으로 정하는 정보(이하 "고유식별 정보"라 한다)를 처리할 수 없다.
  1. 정보주체에게 제15조제2항 각 호 또는 제17조제2항 각 호의 사항을 알리고 다른 개인정보의 처리에 대한 동의와 별도로 동의를 받은 경우
  2. 법령에서 구체적으로 고유식별 정보의 처리를 요구하거나 허용하는 경우
② 삭제〈2013. 8. 6〉
③ 개인정보처리자가 제1항 각 호에 따라 고유식별 정보를 처리하는 경우에는 그 고유식별 정보가 분실·도난·유출·위조·변조 또는 훼손되지 아니하도록 대통령령으로 정하는 바에 따라 암호화 등 안전성 확보에 필요한 조치를 하여야 한다〈개정 2015. 7. 24〉
④ 행정자치부장관은 처리하는 개인정보의 종류·규모, 종업원 수 및 매출액 규모 등을 고려하여 대통령령으로 정하는 기준에 해당하는 개인정보처리자가 제3항에 따라 안전성 확보에 필요한 조치를 하였는지에 관하여 대통령령으로 정하는 바에 따라 정기적으로 조사하여야 한다〈신설 2016. 3. 29〉.
⑤ 행정자치부장관은 대통령령으로 정하는 전문기관으로 하여금 제4항에 따른 조사를 수행하게 할 수 있다〈신설 2016. 3. 29〉(시행일 : 2016. 9. 30 제24조).

고유식별 정보는 국가에서 개인을 식별하기 위해 부여된 정보로 민감정보와 마찬가지로 오·남용 및 유·노출 시 정보주체에게 막대한 피해를 가져올 수 있기 때문에 목적에 맞게 일정 범위를 제한하여 처리하도록 한 것이다. 고유식별 정보도 민감정보와 마찬가지로 원칙적 처리 금지이며 예외적으로 인정하고 있다.

2-1. 고유식별 정보란?

법령에 따라 개인을 고유하게 구별하기 위하여 부여된 식별정보로서 대통령령에 정하는 정보를 의미한다. 「개인정보 보호법 시행령」에 주민등록번호, 여권번호, 운전자면허번호, 외국인등록번호만 고유식별 정보로 명시하고 있다. 즉, 환자번호, 학번, 사업자등록번호, 사번 등은 고유식별 정보가 될 수 없다.

개인정보 보호법 시행령에 명시한 고유식별 정보(제19조)
1. 「주민등록법」 제7조제3항에 따른 주민등록번호
2. 「여권법」 제7조제1항제1호에 따른 여권번호
3. 「도로교통법」 제80조에 따른 운전면허의 면허번호
4. 「출입국관리법」 제31조제4항에 따른 외국인등록번호

공공기관이 법 제18조제2항제5호부터 제9호까지의 규정에 따라 고유식별 정보를 처리하는 경우의 해당 정보는 제외한다.

2-2. 고유식별 정보처리 원칙적 처리 금지

고유식별 정보는 원칙적 처리 금지로 규정되어 있다. 다만, 다음과 같이 정보주체의 별도의 동의가 있거나 법령에서 구체적으로 고유식별 처리를 요구하거나 허용하는 경우는 예외로 인정하고 있다(주민등록번호 수집 법정주의에 따라 주민등록번호 수집은 정보주체의 동의를 통한 수집도 금지되었다).

- 정보주체에게 제15조제2항 각 호 또는 제17조제2항 각 호의 사항을 알리고 다른 개인정보의 처리에 대한 동의와 **별도로 동의**를 받은 경우
- 법령에서 구체적으로 고유식별 정보의 처리를 요구하거나 허용하는 경우

2-3. 안전성 확보조치 의무

개인정보처리자가 고유식별 정보를 처리하는 경우에는 그 고유식별 정보가 분실·도난·유출·위조·변조 또는 훼손되지 아니하도록 대통령령으로 정하는 바에 따라 암호화 등 안전성 확보에 필요한 조치를 하여야 한다〈개정 2015. 7. 24〉.

고유식별 정보처리에 대한 안전성 확보의 조치
① 개인정보의 안전한 처리를 위한 내부관리계획의 수립·시행
② 개인정보에 대한 접근 통제 및 접근 권한의 제한 조치
③ 개인정보를 안전하게 저장·전송할 수 있는 암호화 기술의 적용 또는 이에 상응하는 조치
④ 개인정보 침해사고 발생에 대응하기 위한 접속기록의 보관 및 위조·변조 방지를 위한 조치
⑤ 개인정보에 대한 보안프로그램의 설치 및 갱신
⑥ 개인정보의 안전한 보관을 위한 보관 시설의 마련 또는 잠금 장치의 설치 등 물리적 조치

고유식별 정보 처리에 있어 안전성 확보 조치는 위의 조치 사항을 포함한다.

주민등록번호 암호화 대상 및 적용 시기(시행령 제21조2)
1. 100만 명 미만의 정보주체에 관한 주민등록번호를 보관하는 개인정보처리자 : 2017년 1월 1일
2. 100만 명 이상의 정보주체에 관한 주민등록번호를 보관하는 개인정보처리자 : 2018년 1월 1일

- 행정자치부장관은 처리하는 개인정보의 종류·규모, 종업원 수 및 매출액 규모 등을 고려하여 대통령령으로 정하는 기준에 해당하는 개인정보처리자가 **안전성 확보에 필요한 조치를 하였는지**에 관하여 대통령령으로 정하는 바에 따라 **정기적으로 조사하여야 한다**〈신설 2016. 3. 29〉.
- 행정자치부장관은 대통령령으로 정하는 전문기관으로 하여금 제4항에 따른 조사를 수행하게 할 수 있다〈신설 2016. 3. 29〉.

여기서 '전문기관'이란 시행령의 다른 조항을 참고할 때 한국인터넷진흥이 될 가능성이 높으나 현재는 명시적으로 언급된 내용은 없다.

저자 한마디

「개인정보 보호법」에서 고유식별 정보의 의미를 파악하고, 그 대상이 무엇이며, 원칙적으로 처리 금지이지만 예외적으로 처리 가능한 경우가 어떻게 규정되어 있는지를 명확히 파악하는 것이 중요하다. 최근 개정된 바, 민감정보도 안전조치를 명문화하였기 때문에 세부적으로 숙지하도록 한다.

최근 개정된 법률에 따라 조세·병역, 결격사유 확인, 감염병 관리 등을 위해 주민번호를 수집하는 경우 반드시 시행령 이상의 법적 근거를 마련해야 한다.

1. 조세·병역, 과징금·과태료 부과, 결격사유 확인 등 국민의 권리 의무 관계 확인에 있어 반드시 당사자 특정이 필요한 경우
2. 소송, 범죄수사, 감염병 관리 등 당사자를 특정하지 않으면 제3자의 이익을 현저히 침해할 우려가 있는 경우
3. 건강보험·국민연금과 같은 공적보험 업무와 저소득층 지원 등 일신전속성이 강한 보장업무
4. 실지 명의의 금융거래 확인, 신용평가 등 실명 확인이 필요한 금융·신용 업무
5. 가족관계등록부, 재산 변동 관계 증빙을 위한 각종 등기부·대장 등 본인 확인이 필요한 공적 등록·등재·등기 등의 장부 작성 업무

〈출처 : 행정자치부 보도자료, 2016. 10. 12〉

정보주체의 개인정보를 어떻게 관리할 것인가의 관점에서 제공·위탁 단계는 무엇보다 중요하다. 개인정보처리자가 지켜야 할 준수사항도 중요하지만 개인정보 처리업무를 하면서 위탁과 3자 제공을 위한 최신성과 정확성 그리고 합리성을 갖지 못한다면 개인정보처리자를 신뢰하는 것은 쉽지 않다.

최근 정부에서도 위·수탁 관련하여 집중적으로 계도하고 실태를 점검하고 있는 것만 봐도 알 수 있다. 이번 챕터에서는 제공·위탁 시 개인정보를 어떻게 처리할 것인가에 대한 부분을 집중적으로 살펴보도록 한다.

1. 개인정보의 제공(법 17조)

① 개인정보처리자는 다음 각 호의 어느 하나에 해당되는 경우에는 정보주체의 개인정보를 제3자에게 제공(공유를 포함한다. 이하 같다)할 수 있다.
　1. 정보주체의 동의를 받은 경우
　2. 제15조제1항제2호·제3호 및 제5호에 따라 개인정보를 수집한 목적 범위에서 개인정보를 제공하는 경우
② 개인정보처리자는 제1항제1호에 따른 동의를 받을 때에는 다음 각 호의 사항을 정보주체에게 알려야 한다. 다음 각 호의 어느 하나의 사항을 변경하는 경우에도 이를 알리고 동의를 받아야 한다.
　1. 개인정보를 제공 받는 자
　2. 개인정보를 제공 받는 자의 개인정보 이용 목적
　3. 제공하는 개인정보의 항목
　4. 개인정보를 제공 받는 자의 개인정보 보유 및 이용 기간
　5. 동의를 거부할 권리가 있다는 사실 및 동의 거부에 따른 불이익이 있는 경우에는 그 불이익의 내용
③ 개인정보처리자가 개인정보를 국외의 제3자에게 제공할 때에는 제2항 각 호에 따른 사항을 정보주체에게 알리고 동의를 받아야 하며, 이 법을 위반하는 내용으로 개인정보의 국외 이전에 관한 계약을 체결하여서는 아니 된다〈개인정보 보호법 제17조(개인정보의 제공)〉.

1-1. 개인정보 제공이란?

• 개인정보의 "제공"이란[17] 개인정보의 저장매체 또는 개인정보가 담긴 출력물이나 책

---

[17] 개인정보 보호 법령 및 지침 고시·해설서, 2011. 12

자 등의 물리적 이전, 네트워크를 통한 개인정보의 전송, 개인정보에 대한 제3자의 접근 권한 부여, 개인정보처리자와 제3자의 개인정보 공유 등 개인정보의 이전과 공동으로 이용할 수 있는 상태를 초래하는 모든 행위를 말한다. 데이터베이스시스템에 접속하는 권한을 허용하여 열람, 복사를 가능하게 하는 경우도 3자 제공이다.

- 정보주체의 개인정보를 제3자에게 공유하는 것도 포함한다.
- 법 제17조의 "제3자"란 정보주체와 정보주체 또는 그의 법정대리인으로부터 개인정보를 실질적·직접적으로 수집·보유한 개인정보처리자를 제외한 모든 자를 의미하며, 법 제26조제2항에 따른 수탁자는 제외한다(개인정보 업무처리위탁 시 수탁자).

1-2. 개인정보 3자 제공이 가능한 경우

1-2-1. 제공 가능한 경우

- 정보주체의 동의를 받은 경우
- 제15조제1항제2호·제3호 및 제5호에 따라 개인정보를 수집한 목적 범위에서 개인정보를 제공하는 경우(동의 없이 가능)

1-2-2. 법률에 특별한 규정이 있거나 법령상 의무를 준수하기 위하여 불가피한 경우

- 법률에서 개인정보의 활용에 대하여 구체적으로 요구하거나 허용하고 있는 경우를 말한다.

  법률에 특별한 규정이 있는 경우의 예
  1. 시·군·구 장의 공직선거 입회자에 대한 선거인명부교부(공직선거법 제46조)
  2. 보험료율 산출기관의 보험회사에 대한 보험계약자 교통위반 개인정보 제공(보험업법 제176조)
  3. 교통사고 환자를 치료한 의료기관의 보험회사 등에 대한 진료기록 열람 허용(자동차손해배상 보장법 제14조)

- 법령에서 개인정보처리자에게 일정한 의무를 부과하고 있는 경우로서 해당 개인정보처리자가 그 의무 이행을 위해 개인정보를 불가피하게 수집·이용할 수밖에 없는 것

을 말한다. 법령은 법률뿐만 아니라 시행령·시행규칙에 따른 의무도 포함한다.

법령상 의무 준수를 위한 불가피한 예

1. 의료인·의료기관의 보건당국에 대한 감염병 환자 신고 의무(감염병의 예방 및 관리에 관한 법률 제11조)
2. 외국환을 거래하는 금융당국의 해외 송금자 국세청 통보 의무(외국환 거래법 제21조)
3. 소득지급자의 소득귀속자에 대한 원천징수 의무 및 원천징수 이행상황 신고 의무(소득세법 제127조 및 제128조)

- **공공기관이 법령 등에서 정하는 소관 업무의 수행을 위하여 불가피한 경우**[18]
  - 공공기관이 법률이나 시행령, 시행규칙에 따라 개인정보를 수시로 3자에게 제공해야 할 필요가 있다. 법률에 규정이 없더라도 법령에 소관 업무를 정하고 있고 그 소관 업무를 불가피하게 수행해야 할 경우 정보주체의 동의 없이 개인정보 수집이 허용된다.
  - '법령에서 정한 소관 업무 수행'은 제2호에서 규정한 '법령상의 의무 준수'에도 포함된다고 볼 수 있으나 법령상 의무 준수와 소관 업무 수행의 차이에서 오는 모호함을 예방하기 위하여 별도로 규정한 것이다.

  공공기관의 법령 등에서 정하는 소관 업무 예

  1. 「정부조직법」 및 각 기관별 개별조직법 등에서 정하고 있는 소관 업무
  2. 「주민등록법」, 「국세기본법」, 「의료법」, 「국민건강보험법」 소관 업무
  3. 지방자치단체의 경우, 조례에서 정하고 있는 업무(인허가, 신고수리, 복지) 등

  불가피한 경우라 하여 민원 해결을 쉽게 처리하기 위한 민원인의 개인정보를 피민원인이나 피민원 기관에 제공하는 것은 불가피한 경우라 보기 어렵다.[19]

- **정보주체 또는 그 법정대리인이 의사표시를 할 수 없는 상태에 있거나 주소불명 등으로 사전 동의를 받을 수 없는 경우로서 명백히 정보주체 또는 제3자의 급박한 생명, 신체, 재산의 이익을 위하여 필요하다고 인정되는 경우**

---

[18] '불가피한 경우'란 개인정보를 수집하지 아니하고는 법령 등에서 해당 공공기관에 부여하고 있는 권한의 행사나 의무 이행이 불가능하거나 다른 방법을 사용하여 소관 업무를 수행하는 것이 현저히 곤란한 경우를 의미한다.

[19] 개인정보 보호 법령 및 지침 해설서, 2011. 12

1부 개인정보 처리자

1-3. 목적 외 이용과 위탁과의 차이점

목적 외 이용은 같은 개인정보처리자(공공기관, 법인, 단체) 내에서 처음 수집단계에서 수집 목적과 다르게 이용하는 것을 말하며, 수집단계에서 수집 목적과 같게 처리하는 것을 '이용'이라 한다. 즉, 서로 다른 부서에 목적이 다른 용도로 사용하기 위해 제공하는 것은 3자 제공이 아닌 목적 외 이용에 해당한다.

업무 위탁과 3자 제공은 개인정보가 다른 사람에게 제공되는 공통점은 동일하게 있으나 업무 위탁의 경우 개인정보처리자의 업무를 처리할 목적으로 제3자(수탁자)에게 제공된다. 위탁자와 수탁자 용어를 혼동하는 경우가 있는데, 업무를 주는 자를 '위탁자', 제공한 업무를 받아서 처리하는 자를 '수탁자'(한자로 받을 수(受))로 판단하면 헷갈리지 않는다. '수탁자는 위탁자의 소속직원으로 본다'는 조항이 있어 위탁자는 수탁자의 관리·감독에 소홀함이 없어야 한다. 이러한 위·수탁 관련 사항은 내부관리 계획에도 잘 반영이 되어야 한다. 최근 정부에서 수탁자 관리·감독 및 수탁자 교육도 반드시 해야 하는 것으로 강화되었다.

반면 3자 제공은 개인정보 제공 후 제3자의 책임 하에 개인정보를 처리하게 되며, 주는 자의 업무처리가 아닌 받은 자의 개인정보 업무처리를 위해 제공하는 것을 말한다. 개인정보처리자의 관리·감독권이 미치지 못한다. 즉, 제공 받은 개인정보처리자가 모든 책임을 지게 된다.

1-4. 개인정보 3자 제공 시 동의 받을 때 고지사항

3자 제공 시 제공 받는 자가 여러 명일 경우에는 각각의 이름 또는 상호를 알리고 제공되는 목적, 항목, 기간 등이 다를 경우에는 제공 받는 자별로 그 목적, 항목, 기간 등을 각각 알려야 한다. 즉, 정보주체가 명확히 알 수 있도록 하는 것이 중요하다.

• 개인정보를 제공 받는 자
• 개인정보를 제공 받는 자의 개인정보 이용 목적
• 제공하는 개인정보 항목

- 개인정보를 제공 받는 자의 보유 및 이용 기간
- 동의를 거부할 권리가 있다는 사실 및 동의 거부에 따른 불이익이 있는 경우에는 그 불이익의 내용

1-5. 개인정보 3자 제공 시 동의 받는 시점

3자 제공 시 동의 받아야 하는 시점에 대해서는 제한이 없다. 제공하는 시점에 동의를 받아도 되고, 최초 수집 시에 3자 제공에 대해 미리 받아도 된다. 최초 수집 시 동의 받을 때에는 수집·이용에 대한 동의와 구분하여 별도의 동의를 받아야 한다.

1-6. 개인정보 국외의 3자 제공

개인정보처리자가 개인정보를 국외의 제3자에게 제공할 때에는 제2항에 각 호에 따른 사항을 정보주체에게 알리고 동의를 받아야 한다. 또한, 이 법을 위반하는 내용으로 개인정보 국외 이전 계약을 체결해서는 안 된다.

국내외를 불문하고 개인정보를 제3자에게 제공 시에는 **동의 획득의무와 고지의무**가 부과되어 있다.

1-7. 개인정보 국외 이전

개인정보를 국외 제3자에게 제공하는 것을 포함하여 개인정보를 국외 제3자에게 위탁하는 경우, 개인정보 데이터베이스가 국외로 옮겨지는 경우 모두 국외 이전에 해당된다.

저자 한마디

- 3자 제공과 위탁의 차이점을 구분한다.
- 3자 제공 시 고지 및 동의 획득 사항을 숙지한다.
- 목적 외 이용 시 별도의 동의가 필요하다.
- 3자 제공에 따른 동의 시점에는 제한이 없다.
- 3자 제공과 위탁에 따른 시기, 절차, 방법을 수립·이행한다.

2. 개인정보의 이용·제공 제한(법 18조)

개인정보처리자는 개인정보를 수집·이용 범위를 초과하여 이용하거나 법 또는 법령의 범위를 초과하여 제3자에게 제공하여서는 아니 된다. 개인정보처리자의 목적 범위를 벗어난 임의적인 이용·제공은 제한하고 있는 조항이다.

최초 수집 시나 제3자 제공, 업무 위탁 시 어떠한 목적으로 개인정보를 처리 하는지 목적을 명확히 정보주체에게 알리는 것이 중요하다. 또한 정보주체는 처리목적을 통하여 자신의 개인정보가 처리목적 범위 내에서 처리되는지 확인할 수 있으며 개인정보 자기결정권을 행사할 수 있다.

개인정보의 목적 외 이용·제공 제한(개인정보 보호법 제18조)

① 개인정보처리자는 개인정보를 제15조제1항에 따른 범위를 초과하여 이용하거나 제17조제1항 및 제3항에 따른 범위를 초과하여 제3자에게 제공하여서는 아니 된다.

② 제1항에도 불구하고 개인정보처리자는 다음 각 호의 어느 하나에 해당하는 경우에는 정보주체 또는 제3자의 이익을 부당하게 침해할 우려가 있을 때를 제외하고는 개인정보를 목적 외의 용도로 이용하거나 이를 제3자에게 제공할 수 있다. 다만, 제5호부터 제9호까지의 경우는 공공기관의 경우로 한정한다.

1. 정보주체로부터 별도의 동의를 받은 경우
2. 다른 법률에 특별한 규정이 있는 경우
3. 정보주체 또는 그 법정대리인이 의사표시를 할 수 없는 상태에 있거나 주소불명 등으로 사전 동의를 받을 수 없는 경우로서 명백히 정보주체 또는 제3자의 급박한 생명, 신체, 재산의 이익을 위하여 필요하다고 인정되는 경우
4. 통계작성 및 학술연구 등의 목적을 위하여 필요한 경우로서 특정 개인을 알아볼 수 없는 형태로 개인정보를 제공하는 경우
5. 개인정보를 목적 외의 용도로 이용하거나 이를 제3자에게 제공하지 아니하면 다른 법률에서 정하는 소관 업무를 수행할 수 없는 경우로서 보호위원회의 심의·의결을 거친 경우
6. 조약, 그 밖의 국제협정의 이행을 위하여 외국정부 또는 국제기구에 제공하기 위하여 필요한 경우
7. 범죄의 수사와 공소의 제기 및 유지를 위하여 필요한 경우
8. 법원의 재판업무 수행을 위하여 필요한 경우
9. 형(刑) 및 감호, 보호처분의 집행을 위하여 필요한 경우

③ 개인정보처리자는 제2항제1호에 따른 동의를 받을 때에는 다음 각 호의 사항을 정보주체에게 알려야 한다. 다음 각 호의 어느 하나의 사항을 변경하는 경우에도 이를 알리고 동의를 받아야 한다.

1. 개인정보를 제공 받는 자
2. 개인정보의 이용 목적(제공 시에는 제공 받는 자의 이용 목적을 말한다)
3. 이용 또는 제공하는 개인정보의 항목
4. 개인정보의 보유 및 이용 기간(제공 시에는 제공 받는 자의 보유 및 이용 기간을 말한다)
5. 동의를 거부할 권리가 있다는 사실 및 동의 거부에 따른 불이익이 있는 경우에는 그 불이익의 내용

④ 공공기관은 제2항제2호부터 제6호까지, 제8호 및 제9호에 따라 개인정보를 목적 외의 용도로 이용하거나 이를 제3자에게 제공하는 경우에는 그 이용 또는 제공의 법적 근거, 목적 및 범위 등에 관하여 필요한 사항을 행정자치부령으로 정하는 바에 따라 관보 또는 인터넷 홈페이지 등에 게재하여야 한다〈개정 2013. 3. 23, 2014. 11. 19〉.

⑤ 개인정보처리자는 제2항 각 호의 어느 하나의 경우에 해당하여 개인정보를 목적 외의 용도로 제3자에게 제공하는 경우에는 개인정보를 제공 받는 자에게 이용 목적, 이용 방법, 그 밖에 필요한 사항에 대하여 제한을 하거나, 개인정보의 안전성 확보를 위하여 필요한 조치를 마련하도록 요청하여야 한다. 이 경우 요청을 받은 자는 개인정보의 안전성 확보를 위하여 필요한 조치를 하여야 한다〈제목개정 2013. 8. 6〉.

목적 외 이용 사례를 잠시 살펴보자.

- 상품배송을 목적으로 수집한 개인정보를 사전에 동의 받지 않은 자사의 별도 상품 서비스의 홍보에 이용
- 고객만족도 조사, 판촉행사, 경품행사에 응모하기 위하여 우송하거나 입력한 개인정보를 사전에 동의 받지 않은 자사의 할인 판매행사 안내용 광고물 발송에 이용
- A/S센터에서 고객 불만 및 불편 사항을 처리하기 위해 수집한 개인정보를 자사의 신상품 광고에 이용

상품배송을 목적으로 수집한 개인정보를 자사의 다른 상품 서비스 홍보에 사용하는 것은 목적 범위를 벗어난 이용이다. 고객만족도 조사를 위해 제공한 개인정보를 할인 판매행사 안내용 광고물 발송에 이용하는 것이나, A/S센터에서 고객 불만 처리를 위한 개인정보를 자사 신상품 광고에 이용하는 것은 최초 수집 목적을 벗어난 개인정보 처리이다.

목적 외 제공 사례를 살펴보자.

- 기업의 복지카드 담당 직원이 복지카드 신청자의 개인정보를(홍보, 마케팅 동의하지 않음) 정보주체의 동의 없이 사설 학습지 회사에 제공
- 홈쇼핑 회사가 주문 상품을 배달하기 위해 수집한 고객정보를 정보주체의 동의 없이 계열사 콘도미니엄사에 제공하여 판매 홍보자료에 활용

복지담당 직원이 복지카드 신청자의 개인정보를 정보주체의 동의 없이 사설 학습지 회사에 제공한 경우, 홈쇼핑 회사가 상품배달을 위해 수집한 개인정보를 동의 없이 계열사에게 제공하여 판매 홍보자료에 활용하는 경우 등은 최초 수집목적 범위를 벗어나

개인정보를 제공한 경우라 하겠다.

말장난처럼 보이지만 〈목적 외 이용〉, 〈목적 외 제공〉의 차이점은 동일한 개인정보처리자가 개인정보 처리를 하였는가 아니면 다른 개인정보처리자가 처리하였는가를 기준으로 본다. 즉, 목적 외 이용은 같은 개인정보처리자가 최초 수집 목적을 벗어난 이용이고, 목적 외 제공은 개인정보처리자가 최초 수집 목적을 벗어난 제공을 의미한다.

2-1. 개인정보 목적 외 이용·제공 예외

- 정보주체로부터 동의를 받은 경우 개인정보 수집 범위를 벗어나 이용·제공할 수 있다.
- 다른 법률에 특별한 규정이 있는 경우 개인정보를 목적 외 이용·제공할 수 있다. '법률'로 한정되어 있지만, 법률에 위임근거가 있고 이에 따라 시행령과 시행규칙에 제공 관련 규정이 있는 경우에는 허용된다.
- 정보주체 또는 그 법정대리인이 의사표시를 할 수 없는 상태에 있거나 주소불명 등으로 사전 동의를 받을 수 없는 경우로서 명백히 정보주체 또는 제3자의 급박한 생명, 신체, 재산의 이익을 위하여 필요하다고 인정되는 경우이다.
- 통계작성 및 학술연구 등의 목적을 위하여 필요한 경우로서 특정 개인을 알아볼 수 없는 형태로 개인정보를 제공하는 경우 가능하다. 최근 빅데이터 산업 활성화의 요구에 따라 '비식별화 조치 가이드 라인'을 발간하였다.[20] 다만, 개인정보의 형태를 다른 정보와 결합하여 특정 개인을 알아볼 수 없는 형태로 제공해야 한다.

2-2. 공공기관의 목적 외 이용·제한 예외(공공기관만 해당함)

- 개인정보를 목적 외의 용도로 이용하거나 이를 제3자에게 제공하지 아니하면 다른 법률에서 정하는 소관 업무를 수행할 수 없는 경우로서 보호위원회의 심의·의결을 거친 경우 최근 개인정보 보호위원회 홈페이지[21]에 방문하면 '위원회의 결정' 게시판에 심의·의결한

---

20 「개인정보 비식별 조치 가이드라인」 발간, 행정자치부 보도자료, 2016. 6. 30
21 개인정보 보호위원회, http://www.pipc.go.kr/

여러 가지 개인정보 처리 업무에 대한 사례 등이 공개되어 있으니 유사한 사례가 있는지 살펴보고 적용하면 되겠다. 유사한 사례가 없다면 심의·의결을 청구하여 그 결과를 적용하면 된다.

• **조약, 그 밖의 국제협정의 이행을 위하여 외국정부 또는 국제기구에 제공하기 위하여 필요한 경우** 법률의 효력을 가지는 조약이나 국제협정에서 개인정보의 목적 외 이용 또는 제공을 규정하고 있다면 조약 이행 등을 위해 정보주체의 동의 없이 개인정보를 목적 외 이용·제공할 수 있다.

• **범죄의 수사와 공소의 제기 및 유지를 위하여 필요한 경우** 공공기관의 경우 수사기관이 범죄수사, 공소제기 및 유지를 위해 필요하다고 요청하는 경우 해당 개인정보를 정보주체의 별도 동의 없이 제공할 수 있다. 공공기관 외의 개인정보처리자에 대해서는 범죄수사 목적이라 하더라도 형사소송법(영장제시) 등의 규정에 따라서만 개인정보 제공을 요구할 수 있다. 다만, 범죄수사 등을 위한 경우라 하더라도 정보주체 또는 제3자의 이익을 부당하게 침해할 우려가 있는 경우에는 개인정보를 목적 외의 용도로 이용하거나 제3자에게 제공할 수 없다. 수사개시의 원인인 수사 단서는 고소, 고발, 자수, 진정, 범죄신고, 현행범인의 체포, 변사자의 검시, 불심검문, 기사, 소문 등이 있다.[22] 영장에 의하지 않는 경우에는 피의자가 범죄를 하였다고 의심할 정황이 있고 해당 사건과 관계가 있다고 인정할 수 있는 경우에 한하여 제한적으로 개인정보를 제공해야 한다.

• **법원의 재판업무 수행을 위하여 필요한 경우** 법원은 재판의 원활한 업무 수행을 위해 공공기관이 보유하고 있는 개인정보에 대해 보정명령, 자료제출명령 등을 통해 정보주체의 동의 없이 목적 외 이용 또는 제공할 수 있다.

• **형(刑) 및 감호, 보호처분의 집행을 위하여 필요한 경우** 형(刑)의 감호(치료감호, 보호감호)처분 집행을 위하여 공공기관 개인정보를 정보주체의 동의 없이 목적 외 이용 또는 제공할 수 있다.

---

22 개인정보 보호 법령 및 지침 해설서, 2011. 12

1부 개인정보 처리자

2-3. 목적 외 이용·제공 동의의 방법

개인정보처리자는 수집 목적 외 이용 또는 제공 시에는 정보주체의 별도의 동의를 받아야한다. '별도의 동의'란 다른 동의와 구분되어 별도로 받는 동의를 의미한다.

2-4. 목적 외 이용·제공 동의 시 고지사항

개인정보 목적 외 이용·제공 시 동의 받을 때는 다음 사항을 정보주체에게 알려야 한다.

- 개인정보를 제공 받는 자
- 개인정보의 이용 목적(제공 시에는 제공 받는 자의 이용 목적을 말한다)
- 이용 또는 제공하는 개인정보의 항목
- 개인정보의 보유 및 이용 기간(제공 시에는 제공 받는 자의 보유 및 이용 기간을 말한다)
- 동의를 거부할 권리가 있다는 사실 및 동의 거부에 따른 불이익이 있는 경우에는 그 불이익의 내용

알려야 할 사항에 변경이 있는 때에도 이를 다시 알리고 동의를 받아야 한다.

2-5. 목적 외 이용·제공 공개 방법

개인정보를 목적 외 이용하거나 제3자에게 제공하는 경우에는 30일 이내에 목적에 이용·제공의 법적 근거, 제공일자·목적·항목에 관하여 관보 또는 인터넷 홈페이지에 게재하여 공고하여야 한다(공공기관은 제18조2항제2호부터 제6호까지, 제8호, 제9호 적용). 다만, 범죄 수사와 공소제기 및 유지를 위해 개인정보를 목적 외로 이용하거나 제공하는 경우에는 예외가 된다.

2-6. 목적 외 용도로 제3자 제공 시 안전성 조치 요청

개인정보를 목적 외 3자에게 제공 시 개인정보 제공자와 개인정보 제공 받는 자는 개인정보 안전성 조치(개인정보 보호법 제29조)에 대해 **책임관계를** 명확히 하여야 한다.

개인정보 안전성 확보를 위하여 필요한 구체적인 조치를 마련하도록 문서(전자문서 포

함)로 요청하여야 한다. 이 경우 요청 받은 자(개인정보 제공 받은 자)는 그에 따른 조치를 취하고 그 사실을 개인정보를 제공한 개인정보처리자(개인정보 제공자)에게 문서로 알려야 한다(표준지침 제8조1항).

저자 한마디
- 개인정보 수집 시 목적에 따라 그 목적을 벗어나는 경우가 발생한다.
- 3자 제공과 위탁, 목적 외 제공의 의미를 숙지해야 한다.

3. 개인정보를 제공 받은 자의 이용·제공 제한(법 19조)

개인정보를 제공 받은 자가 개인정보를 제한 없이 처리할 수 있다면 개인정보 불법 유통 및 정보주체의 권리를 침해할 우려가 높다. 따라서 개인정보를 제공 받은 자의 이용·제공에도 제한을 가하기 위한 필요가 있다.

> **제공 받은 자의 이용·제공 제한(개인정보 보호법 제19조)**
> 개인정보처리자로부터 개인정보를 제공 받은 자는 다음 각 호의 어느 하나에 해당하는 경우를 제외하고는 개인정보를 제공 받은 목적 외의 용도로 이용하거나 이를 제3자에게 제공하여서는 아니 된다.
> 1. 정보주체로부터 별도의 동의를 받은 경우
> 2. 다른 법률에 특별한 규정이 있는 경우

개인정보처리자로부터 개인정보를 제공 받은 자는 ① 정보주체로부터 별도의 동의를 받은 경우 ② 다른 법률에 특별한 규정이 있는 경우를 제외하고는 개인정보를 제공 받은 목적 외 용도로 이용하거나 이를 제3자에게 제공하여서는 안 된다.

최근 법 개정(16. 9. 30 시행)으로 개인정보 자기결정권이 강화되었다. 정보주체의 동의에 따라 제3자로부터 개인정보를 제공 받아 수집한 경우 출처 고지를 의무화하였다. 정보주체는 최초 수집 시 3자 제공을 하였을 경우 대다수 동의에 따른 제공이 올바른지 기존에는 알 수 없었다. 하지만 개정된 법에서는 3자 제공으로 개인정보를 제공 받는 개인정보처리자는 반드시 정보주체에게 고지 의무를 규정화하였기 때문에 동의하지 않을 시 철회를 요청하면 된다. 다만, 법률이나 법령에 따른 소관 업무나 불가피한 경우에는 그대로 적용된다.

1부 개인정보 처리자

- **개인정보 수집 출처 고지 의무대상**
  - 5만 명 이상의 민감정보 또는 고유식별 정보처리자
  - 100만 명 이상의 정보주체의 개인정보처리자

- **개인정보 수집 출처 고지 방법**
  - 서면, 전화, 문자전송, 전자우편 등의 방법으로 고지
  - 개인정보를 제공 받은 후 3개월 이내 고지(연 2회 주기적으로 개인정보를 제공 받아 처리할 때)
  - 개인정보 동의 받은 날로부터 기간하여 연 1회 이상 통지
  - 정보주체가 고지한 사실을 해당 개인정보를 파기할 때까지 관리

- **개인정보 수집 출처 고지 절차**
  - 정보주체에게 알린 사실
  - 알린 시기
  - 알린 방법

4. 업무 위탁에 따른 개인정보 처리 제한(법 26조)

개인정보처리자가 각종 기업이나 개인에게 위탁(아웃소싱)하여 업무를 처리한다. 업무 위탁 시 개인정보도 함께 처리되고 있어 개인정보처리자는 업무 위탁에 따른 개인정보 처리 제한의 필요성이 증대되었다.

국내 개인정보 유출에 국민적 관심을 가지게 하였던 사건인 2014년 1월 카드 3사 개인 금융정보 유출도 부정사용방지시스템(FDS, Fraud Detection System) 개발 책임자로 일하던 용역업체 직원이 1억 건 이상의 개인 금융정보를 유출한 사건이다.[23] 업무 위탁에 따른 수탁사 관리감독의 소홀이 사고의 원인이었다.

개인정보처리자가 개인정보 처리에 있어 가장 많이 신경 써야 하는 부분이 수집 부분과 위탁이 아닐까 생각해 본다. 정부에서도 위·수탁관리에 각별히 신경 쓰는 만큼 「개인정보 보호법」에서 해당하는 업무 위탁 범위와 절차 그리고 제한 등을 살펴보기로 하자.

---

23 카드사 고객정보 수천만 건 유출, 시중 유통됐나?, 2014. 3. 14, 노컷뉴스

4-1. 개인정보 업무 위탁의 형태

- 개인정보 수집·관리 업무 그 자체를 위탁하는 개인정보 처리 업무 위탁
- 개인정보 이용·제공이 수반되는 일반 업무를 위탁하는 개인정보 취급업무 위탁
  - 홍보·마케팅, 판매권유를 하는 마케팅 업무 위탁
  - 상품배달, 애프터서비스 계약 체결 이행 업무 위탁

개인정보처리자가 제3자에게 개인정보의 업무를 위탁하는 경우 반드시 **문서**로 한다.

업무 위탁에 따른 개인정보의 처리 제한(개인정보 보호법 제26조)

① 개인정보처리자가 제3자에게 개인정보의 처리 업무를 위탁하는 경우에는 다음 각 호의 내용이 포함된 문서에 의하여야 한다.
  1. 위탁 업무 수행 목적 외 개인정보의 처리 금지에 관한 사항
  2. 개인정보의 기술적·관리적 보호조치에 관한 사항
  3. 그 밖에 개인정보의 안전한 관리를 위하여 대통령령으로 정한 사항
② 제1항에 따라 개인정보의 처리 업무를 위탁하는 개인정보처리자(이하 "위탁자"라 한다)는 위탁하는 업무의 내용과 개인정보 처리 업무를 위탁받아 처리하는 자(이하 "수탁자"라 한다)를 정보주체가 언제든지 쉽게 확인할 수 있도록 대통령령으로 정하는 방법에 따라 공개하여야 한다.
③ 위탁자가 재화 또는 서비스를 홍보하거나 판매를 권유하는 업무를 위탁하는 경우에는 대통령령으로 정하는 방법에 따라 위탁하는 업무의 내용과 수탁자를 정보주체에게 알려야 한다. 위탁하는 업무의 내용이나 수탁자가 변경된 경우에도 또한 같다.
④ 위탁자는 업무 위탁으로 인하여 정보주체의 개인정보가 분실·도난·유출·위조·변조 또는 훼손되지 아니하도록 수탁자를 교육하고, 처리 현황 점검 등 대통령령으로 정하는 바에 따라 수탁자가 개인정보를 안전하게 처리하는지를 감독하여야 한다〈개정 2015. 7. 24〉.
⑤ 수탁자는 개인정보처리자로부터 위탁받은 해당 업무 범위를 초과하여 개인정보를 이용하거나 제3자에게 제공하여서는 아니 된다.
⑥ 수탁자가 위탁받은 업무와 관련하여 개인정보를 처리하는 과정에서 이 법을 위반하여 발생한 손해배상 책임에 대하여는 수탁자를 개인정보처리자의 소속 직원으로 본다.
⑦ 수탁자에 관하여는 제15조부터 제25조까지, 제27조부터 제31조까지, 제33조부터 제38조까지 및 제59조를 준용한다.

「개인정보 보호법」에서 '위탁자'와 '수탁자'의 용어가 자주 언급되는데 위탁관련 조항이기 때문에 혹시나 아직도 위·수탁자의 개념에 대하여 헷갈려 하는 독자를 위해 다시 한 번 언급한다.

'위탁자'는 위탁 업무를 주는 개인정보처리자, '수탁자'는 '위탁자'로부터 업무를 받아서 직접 처리하는 자라는 것을 기억하기 바란다. 업무 위탁 시 사용하는 표준 위탁서 구성

을 살펴보고 위탁자는 반드시 **표준 위탁계약서**를 이용하여 문서로 위탁 업무 계약을 해야 한다.

4-2. 개인정보 업무 위탁 시 사용하는 표준위탁 계약서 내용

- **위탁계약 목적** : 위탁 계약에 목적을 적고 개인정보 처리 업무에 성실히 임할 것을 목적으로 한다.

- **위탁 업무 목적 및 범위[24]** : 위탁 업무의 목적과 범위를 각 호에 구체적으로 작성한다.

- **재위탁 제한** : 계약상 권리와 의무를 일부 또는 제3자에게 양도 또는 재위탁할 수 없다. 다만, 위탁자의 사전 승인을 얻은 경우는 제외한다.

- **안전성 확보조치**(기술적·관리적 보호조치) : 「개인정보 보호법」 제24조제3항 및 제29조, 동법 시행령 제21조 및 제30조, 「개인정보의 안전성 확보조치 기준」(행정자치부 고시 제2016−35호)에 따른 보호조치 준수

- **처리 금지**
  - 계약 종료 후에도 위탁 업무 수행 목적 범위를 넘어 개인정보를 이용하거나 제3자에게 누설해서는 안 된다.
  - 계약이 해지되거나 만료된 경우 업무 위탁과 관련하여 보유하고 있는 개인정보를 파기하거나 위탁자에게 반납해야 한다. 수탁자가 파기한 경우 지체 없이 위탁자에게 알려야 한다.

- **관리현황 점검 및 감독, 교육** : 위탁자는 개인정보 관리현황, 안전조치, 교육, 재위탁 금지 등 실태를 점검하여 시정을 요구할 수 있다. 수탁자는 특별한 사유가 없는 한 이행하여야 한다.

- **손해배상** : 위탁 업무를 수행함에 있어 계약을 위반하여 정보주체 또는 제3자에 손해가 발생한 경우 수탁자는 그 손해를 배상하고, 위탁자는 전부 또는 그 일부를 수탁자에게 구상권을 행사할 수 있다.

---

24 각 호 업무예시 : 고객만족도 조사업무, 회원가입 및 운영업무, 사은품 배송을 위한 이름, 주소, 연락처 처리 등

4-3. 개인정보 업무 위탁 시 절차와 방법

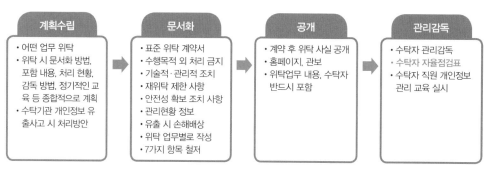

▲ **그림 1-2** 개인정보 업무 위탁 시 절차와 방법

- 계획수립

    - 업무 위탁에 대한 계획을 수립한다. 어떤 업무를 위탁할 것인가? 위탁 시 문서화 방법, 포함내용, 처리현황, 감독방법, 정기적인 교육 등 종합적으로 계획한다.

    - 수탁기관 개인정보 유출 사고 시 처리방안 계획 수립

- 문서화 : 업무 위탁에 따른 문서화 처리를 한다. 업무 위탁 계약서를 작성(표준위탁계약서)한다. 개인정보 위탁 업무에 대한 대표적인 7가지 항목에 대해 철저하게 검토한다.

- 공개 : 계약 후 위탁 사실을 공개한다. 대표적으로 홈페이지, 관보 등에 공개하는 방법이 있다. 공개 시 위탁업무 내용과 수탁자를 반드시 포함해야 한다.

- 관리감독 : 수탁자 관리·감독에 소홀함이 없어야 한다. 수탁자 자율점검표를 이용하여 개인정보 업무처리를 관리한다. 수탁자를 대상으로 개인정보 교육을 진행한다.

4-4. 위탁 시 재화나 서비스 홍보·판매 권유 시 통지

위탁자가 재화 또는 서비스를 홍보하거나 판매를 권유하는 업무를 위탁하는 경우에는 서면, 전자우편, 팩스, 전화, 문자전송 또는 이에 상당하는 방법으로 ① 위탁하는 업무 내용과 ② 수탁자를 정보주체에게 알려야 한다(영 제28조제4항).

위탁하는 업무 내용이나 수탁자가 변경된 경우에도 정보주체에게 알려야 한다.

위탁자가 서면, 전자우편 등의 방법으로 위탁하는 업무의 내용과 수탁자를 정보주체에게 알릴 수 없는 경우에는 해당 사항을 인터넷 홈페이지에 30일 이상 게재하여야 한다. 다만, 인터넷 홈페이지를 운영하지 않는 위탁자의 경우에는 사업장 등의 보기 쉬운 장소에 30일 이상 게시하여야 한다(영 제28조제5항).

4-5. 위·수탁자 책임과 의무

4-5-1. 위탁자 책임과 의무

- **수탁자에 대한 교육 및 감독** : 위탁자는 업무 위탁으로 인하여 정보주체의 개인정보가 분실·도난·유출·변조 또는 훼손되지 아니하도록 수탁자를 교육하고, 수탁자가 개인정보를 안전하게 처리하는지를 감독하여야 한다(제4항).
- **수탁자 법적 준수사항 확인·점검** : 위탁자는 이 법 또는 영에 따라 개인정보처리자가 준수하여야 할 사항 및 내용에 따라 준수 여부를 확인·점검하여야 한다.
- **수탁자 책임으로 인한 손해배상** : 수탁자가 위탁 받은 업무와 관련하여 개인정보를 처리하는 과정에서 이 법을 위반하여 발생한 손해배상 책임에 대하여 수탁자는 개인정보처리자의 소속 직원으로 본다. 위탁자가 정보주체에 대해서 지는 손해배상 책임은 수탁자의 선임·감독에 대한 책임이다.[25] 위탁자가 수탁자의 과실로 정보주체에게 손해배상을 한 때에는 수탁자에게 **구상권**을 행사할 수 있다.

---

[25] 수탁자의 과실로 손해가 발생되었다 하더라도 위탁자가 선임 및 감독에 대한 상당한 주의를 다 한 때에는 위탁자의 손해배상 책임이 발생하지 아니한다. 다만, 입증책임은 위탁자가 부담한다(개인정보 보호법 법령 해설서, 2011. 12).

4-5-2. 수탁자 책임과 의무

- 수탁 업무 목적 외 이용·제공 금지 : 수탁자는 개인정보처리자로부터 위탁 받은 업무 범위를 초과하여 개인정보를 이용하거나 제3자에게 제공해서는 안 된다.
- 수탁자 개인정보처리자 의무 준용 : 수탁자에 관하여는 제15조부터 제25조까지, 제27조부터 제31조까지, 제33조부터 제38조까지 및 제59조를 준용한다.
- 안전조치 의무 준수 : 개인정보 처리 업무를 위탁받아 처리하는 수탁자는 개인정보를 보호하기 위하여 '개인정보 안전성 확보조치 기준 고시'가 정하고 있는 기술적·물리적·관리적 조치를 하여야 한다.
- 수탁자는 위탁자의 소속직원으로 본다. 수탁자가 위탁받은 업무와 관련하여 개인정보를 처리하는 과정에서 이 법을 위반하여 발생한 손해배상 책임에 대하여는 수탁자를 개인정보처리자의 소속 직원으로 본다.

구 분	제3자 제공	업무 위탁
정의	개인정보처리자 외의 제3자의 이익이나 사업목적 달성을 위해 제3자에게 개인정보를 제공하는 경우	개인정보처리자의 사업목적을 달성하기 위해 수탁자에게 개인정보를 제공하는 경우
전제 조건	− 정보주체의 동의 필요 항목 − 동의거부 시 불이익 사실 고지 의무 − 미동의 시에도 서비스 제공 − 목적 외 이용 및 제공 금지	− 개인정보 처리 업무 위탁 시 문서로 명시 − 업무 위탁 시 정보주체가 쉽게 확인 가능
유의 사항	− 수집 목적 외 이용 및 제3자 제공 금지 − 제공 사항에 대한 별도 동의 획득 − 미동의 시에도 서비스 이용 허용 (미동의 시 불이익 내용 고지)	위탁 사실에 대한 고지(동의 획득 불필요)

▲ **표 1−10** 개인정보 3자 제공과 위탁의 차이점

저자 한마디
- 개인정보 위탁 시 업무 절차와 방법을 안다.
- 3자 제공과의 차이점을 숙지한다.

5. 영업양도 등에 따른 개인정보의 이전 제한(법 27조)

> **영업양도·양수에 따른 개인정보 이전 제한(개인정보 보호법 제27조)**
>
> ① 개인정보처리자는 영업의 전부 또는 일부의 양도·합병 등으로 개인정보를 다른 사람에게 이전하는 경우에는 미리 다음 각 호의 사항을 대통령령으로 정하는 방법에 따라 해당 정보주체에게 알려야 한다.
> 　1. 개인정보를 이전하려는 사실
> 　2. 개인정보를 이전받는 재(이하 "영업양수자 등"이라 한다)의 성명(법인의 경우에는 법인의 명칭을 말한다), 주소, 전화번호 및 그 밖의 연락처
> 　3. 정보주체가 개인정보의 이전을 원하지 아니하는 경우 조치할 수 있는 방법 및 절차
> ② 영업양수자 등은 개인정보를 이전받았을 때에는 지체 없이 그 사실을 대통령령으로 정하는 방법에 따라 정보주체에게 알려야 한다. 다만, 개인정보처리자가 제1항에 따라 그 이전 사실을 이미 알린 경우에는 그러하지 아니하다.
> ③ 영업양수자 등은 영업의 양도·합병 등으로 개인정보를 이전받은 경우에는 이전 당시의 본래 목적으로만 개인정보를 이용하거나 제3자에게 제공할 수 있다. 이 경우 영업양수자 등은 개인정보처리자로 본다.

개인정보처리자가 영업양도, 합병 등으로 보유하고 있던 개인정보를 다른 사업자에게 이전할 때에는 개인정보 관리도 포괄적으로 승계된다. 이에 불법 이용과 오·남용을 막기 위한 회원탈퇴, 동의철회 등의 권리를 행사할 수 있는 기회를 미리 부여해야 한다. 영업양도·양수는 민간 사업자를 대상으로 한다.

5-1. 영업양도·양수자 통지의무

5-1-1. 영업양도자

개인정보처리자는 영업의 전부 또는 일부를 양도·합병 등으로 개인정보를 다른 사람에게 이전하는 경우에는 미리 해당 정보주체에게 그 사실을 알려야 한다. 통지사항은 다음과 같다.

- 개인정보를 이전하려는 사실
- 개인정보를 이전받는 자(양수자 등)의 성명(법인의 경우 법인의 명칭을 말한다), 주소, 전화번호 및 그 밖의 연락처
- 정보주체가 개인정보의 이전을 원하지 아니하는 경우 조치할 수 있는 방법 및 절차

5-1-2. 영업양수자

영업양수자 등은 개인정보를 이전받았을 경우 지체 없이 그 사실을 정보주체에게 알려야 한다. 다만, 개인정보처리자가 이전 사실을 이미 알린 경우에는 알리지 않아도 된다. 이는 영업양도자 등이 개인정보 이전 사실을 통보하지 않았을 경우 영업양수자 등이 대신해서 정보주체에게 그 사실을 알리고 필요한 조치를 취하기 위함이다.

5-2. 영업양도·양수 통지 방법

영업양도자, 영업양수자 등이 영업양도·양수 등의 사실을 정보주체에게 통지할 때는 서면[26] 등의 방법으로 해당 정보주체에게 알려야 한다.

과실 없이 제1항에 따른 방법으로 법 제27조제1항 각 호의 사항을 정보주체에게 알릴수 없는 경우에는 해당 사항을 인터넷 홈페이지에 30일 이상 게재하여야 한다. 다만, 인터넷 홈페이지를 운영하지 아니하는 영업양도자 등의 경우에는 사업장 등의 보기 쉬운 장소에 30일 이상 게시하여야 한다.

5-3. 영업양도·양수 통지 시기

양수자 등은 개인정보를 이전받았을 때 지체 없이 정보주체에게 알려야 한다. 다만, 개인정보처리자가 이전 사실을 이미 알린 경우에는 알리지 않아도 된다.

5-4. 영업양수 시 목적 외 이용·제공 금지

영업양수자 등은 영업의 양도·합병 등으로 개인정보를 이전받은 경우에는 이전 당시의 본래 목적으로만 개인정보를 이용하거나 제3자에게 제공할 수 있다. 이 경우 양수자 등은 개인정보처리자로 본다.

저자 한마디

민간 영역 영업의 양도·양수에 따른 개인정보 업무처리에 대해 숙지하도록 한다. 특히 인수합병 등으로 사업을 정리할 때 개인정보에 대한 업무처리도 법에서 요구하는 절차를 다해야 한다.

6. 개인정보취급자에 대한 감독(법 28조)

> **개인정보취급자에 대한 감독(개인정보 보호법 제28조)**
> ① 개인정보처리자는 개인정보를 처리함에 있어서 개인정보가 안전하게 관리될 수 있도록 임직원, 파견근로자, 시간제근로자 등 개인정보처리자의 지휘·감독을 받아 개인정보를 처리하는 자(이하 "개인정보취급자"라 한다)에 대하여 적절한 관리·감독을 행하여야 한다.
> ② 개인정보처리자는 개인정보의 적정한 취급을 보장하기 위하여 개인정보취급자에게 정기적으로 필요한 교육을 실시하여야 한다.

개인정보처리자가 취급자에 대한 관리·감독에 대한 조문이다. 소홀히 할 수 있는 개인정보 처리 업무에 있어 역할과 감독 대상을 명시하였다.

6-1. 개인정보처리자와 개인정보취급자의 구분

6-1-1. 개인정보처리자

「개인정보 보호법」 제2조제5항에 따르면 "개인정보처리자"란 업무를 목적으로 개인정보파일을 운용하기 위하여 스스로 또는 다른 사람을 통하여 개인정보를 처리하는 공공기관, 법인, 단체 및 개인 등을 말한다. 일반적으로 해당 공공기관 또는 법인이 개인정보처리자가 된다. 취급자와 가끔 혼동하는 경우가 있는데 취급자와 개념을 확실히 구분하자.

개인정보 처리 업무를 수탁 받아 처리하고 있는 수탁자도 개인정보취급자라 할 수 있다.[27] 수탁자에 대한 관리·감독과 교육은 「개인정보 보호법」 제26조에 따른다.

- **취급자 관리·감독** : 개인정보처리자는 개인정보 업무처리 시 오·남용을 방지하고 개인정보를 안전하게 보호 조치하기 위해 적절한 관리·감독을 하여야 한다. 이는 지속적인 관리·감독을 말하며 개인정보취급자의 범위를 최소한으로 한다. 또한 업무 담당자는 접근 권한을 차등적으로 부여, 보안서약서 제출을 의무화하며 접근 권한 변경을 구체적으로 마련하여야 한다.

---

26 서면 등의 방법이란 우편, 전자우편, 팩스, 전화, 인편과 같은 개별적 방법을 의미한다.
27 개인정보 보호 법령 및 해설서, 행안부, 2011. 12

- **취급자 정기적 교육** : 개인정보처리자는 취급자를 대상으로 **정기적으로 교육**을 실시하여야 한다. 사내교육, 외부교육, 집체교육, 온라인교육 등 모든 취급자가 일정시간 개인정보 교육에 참여 하도록 해야 한다. 교육은 대상을 구분하여 교육해야 하며 교육에 대한 계획은 1년 단위로 수립하여 해당 시기에 이행할 수 있도록 한다.
  교육 후에는 반드시 **교육생 설문조사**를 하고 교육의 개선사항을 활용하여 다음 교육에 적극 반영하도록 한다.

6-1-2. 개인정보취급자

- 개인정보를 처리함에 있어서 개인정보가 안전하게 관리될 수 있도록 **임직원, 파견근로자, 시간제근로자** 등 개인정보처리자의 지휘·감독을 받아 개인정보를 처리하는 자로 직접 개인정보 업무를 담당자하는 자와 업무상 필요에 의해 개인정보에 접근하여 처리하는 모든 자를 의미한다.
- 정규직, 비정규직, 하도급, 시간제근로자, 인턴 등 모든 임직원을 의미하며, 고용관계가 없더라도 개인정보처리자의 지휘·감독을 받아 개인정보를 처리하는 자는 모두 포함한다.

저자 한마디

- 개인정보 위·수탁 관계에서 관리·감독에 소홀함이 없어야 하고 수탁자 잘못으로 개인정보가 유출된 경우에도 위탁자의 책임으로 규정되어 있어 위·수탁 관계에서 사각지대를 잘 관리하는 것이 중요하다.
- 보안서약서 제출, 정기적 교육, 교육 후 설문 조사 등의 업무를 조치한다.

⑤ 파기 단계에서의 관리

개인정보 라이프 사이클상에서 수집·이용, 위탁·제공, 파기 순으로 볼 때 파기는 처리 단계별 조치 사항에서 가장 마지막 단계이다. 필자는 ISMS, PIMS 인증심사원으로도 활동하고 있는데, 개인정보 파기 단계에서 법을 얼마나 준수하고 있는지를 집중적으로 검토하기도 한다. 파기 단계가 마지막 단계이다 보니 소홀할 수 있고, 관련 법령에 근거를 잘 살펴보지 않고 무조건 보관하고 있는 경우가 많은데 개인정보 업무 리스크를 최소화하는 것이 바람직하다.

1. 개인정보의 파기(법 21조)

> **개인정보의 파기(개인정보 보호법 제21조)**
> ① 개인정보처리자는 보유기간의 경과, 개인정보의 처리 목적 달성 등 그 개인정보가 불필요하게 되었을 때에는 지체 없이 그 개인정보를 파기하여야 한다. 다만, 다른 법령에 따라 보존하여야 하는 경우에는 그러하지 아니하다.
> ② 개인정보처리자가 제1항에 따라 개인정보를 파기할 때에는 복구 또는 재생되지 아니하도록 조치하여야 한다.
> ③ 개인정보처리자가 제1항 단서에 따라 개인정보를 파기하지 아니하고 보존하여야 하는 경우에는 해당 개인정보 또는 개인정보파일을 다른 개인정보와 분리하여서 저장·관리하여야 한다.
> ④ 개인정보의 파기방법 및 절차 등에 필요한 사항은 대통령령으로 정한다.

1-1. 개인정보 파기 시기

개인정보처리자가 정보주체의 개인정보 보유나 이용 기간이 만료되었을 때에는 개인정보 유출 오·남용 방지를 위해 개인정보를 복원이 불가능한 방법[28]으로 개인정보를 파기하여야 한다.

- 개인정보 처리 목적이 달성되었을 때
- 해당 서비스 폐지나 사업이 종료되었을 때
- 회원 탈퇴, 계약관계 종료, 동의 철회 등 법적 효력이 소멸되었을 때

---

[28] 사회통념상 현재의 기술 수준에서 적절한 비용이 소요되는 방법을 의미(안전성 확보조치기준 해설서, 2014. 12. 30)

개인정보 보호 파기 시기의 예

– 회원가입 정보의 경우 : 회원가입을 탈퇴하거나 회원에서 제명된 때

– 대금지급 정보의 경우 : 대금의 완제일 또는 채권소멸 시효기간이 만료된 때

– 배송정보의 경우 : 물품 또는 서비스가 인도되거나 제공된 때

– 설문조사, 이벤트 등의 목적을 위하여 수집한 경우 : 해당 설문조사, 이벤트가 종료한 때

1-2. 개인정보 파기 기한

정당한 사유가 없는 한 5일 이내에 개인정보를 파기해야 한다(표준지침 제10조제1항). 개인정보의 보존 필요성에 대한 부분의 자의적으로 해석해서는 안 된다.

다른 법령에 따라 보존하여야 하는 경우는 그 법령에 따라 보관하여야 한다. 공공기관인 경우 「공공기록물 관리에 관한 법률」에 따라 영구, 준영구, 10년, 5년, 3년, 1년 등으로 보관할 수 있다.

개인정보 일부만 파기하는 경우

– 운영 중인 개인정보가 포함된 여러 파일 중 특정 파일을 파기하는 경우

– 개인정보가 저장된 백업용 디스크나 테이프에서 보유기간이 만료된 특정 파일이나 특정 정보주체의 개인정보만 파기하는 경우

– 운영 중인 데이터베이스에서 탈퇴한 특정 회원의 개인정보를 파기하는 경우

– 회원가입신청서 종이문서에 기록된 정보 중 특정 필드의 정보를 파기하는 경우

1-3. 개인정보 파기 방법

개인정보를 파기할 때에는 다시 복구되거나 재생할 수 없는 형태로 완벽하게 파기하여야 한다. 개인정보의 파기 방법 중 개인정보의 일부만 파기하면 완전 파기 방법 등을 사용하기 어려운 환경에서도 복구 및 재생되지 않도록 조치하는 방법이 필요하다.

개인정보처리자는 법 제21조에 따라 개인정보를 파기할 때에는 다음 구분에 따른 방법으로 하여야 한다.

• 전자적 파일 형태인 경우 : 복원이 불가능한 방법으로 영구 삭제

• 제1호 외의 기록물, 인쇄물, 서면, 그 밖의 기록매체인 경우 : 파쇄 또는 소각

제1항에 따른 개인정보의 안전한 파기에 관한 세부 사항은 행정자치부장관이 정하여 고시한다.[29]

참 고   개인정보의 파기 조치 방법 예

- **완전파괴(소각, 파쇄)** : 개인정보가 저장된 회원가입신청서 등의 종이문서, 하드디스크나 자기테이프를 파쇄기로 파쇄하거나 용해 또는 소각장, 소각로에서 태워서 파기한다.
- **전용 소자장비를 이용한 삭제** : 디가우저를 이용한 하드디스크나 자기테이프에 저장된 개인정보를 삭제한다.
- **데이터가 복원되지 않도록 초기화 또는 덮어쓰기 수행** : 개인정보가 저장된 하드디스크에 대해 완전 포맷 (3회 이상 권고), 데이터 영역에 0, 1 등으로 덮어쓰기(3회 권고), 해당 드라이브를 안전한 알고리즘 및 키 길이로 암호화 저장 후 삭제하고 암호화에 사용된 키 완전 폐기 및 무작위 값 덮어쓰기 등의 방법을 사용한다.

※ 개인정보 파기 시 파기를 전문으로 수행하는 업체를 활용할 수 있다.

1-4. 개인정보 파기 절차

개인정보처리자는 개인정보의 파기에 관한 사항을 기록·관리해야 하고 파기는 개인정보 보호책임자의 책임 하에 수행되어야 한다. **책임자는 파기 결과를 확인하여야 한다**(표준지침 제10조제3항에서 제5항).

개인정보 파기는 1차적으로 담당부서에서 관리하고 있는 개인정보파일이 파기 조건에 부합하는지를 먼저 판단하여야 한다. **파기 대상 개인정보파일을 선정한다.**

파기 요청서를 작성하여 부서장의 승인을 득한 후 개인정보 보호담당자에게 제출한다. 공공기관의 경우 개인정보 종합포털지원 시스템에 접속 후 파기신청을 한다. 또한, 파기 후 관리대장에 기록한다. 파기 결과를 개인정보 담당자가 책임자에게 보고 후 시스템에서 승인한다.

파기 절차에 대한 하나의 예시에 불과하므로 각 기관과 기업의 조직에 맞게 참고하여

---

29 개인정보 안전성 확보조치기준 고시 해설서 제10조 '개인정보 파기' 참조(2014. 12. 30. 개정판)

합리적으로 절차 수립이 요구된다.

공공기관의 경우 개인정보 종합지원 시스템에 개인정보파일을 등록하고 있어 현장에서 파기 후 시스템에서도 개인정보파일 삭제 조치 후 현행화 해야 한다. 공공기관이 아닌 경우에는 해당 사항 없다.

구분	절차	세부내용	담당부서	비고
1단계	파기 파일 선정	– 보유기간 경과 – 처리목적 달성 – 개인정보파일 파기 요청서 작성	– 부서장 승인 – 개인정보 담당자에게 제출	– 취급자 – 요청서
2단계	파기	– 개인정보 파기 – 파기 결과 후 관리대장에 기록 – 종합지원 시스템 접속 후 개인정보파일 삭제 신청	각 담당부서	– 취급자 – 관리대장
3단계	결과	– 파기 결과 확인 – 개인정보 책임자에게 보고 – 개인정보 종합지원 시스템 접속 후 파일 삭제 승인	각 담당부서	개인정보 담당자

▲ **표 1–11** 개인정보 파기 절차 및 방법

1-5. 개인정보 파기의 예외

개인정보처리자가 개인정보 보유기간을 고지하고 동의를 받는 경우, 보유기간을 정할 때 보유목적이 명백히 영구 보유인지 확인해야 하며, 그렇지 않은 경우 필요 최소한으로 정해야 한다. 이에 따른 입증책임은 개인정보처리자가 부담한다.

법 적용 시 모호한 경우나 담당자가 해결할 수 없는 경우에는 조직 내 개인정보 보호위원회를 열어 개인정보 보호위원회에 상정하여 심의·의결된 내용으로 업무에 반영하면 된다. 이때 형식적인 위원회 회의 개최보다는 심도 있게 논의되도록 회의를 담당자가 유도한다. 파기 예외 시에는 반드시 법적 근거를 기준을 반영한 예외 사항이어야 한다.

1-6. 개인정보 보존 방법

개인정보처리자가 다른 법령에 따라 개인정보를 파기하지 아니하고 보존하여야 하는 경우 해당 개인정보 또는 개인정보파일을 다른 개인정보와 분리하여 저장·관리하여야 한다.

현장을 둘러보면 보존해야 할 개인정보와 파기해야 할 개인정보가 구분되어 있지 않은 경우가 많다. 파기 단계는 개인정보 라이프 사이클(Life cycle) 마지막 단계이므로 특히 신경써서 업무처리를 해야 한다. 과도한 개인정보 보관은 외부 침입으로 인한 유출이나 내부 통제 미흡으로 위협의 가중성을 높이는 요인이 되고 있다.

최근에는 종이문서보다 전자문서화하는 비율이 높아지고 있어 특히 유의해야 하며, 파기할 때는 원본 데이터 외에 백업 데이터가 존재하는지를 확인하여 백업 데이터를 누락하는 사례가 없도록 주의해야 한다.

개인정보 처리단계별 조치사항은 시기 → 방법 → 절차 순으로 업무 프로세스를 정립하여 수집·이용·제공·파기 업무에 대한 효율성을 도모할 수 있다.

저자 한마디

개인정보 수집에서 최소화하게 되면 파기에서도 많은 부담이 감소되는 효과가 있다. 「개인정보 보호법」 제정 취지도 최소 수집을 목적으로 하고 있다. 보통 파기는 시기, 방법, 절차에 따라 파기 처리하고 관련 근거 규정에 따라 보관하면 된다. 그 보관기간이 만료된 정보에 대해서는 일괄 파기처리 한다.

개인정보의 안전한 관리

1 개인정보 관리적 보호조치

지금까지 「개인정보 보호법」 제3장 '개인정보의 처리'에 대해 살펴보았다. 법 제15조부터 제28조에 해당하는 조문이다. 이번에는 「개인정보 보호법」 제4장 '개인정보의 안전한 관리'에 대해 법 제29조부터 법제34조의2까지 하나씩 살펴보기로 한다. 최근 민감정보 안전조치가 명문화되었고, '안전성 확보 조치 기준'이 적용되는 부분이기도 하니 잘 이해하는 것이 중요하다.

1. 개인정보 처리방침의 수립 및 공개(법 30조)

개인정보 처리방침 수립 및 공개(개인정보 보호법 제30조)
① 개인정보처리자는 다음 각 호의 사항이 포함된 개인정보의 처리방침(이하 "개인정보 처리방침"이라 한다)을 정하여야 한다. 이 경우 공공기관은 제32조에 따라 등록대상이 되는 개인정보파일에 대하여 개인정보 처리방침을 정한다.
  1. 개인정보의 처리 목적
  2. 개인정보의 처리 및 보유 기간
  3. 개인정보의 제3자 제공에 관한 사항(해당되는 경우에만 정한다)
  4. 개인정보 처리의 위탁에 관한 사항(해당되는 경우에만 정한다)
  5. 정보주체의 권리·의무 및 그 행사방법에 관한 사항
  6. 그 밖에 개인정보의 처리에 관하여 대통령령으로 정한 사항
② 개인정보처리자가 개인정보 처리방침을 수립하거나 변경하는 경우에는 정보주체가 쉽게 확인할 수 있도록 대통령령으로 정하는 방법에 따라 공개하여야 한다.
③ 개인정보 처리방침의 내용과 개인정보처리자와 정보주체 간에 체결한 계약의 내용이 다른 경우에는 정보주체에게 유리한 것을 적용한다.
④ 행정자치부장관은 개인정보 처리방침의 작성지침을 정하여 개인정보처리자에게 그 준수를 권장할 수 있다〈개정 2013. 3. 23, 2014. 11. 19〉.

개인정보처리자는 개인정보 처리방침을 수립하여 공개하여야 한다. 개인정보처리자는 내부 개인정보 처리에 대한 투명성을 제공하고, 정보주체는 자신의 개인정보가 어떻게 처리되는지 확인할 수 있다. 개인정보처리자 입장에서는 가장 신경 써야 하는 부분 중에 하나이며, 정보주체 입장에서는 가장 먼저 개인정보처리자의 개인정보 업무처리를 파악하는 접점이기도 하다.

2014년 개인정보 보호 실태조사 보고서[30]에 따르면 개인정보 처리방침을 수립·공개해야 한다는 것을 인지하고 있는 비율이 응답자의 45.2%인 것으로 조사되었다. 개인정보 확인 여부는 응답자의 34.9%로 조사되었다.

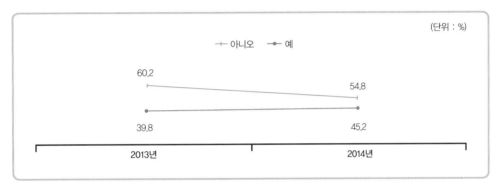

▲ **그림 1-3** 개인정보 처리방침 인지 〈출처 : 2014 개인정보 보호 실태조사(개인정보 보호위원회, 행정자치부, 2014)〉

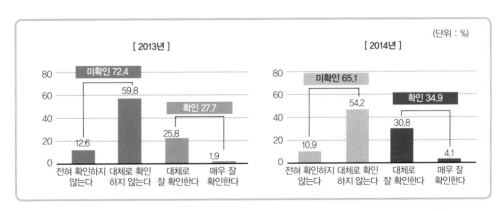

▲ **그림 1-4** 개인정보 처리방침 확인 〈출처 : 2014 개인정보 보호 실태조사(개인정보 보호위원회, 행정자치부, 2014)〉

---

30 2014 개인정보 보호 실태조사(개인정보 보호위원회, 행정자치부, 2014)

1-1. 개인정보 처리방침 수립·시행

개인정보처리자가 개인정보 업무처리에 대한 사항을 정보주체가 확인할 수 있도록 공개하는 지침이기 때문에 잘 숙지하여 공개하도록 해야 한다. '개인정보 취급방침', '개인정보 처리방침' 헷갈리는 부분이 있었는데, 정보통신망법 개정으로 인하여 '개인정보 처리방침'으로 용어가 통일되었다. 이는 홈페이지 하단에 볼드체로 눈에 띄기 쉽도록 공개하면 된다.

1-1-1. 개인정보 처리방침에 필수 포함 사항

「개인정보 보호법」 제30조제1항 및 시행령 제31조제1항에 따라 의무적으로 개인정보 처리방침에 포함하여야 할 사항은 다음 10개 항목이다.

- 개인정보의 처리 목적
- 처리하는 개인정보 항목
- 개인정보의 처리 및 보유 기간
- 개인정보의 제3자 제공에 관한 사항(해당되는 경우에만 정한다)
- 개인정보 처리의 위탁에 관한 사항(해당되는 경우에만 정한다)
- 정보주체와 법정대리인의 권리·의무 및 그 행사방법에 관한 사항
- 개인정보 책임자 성명 또는 개인정보 보호업무 및 관련 고충사항을 처리하는 부서의 명칭과 전화번호 등 연락처
- 인터넷 접속정보파일 등 개인정보를 자동으로 수집하는 장치의 설치·운영 및 그 거부에 관한 사항(해당하는 경우에만 정한다)
- 개인정보 파기에 관한 사항
- 시행령 제30조에 따른 개인정보의 안전성 확보조치에 관한 사항

개인정보 처리방침의 변경 시 변경이력 관리가 필요하다.

개인정보 처리방침에 필수사항은 반드시 포함하고, 그 외에 정보주체의 권익침해에 대한 구제방법, 개인정보의 열람청구를 접수·처리하는 부서 등을 개인정보 처리방침에 포

함할 수 있다.

공공기관의 경우 개인정보 종합포털 시스템에 등록하는 개인정보파일에 한하여 개인정보 처리
방침을 정하면 된다. 공공기관이 아닐 경우 내부직원만의 개인정보를 수집·이용할 때에
는 외부에 공개할 필요는 없다. 다만, 내부 인트라넷 등에서 내부직원은 확인할 수 있
도록 공개한다.

1-2. 개인정보 처리방침 작성 방법

개인정보처리자가 개인정보 처리방침을 작성할 때에는 정보주체가 필수적인 기재사항
과 각 내용을 알아보기 쉽게 명시적으로 구분하여 작성하고 구체적이고 명확하게 표현하여
야 한다(표준지침 제20조제1항).

개인정보 처리방침은 실제 개인정보처리자가 개인정보를 처리하고 있는 업무처리와 누
락됨이 없이 현행화[31]하여 반영되어야 하며 위탁이나 3자 제공 등 처리업무가 변경되었
을 때에도 최신성을 유지해야 한다.

1-3. 개인정보 처리방침 공개방법

개인정보처리자가 개인정보 처리방침을 수립한 경우에는 정보주체가 쉽게 확인할 수
있도록 개인정보처리자의 홈페이지에 지속적으로 게재하여 공개한다(영 제31조제2항).

홈페이지 게재 시에 개인정보 처리방침은 다른 고지사항과 크기, 색상 등을 구분하여
정보주체가 쉽게 확인하도록 하여야 한다(표준지침 제20조제1항).

홈페이지 게재 불가 시에는 다음 중 하나 이상의 방법을 통하여 개인정보 처리방침을
공개해야 한다(영 제31조제3항).

• 개인정보처리자의 사업장 등의 보기 쉬운 장소에 게시하는 방법

---

31 개인정보의 위탁과 제공에 따른 업무처리와 개인정보 처리방침이 동일성을 유지해야 한다. 즉, 위탁과 3자 제공이
이루어졌음에도 불구하고 개인정보 처리방침에는 누락되어 있는 경우가 많다.

- 관보(개인정보처리자가 공공기관인 경우에만 해당)나 개인정보처리자의 사업장 등이 있는 시·도 이상의 지역을 주된 보급지역으로 하는 「신문 등의 진흥에 관한 법률」 제2조제1호가목·다목 및 같은 조 제2호에 따른 일반일간신문, 일반주간신문 또는 인터넷신문에 싣는 방법
- 같은 제목으로 연 2회 이상 발행하여 정보주체에게 배포하는 간행물·소식지·홍보지 또는 청구서 등에 지속적으로 싣는 방법
- 재화나 용역을 제공하기 위하여 개인정보처리자와 정보주체가 작성한 계약서 등에 실어 정보주체에게 발급하는 방법

1-4. 개인정보 처리방침의 변경 및 방법

개인정보 처리방침을 변경하는 경우에는 정보주체가 그 변경 여부, 변경된 사항의 시행시기 및 변경된 내용을 언제든지 쉽게 알 수 있도록 지속적으로 공개해야 한다(표준지침 제21조).

변경된 내용은 정보주체가 쉽게 확인할 수 있도록 변경 전·후를 비교하여 공개하여야 한다(표준지침 제21조). 개인정보처리자는 가급적 변경 사유를 정보주체가 쉽게 알 수 있도록 공개하여야 한다.

개인정보 처리방침은 개인정보처리자가 다양한 사업을 진행하면서 개인정보 처리가 반영되기 때문에 자주 변경된다. 이럴 때마다 개인정보 처리방침을 변경하고 버전을 관리하는 것은 쉽지 않다. 현장을 다니면서 일부 개인정보처리자는 개인정보 처리방침 페이지 사이드에 게시판을 생성하여 위탁과 3자 제공 시 변경되는 현황을 관리하고 있는 것을 보았다. 이는 현실적이면서 효율적이라는 생각이 든다.

1-5. 개인정보 처리방침 적용 순위 및 효력

개인정보 처리방침의 내용과 개인정보처리자와 정보주체 간에 체결한 계약의 내용이 다른 경우에는 **정보주체에게 유리한 것을 적용**한다.

개인정보 처리방침은 일방적으로 공개하는 것으로 신뢰성 있게 개인정보를 처리하겠다는 약속의 일종으로 계약으로서 효력은 없다. 고지·설명·동의 등이 없기 때문에 약관처럼 계약의 내용이 되지 못한다. 따라서 형식적인 개인정보 처리방침으로 운영될 가능성이 있어 개인정보 처리방침 심사제[32] 도입을 적극 제안한다.

1-6. 개인정보 처리방침의 개선방향 제언

정보주체가 자신의 개인정보가 어떻게 처리되는지 개인정보처리자로부터 가장 먼저 정보를 접할 수 있는 것이 개인정보 처리방침이다. 중요한 것은 정보주체의 개인정보를 제공함에도 불구하고, 이용약관이나 개인정보 처리방침을 제대로 읽거나 확인하지 않는 데 있다.

최근 한 실험을 통해서 이용자들은 자신의 **첫째 자녀를 포기**하고, 자신의 개인정보가 NSA와 고용주에게 공유된다는 이용약관에도 불구하고 SNS에 가입하는 것으로 확인되었다.[33] 이는 사람들이 이용약관을 읽지 않는다는 것을 반증한다. 마찬가지로 정보주체 자신의 개인정보 처리방침을 쉽게 이해할 수 있도록 개선해 나가야 하는 것이 바람직하다.

저자 한마디

개인정보 처리방침은 개인정보처리자가 개인정보를 어떻게 처리할 것인가를 공개적으로 홈페이지 등에 지속적으로 게재하는 것을 말한다. 따라서 개인정보 처리에 따른 현행화를 처리방침에 반영하는 것이 무엇보다 중요하다. 즉, 3자 제공과 위탁 등에서 홈페이지 유지보수 외에도 위탁, 3자 제공도 파악하여 반영하여야 한다.

---

32 개인정보 처리방침 심사제도는 형식적으로 운영되고 있는 개인정보 처리방침을 개인정보 전문가가 법령에서 제시한 사항에 부합하는지를 심사하여 인증하는 제도이다(개인정보 취급방침 심사제도 도입연구, 한국인터넷진흥원, 2012.11 참조).

33 http://arstechnica.com/tech-policy/2016/07/nobody-reads-tos-agreements-even-ones-that-demand-first-born-as-payment/ 2016. 7. 13 참조

2. 개인정보 보호책임자의 지정(법 31조)

> **개인정보 보호책임자의 지정**(개인정보 보호법 제31조)
> ① 개인정보처리자는 개인정보의 처리에 관한 업무를 총괄해서 책임질 개인정보 보호책임자를 지정하여야 한다.
> ② 개인정보 보호책임자는 다음 각 호의 업무를 수행한다.
> 1. 개인정보 보호 계획의 수립 및 시행
> 2. 개인정보 처리 실태 및 관행의 정기적인 조사 및 개선
> 3. 개인정보 처리와 관련한 불만의 처리 및 피해 구제
> 4. 개인정보 유출 및 오용·남용 방지를 위한 내부통제 시스템의 구축
> 5. 개인정보 보호 교육 계획의 수립 및 시행
> 6. 개인정보파일의 보호 및 관리·감독
> 7. 그 밖에 개인정보의 적절한 처리를 위하여 대통령령으로 정한 업무
> ③ 개인정보 보호책임자는 제2항 각 호의 업무를 수행함에 있어서 필요한 경우 개인정보의 처리 현황, 처리 체계 등에 대하여 수시로 조사하거나 관계 당사자로부터 보고를 받을 수 있다.
> ④ 개인정보 보호책임자는 개인정보 보호와 관련하여 이 법 및 다른 관계 법령의 위반 사실을 알게 된 경우에는 즉시 개선조치를 하여야 하며, 필요하면 소속 기관 또는 단체의 장에게 개선조치를 보고하여야 한다.
> ⑤ 개인정보처리자는 개인정보 보호책임자가 제2항 각 호의 업무를 수행함에 있어서 정당한 이유 없이 불이익을 주거나 받게 하여서는 아니 된다.
> ⑥ 개인정보 보호책임자의 지정요건, 업무, 자격요건, 그 밖에 필요한 사항은 대통령령으로 정한다.

개인정보처리자는 개인정보의 처리에 관한 업무를 총괄해서 책임질 개인정보 보호책임자(Chief Privacy Officer)를 지정해야 한다. 개인정보 보호책임자는 개인정보 처리에 관한 전반적인 사항을 결정하고 책임을 지는 사람으로, 개인정보 수집·이용·제공·파기 등에 대해 실질적인 권한을 가지고 있어야 한다. 책임은 많은데 권한이 작을 때 효율적인 업무처리가 불가능하다.

2-1. 개인정보 보호책임자 지정 요건

「개인정보 보호법 시행령」 제32조제2항에 규정해 놓았다. 공공기관에 대해서는 세부적으로 규정해 놓은 것과는 대조적으로 일반 기업에 대해서는 대표 또는 개인정보 업무 처리하는 부서의 부서장으로 명시해 놓았다.

개인정보 보호책임자의 지정 요건
1. 공공기관 : 다음 각 목의 구분에 따른 기준에 해당하는 공무원 등
  가. 국회, 법원, 헌법재판소, 중앙선거관리위원회의 행정사무를 처리하는 기관 및 중앙행정기관 : 고위공무원단에
     속하는 공무원(이하 "고위공무원"이라 한다) 또는 그에 상당하는 공무원
  나. 가목 외에 정무직공무원을 장(長)으로 하는 국가기관 : 3급 이상 공무원(고위공무원을 포함한다) 또는 그에 상
     당하는 공무원
  다. 가목 및 나목 외에 고위공무원, 3급 공무원 또는 그에 상당하는 공무원 이상의 공무원을 장으로 하는 국가기
     관 : 4급 이상 공무원 또는 그에 상당하는 공무원
  라. 가목부터 다목까지의 규정에 따른 국가기관 외의 국가기관(소속 기관을 포함한다) : 해당 기관의 개인정보 처
     리 관련 업무를 담당하는 부서의 장
  마. 시·도 및 시·도 교육청 : 3급 이상 공무원 또는 그에 상당하는 공무원
  바. 시·군 및 자치구 : 4급 공무원 또는 그에 상당하는 공무원
  사. 제2조제5호에 따른 각급 학교 : 해당 학교의 행정사무를 총괄하는 사람
  아. 가목부터 사목까지의 규정에 따른 기관 외의 공공기관 : 개인정보 처리 관련 업무를 담당하는 부서의 장. 다
     만, 개인정보 처리 관련 업무를 담당하는 부서의 장이 2명 이상인 경우에는 해당 공공기관의 장이 지명하는
     부서의 장이 된다.
2. 공공기관 외의 개인정보처리자 : 다음 각 목의 어느 하나에 해당하는 사람
  가. 사업주 또는 대표자
  나. 개인정보 처리 관련 업무를 담당하는 부서의 장 또는 개인정보 보호에 관한 소양이 있는 사람

'개인정보 보호에 소양이 있는 사람'은 개인정보 처리 업무 경험이 있는 자로서, 개인정보 보호를 위한 기술적·관리적·물리적 보호조치를 할 수 있는 자를 말한다.

친목단체는 개인정보 보호책임자를 지정하지 않아도 되지만 친목단체의 대표가 개인정보 보호책임자의 직무를 수행할 수 있다.

친목단체는 법 제52조3항에 따라 법 제15조(수집·이용), 제30조(개인정보 처리방침 수립 및 공개), 제31조(개인정보 보호책임자 지정)는 적용되지 않는다. 나머지는 개인정보 처리기준을 준수해야 한다.

2-2. 개인정보 보호책임자 역할

개인정보 보호책임자의 역할을 살펴보면 법률에만 6가지, 시행령에 3가지가 추가적으로 규정되어 있어 개인정보 처리 업무를 잘 총괄하고 경험 있는 자가 책임자가 되어야 한다.

개인정보 보호책임자는 개인정보를 처리하는 담당자에 대한 교육을 실시해 충분히 교육된 사람만이 개인정보 처리 업무를 담당하도록 해야 한다. 개인정보 보호책임자의

역할은 다음과 같다.

- 개인정보 보호 계획의 수립 및 시행
- 개인정보 처리 실태 및 관행의 정기적인 조사 및 개선
- 개인정보 처리와 관련한 불만의 처리 및 피해 구제
- 개인정보 유출 및 오용·남용 방지를 위한 내부통제 시스템의 구축
- 개인정보 보호 교육 계획의 수립 및 시행
- 개인정보파일의 보호 및 관리·감독
- 법 제30조에 따른 개인정보 처리방침의 수립·변경 및 시행
- 개인정보 보호 관련 자료의 관리
- 처리 목적이 달성되거나 보유기간이 지난 개인정보의 파기

2-3. 개인정보 보호책임자 공개

개인정보처리자가 개인정보 보호책임자를 지정하거나 변경하는 경우 개인정보 보호책임자의 지정 및 변경 사실, 성명과 부서의 명칭, 전화번호 등 연락처를 공개해야 한다.

개인정보처리자는 개인정보 보호책임자를 공개하는 경우 개인정보 보호와 관련한 고충 처리 및 상담을 실제로 처리할 수 있는 연락처를 공개하여야 한다. 다만, 개인정보 보호책임자와 개인정보 보호 업무를 처리하는 담당자의 성명, 부서의 명칭, 전화번호 등 연락처를 함께 기재할 수 있다(표준지침 제22조제2항).

유럽연합(EU)은 2016년 4월 15일 '개인정보 보호 규정(GDPR, General Daya Protection Refulation)' 법안을 통과시켰다. 이 법안은 기업이 고객의 민감한 개인정보를 보유할 경우 개인정보 보호책임자를 두고, 개인정보 관련 이력을 추적할 수 있는 시스템을 반드시 마련할 것을 명시하고 있다. 규정을 어기면 벌금으로 전년 세계에서 올린 해당 기업 매출의 4%나 2,000만 유로(257억 원) 중 높은 쪽의 금액을 내도록 하고 있다.[34]

---

34 조선일보, 2016. 7. 8. http://it.chosun.com/news/article.html?no=2821473 참조

2-4. 개인정보 보호책임자 의무와 신분보장

개인정보 보호책임자는 「개인정보 보호법」 및 다른 관계 법령의 위반 사실을 알게 된 경우 즉시 개선 조치를 하여야 한다. 필요하면 소속기관 또는 단체장에게 개선조치를 보고하여야 한다.

개인정보처리자는 개인정보 보호책임자가 자신의 업무를 수행함에 있어 정당한 이유 없이 불이익을 주거나 받게 하여서는 안 된다. 즉, 책임만 있고 권한은 없어 형식적인 책임자가 되어서는 안 된다. 이는 개인정보 처리 업무를 담당하고 있는 담당자도 마찬가지이다.

저자 한마디

개인정보 업무처리에 있어 가장 관심을 가져야 할 위치에 있는 개인정보 책임자를 반드시 지정한다. 개인정보 유출에 따른 책임의 무게도 책임자가 더 크기 때문에 형식적인 지정이 아니라 역할과 책임을 다할 수 있도록 노력해야 한다.

3. 개인정보파일의 등록 및 공개(법 32조)

「개인정보 보호법」 제2조에 "개인정보파일"이란 개인정보를 쉽게 검색할 수 있도록 일정한 규칙에 따라 체계적으로 배열하거나 구성한 개인정보의 집합물(集合物)을 말한다고 명시하고 있다. 개인정보파일 등록 및 공개는 공공기관에만 해당이 된다. 여기에는 교육기관도 포함된다. 따라서 초·중·고등 교육기관, 사립대학 등은 개인정보파일 등록을 해야 한다.

「개인정보 보호법」을 적용할 때에는 개인정보처리자가 「개인정보 보호법」상에 공공기관에 해당이 되는지를 꼭 확인해 볼 필요가 있다. 해당 유무에 따라 업무의 범위가 상당한 차이가 있기 때문이다.

개인정보처리자가 일반적으로 가장 먼저 고민해야 하는 것 중에 하나는 기관이나 기업 내에 개인정보파일 현황을 파악하는 것이다. 공공기관은 개인정보파일을 등록해야 하기 때문이기도 하지만 개인정보파일 등록 의무가 없다고 하더라도 수량화하는 것이 바람직하다.

필자는 외부 강의나 특강이 있을 때 "조직에 개인정보파일을 몇 개 관리하고 있나요?"라고 자주 질문한다. '수치화 되지 않는 것은 관리되지 않는 것이다'라는 유명한 말이 있듯이 수량화해서 관리하는 것이 개인정보 유출을 미연에 방지하는 좋은 방법이다.

차근차근 시간을 두고 개인정보파일이 몇 개인지부터 파악해 보자. 아마도 개인정보파일 등록을 준비하다보면 눈에 보이는 것이 개인정보파일인지 아닌지, 개인정보인지 아닌지에 대한 무수한 의문점과 물음을 가지게 된다.

다시 「개인정보 보호법」 제2조 용어의 정의로 돌아가 개인정보는 무엇인가? 개인정보파일은 무엇인가?를 고민하는 자신을 보게 된다. 반복적으로 의미와 개념을 파악하고 온·오프라인 교육이나 세미나 등에 참석하여 관련 지식을 쌓기 바란다. 개인정보란 경우에 따라 해석이 달라지는 특성을 가지고 있기 때문이다.

개인정보파일 등록 공개(개인정보 보호법 제32조)

① 공공기관의 장이 개인정보파일을 운용하는 경우에는 다음 각 호의 사항을 행정자치부장관에게 등록하여야 한다. 등록한 사항이 변경된 경우에도 또한 같다〈개정 2013. 3. 23, 2014. 11. 19〉.
   1. 개인정보파일의 명칭
   2. 개인정보파일의 운영 근거 및 목적
   3. 개인정보파일에 기록되는 개인정보의 항목
   4. 개인정보의 처리방법
   5. 개인정보의 보유기간
   6. 개인정보를 통상적 또는 반복적으로 제공하는 경우에는 그 제공 받는 자
   7. 그 밖에 대통령령으로 정하는 사항
② 다음 각 호의 어느 하나에 해당하는 개인정보파일에 대하여는 제1항을 적용하지 아니한다.
   1. 국가 안전, 외교상 비밀, 그 밖에 국가의 중대한 이익에 관한 사항을 기록한 개인정보파일
   2. 범죄의 수사, 공소의 제기 및 유지, 형 및 감호의 집행, 교정처분, 보호처분, 보안관찰처분과 출입국관리에 관한 사항을 기록한 개인정보파일
   3. 「조세범처벌법」에 따른 범칙행위 조사 및 「관세법」에 따른 범칙행위 조사에 관한 사항을 기록한 개인정보파일
   4. 공공기관의 내부적 업무처리만을 위하여 사용되는 개인정보파일
   5. 다른 법령에 따라 비밀로 분류된 개인정보파일
③ 행정자치부장관은 필요하면 제1항에 따른 개인정보파일의 등록사항과 그 내용을 검토하여 해당 공공기관의 장에게 개선을 권고할 수 있다〈개정 2013. 3. 23, 2014. 11. 19〉.

---

④ 행정자치부장관은 제1항에 따른 개인정보파일의 등록 현황을 누구든지 쉽게 열람할 수 있도록 공개하여야 한다〈개정 2013. 3. 23, 2014. 11. 19〉.

⑤ 제1항에 따른 등록과 제4항에 따른 공개의 방법, 범위 및 절차에 관하여 필요한 사항은 대통령령으로 정한다.

⑥ 국회, 법원, 헌법재판소, 중앙선거관리위원회(그 소속 기관을 포함한다)의 개인정보파일 등록 및 공개에 관하여는 국회규칙, 대법원규칙, 헌법재판소규칙 및 중앙선거관리위원회 규칙으로 정한다.

3-1. 개인정보파일 등록 의무자

개인정보파일 등록 의무자(표준지침 제49조)

1. 중앙행정기관(대통령 소속 기관과 국무총리 소속 기관을 포함한다) 및 그 소속 기관. 지방자치단체
2. 「국가인권위원회법」에 따른 국가인권위원회
3. 「공공기관의 운영에 관한 법률」에 따른 공공기관
4. 「지방공기업법」에 따른 지방공사 및 지방공단
5. 특별법에 의하여 설립된 특수법인
6. 「초·중등교육법」, 「고등교육법」 및 그 밖의 다른 법률에 따라 설치된 각급 학교

개인정보파일 등록 의무는 공공기관에만 해당이 되며 기업·단체는 개인정보파일 등록 의무가 적용되지 않는다.

개인정보처리자가 개인정보파일을 등록할 때 상위 기관은 개인정보파일 등록·변경사항을 검토하고 그 적정성을 판단하며 의견을 제시한다. 등록은 해당 기관에서 자체적으로 수행하면 된다.

개인정보파일 등록 시 개인정보파일을 운용하는 공공기관의 개인정보취급자는 해당 공공기관의 개인정보 보호책임자에게 개인정보파일 등록을 신청하여야 한다(표준지침 제52조제1항).

3-2. 개인정보파일 등록 사항 및 공개

개인정보파일 등록 및 공개(개인정보 보호법 제32조)

1. 개인정보파일의 명칭
2. 개인정보파일의 운영 근거 및 목적
3. 개인정보파일에 기록되는 개인정보의 항목
4. 개인정보의 처리방법
5. 개인정보의 보유기간

6. 개인정보를 통상적 또는 반복적으로 제공하는 경우에는 그 제공 받는 자

7. 개인정보파일을 운용하는 공공기관의 명칭

8. 개인정보파일로 보유하고 있는 개인정보의 정보주체 수

9. 해당 공공기관에서 개인정보 처리 관련 업무를 담당하는 부서

10. 제41조에 따른 개인정보의 열람 요구를 접수·처리하는 부서

11. 개인정보파일의 개인정보 중 법 제35조제4항에 따라 열람을 제한하거나 거절할 수 있는 개인정보의 범위 및 제한 또는 거절 사유

개인정보파일 등록 시에는 법 제32조와 시행령 제33조에 따라 해당 항목에 해당하는 정보를 입력하여야 한다. 개인정보파일을 운용하는 공공기관의 장은 그 운용을 시작한 날부터 60일 이내에 행정자치부령으로 정하는 바에 따라 행정자치부장관에게 법 제32조제1항 및 이 영 제33조에 따른 등록사항(이하 "등록사항"이라 한다)의 등록을 신청하여야 한다. 등록 후 등록한 사항이 변경된 경우에도 또한 같다.

행정자치부장관은 법 제32조제4항에 따라 개인정보파일의 등록 현황을 인터넷 홈페이지에 게재하여야 한다. 홈페이지에서 확인 불가 시 정보주체는 개인정보 보호 종합포털[35]에서 확인하고 열람할 수 있다(공공기관만 해당). 개인정보 처리방침에 개인정보파일 등록 현황을 확인하는 방법을 게재해 놓을 수 있다.

특별지방행정기관, 지방자치단체, 교육기관(학교 포함) 등 전국적으로 단일한 공통업무를 집행하고 있는 기관은 각 중앙행정기관에서 제공하는 '개인정보파일 표준목록'에 따라 등록해야 한다. 전국 단일의 공통업무와 관련된 개인정보파일 표준목록은 해당 중앙부처에서 등록·관리해야 한다(표준지침 제54조제1항, 제2항).

3-3. 개인정보파일 등록 시 개선 권고사항

행정자치부장관은 필요하면 개인정보파일의 등록사항과 그 내용을 검토하여 해당 공공기관의 장에게 개선을 권고할 수 있다.

---

35 개인정보 보호포털, http://www.privacy.go.kr/wcp/dcl/per/personalInfoFileList.do 참조

3-4. 개인정보파일 등록 예외 조건

> **개인정보파일 등록 예외사항(개인정보 보호법 제32조)**
> 1. 국가 안전, 외교상 비밀, 그 밖에 국가의 중대한 이익에 관한 사항을 기록한 개인정보파일
> 2. 범죄의 수사, 공소의 제기 및 유지, 형 및 감호의 집행, 교정처분, 보호처분, 보안관찰처분과 출입국관리에 관한 사항을 기록한 개인정보파일
> 3. 「조세범처벌법」에 따른 범칙행위 조사 및 「관세법」에 따른 범칙행위 조사에 관한 사항을 기록한 개인정보파일
> 4. 공공기관의 내부적 업무처리만을 위하여 사용되는 개인정보파일
> 5. 다른 법령에 따라 비밀로 분류된 개인정보파일

개인정보파일 중에서 국가안전, 외교, 수사, 공소제기, 형 및 감호집행, 교정처분, 조세 기록, 공공기관 내부 업무처리,[36] 다른 법령에 비밀로 규정된 개인정보파일은 등록이 제외된다.

국회, 법원, 헌법재판소, 중앙선거관리위원회(그 소속 기관을 포함한다)의 개인정보파일 등록 및 공개에 관하여는 국회규칙, 대법원규칙, 헌법재판소규칙 및 중앙선거관리위원회 규칙으로 정한다.

공공기관에서 영상정보처리기기를 통하여 촬영한 자료는 개인정보파일 등록·공개 의무에서 제외된다. 이는 「개인정보 보호법」 제2조 용어정의에서 '개인정보파일이라 함은 개인정보를 쉽게 검색할 수 있도록 일정한 규칙에 따라 체계적으로 배열하거나 구성한 개인정보의 집합물(集合物)을 말한다.'고 명시하고 있다. 영상정보처리기기(CCTV)는 시간대별로 일정한 공간을 지속적으로 촬영하고 있어 일정한 규칙에 체계적으로 배열되어 검색으로 보기 어렵다는 것이 법령 해설집의 해석이다.

3-5. 개인정보파일 관리

공공기관은 1개의 개인정보파일에 1개의 개인정보파일대장을 작성해야 한다. 공공기관은 법 제18조제2항 각 호에 따라 제3자가 개인정보파일의 이용·제공을 요청한 경우에는 각각의 이용·제공 가능 여부를 확인하고 별지 제6호 서식의 '개인정보 목적 외 이용·제공대장'에 기록하여 관리해야 한다.

---

36 임직원 전화기록부, 비상연락망, 인사기록파일, 요금정산, 회의 참석자 수당지급, 자문기구운영 등의 개인정보파일, 개인정보 보호 법령 및 해설서, 2011. 12

개인정보취급자는 제55조에 따라 개인정보파일을 파기한 경우, 법 제32조에 따른 개인정보파일의 등록사실에 대한 삭제를 개인정보 보호책임자에게 요청해야 한다(표준지침 제56조제1항).

개인정보파일 등록의 삭제를 요청받은 개인정보 보호책임자는 그 사실을 확인하고, 지체 없이 등록 사실을 삭제한 후 그 사실을 행정자치부에 통보한다.

저자 한마디

> 공공기관에 해당하는 경우 개인정보파일을 파악하고 이를 등록하여야 한다. 개인정보파일 등록에 따른 누락과 보탬 없이 필요한 사항만 등록되도록 하여야 한다.

4. 개인정보 유출 통지(법 34조)

개인정보 유출을 통지할 일이 없어야 할 것이다. 하지만 유출되었을 때 취해야 할 조치사항에 대한 조문이다. 최근 개인정보 유출 사건으로 이슈가 되었던 'I' 오픈마켓 같은 경우에도 유출 후 대응조치에 대해 논란이 된 바가 있다.

유출되었음을 인지하였을 때에는 즉각적인 전문기관에 신고하고 유출 피해를 최소화하는데 노력을 해야 한다. 또한 가상의 시나리오를 통해 유출 시 대응방법과 절차에 대해 모의 훈련을 해야 한다.

개인정보 유출통지 등(개인정보 보호법 제34조)

① 개인정보처리자는 개인정보가 유출되었음을 알게 되었을 때에는 지체 없이 해당 정보주체에게 다음 각 호의 사실을 알려야 한다.
   1. 유출된 개인정보의 항목
   2. 유출된 시점과 그 경위
   3. 유출로 인하여 발생할 수 있는 피해를 최소화하기 위하여 정보주체가 할 수 있는 방법 등에 관한 정보
   4. 개인정보처리자의 대응조치 및 피해 구제절차
   5. 정보주체에게 피해가 발생한 경우 신고 등을 접수할 수 있는 담당부서 및 연락처
② 개인정보처리자는 개인정보가 유출된 경우 그 피해를 최소화하기 위한 대책을 마련하고 필요한 조치를 하여야 한다.
③ 개인정보처리자는 대통령령으로 정한 규모 이상의 개인정보가 유출된 경우에는 제1항에 따른 통지 및 제2항에 따른 조치 결과를 지체 없이 행정자치부장관 또는 대통령령으로 정하는 전문기관에 신고하여야 한다. 이 경우 행정자치부장관 또는 대통령령으로 정하는 전문기관은 피해 확산방지, 피해 복구 등을 위한 기술을 지원할 수 있다〈개정 2013. 3. 23, 2014. 11. 19〉.
④ 제1항에 따른 통지의 시기, 방법 및 절차 등에 관하여 필요한 사항은 대통령령으로 정한다.

4-1. 개인정보 유출 통지의무

개인정보처리자는 개인정보가 유출[37]되었음을 알게 되었을 때에는 지체 없이 해당 정보주체에게 다음의 사실을 알려야 한다.

- 유출된 개인정보의 항목
- 유출된 시점과 그 경위
- 유출로 인하여 발생할 수 있는 피해를 최소화하기 위하여 정보주체가 할 수 있는 방법 등에 관한 정보
- 개인정보처리자의 대응조치 및 피해 구제절차
- 정보주체에게 피해가 발생한 경우 신고 등을 접수할 수 있는 담당부서 및 연락처

개인정보처리자는 개인정보의 수량, 종류 등에 상관없이 1건이라도 유출되었다면 해당 정보주체에게 그 사실을 알려야 한다. 유출 사실이 일어났다고 해서 바로 통지하는 것은 아니며, 유출 사실을 **개인정보처리자가 인지한 시점에서 유출 통지 의무**가 발생한다.

저자 한마디

대부분 개인정보 유출 사실과 인지한 시점 사이에 간격이 발생하는 경우가 많다. 예를 들어, 악의적인 목적을 가진 공격자로부터 협박이나 협상을 제시 받고서야 유출 사실을 인지하는 경우도 있다.

4-2. 개인정보 유출 통지 시기, 방법, 절차

개인정보가 유출되었음을 알게 되었을 때는 지체 없이[38] 통지하여야 한다. 개인정보처리자는 개인정보 유출사고를 인지하지 못해 유출사고가 발생한 시점으로부터 5일 이내에 해당 정보주체에게 개인정보 유출 통지를 하지 아니한 경우에는 실제 유출 사고를 알게 된 시점을 입증하여야 한다(표준지침 제26조제3항). 개인정보처리자는 제1항 각 호의 조치를 취한 이후에는 정보주체에게 다음의 사실만을 우선 알리고, 추후 확인되는 즉시 알릴 수 있다.

---

37 유출이란 고의·과실 여부를 불문하고 개인정보처리자의 관리 범위를 벗어나 개인정보가 외부에 공개, 제공, 누출, 누설된 모든 상태를 말한다(개인정보 보호법 법령 해설서, 2011. 12).

38 지체 없이란 5일 이내를 말한다.

- 정보주체에게 유출이 발생한 사실
- 제27조제1항의 통지항목 중 확인된 사항

개인정보 유출 사실에 대한 통지 방법은 서면, 전자우편, 팩스, 전화, 문자전송 또는 이에 상응하는 방법을 이용한 **개별 통지 방법으로 한다.** 홈페이지 게재, 관보 고시 등과 같이 집단적인 공시만으로는 정보주체에게 유출 사실을 통지한 것으로 볼 수 없다.

1만 명 이상 정보주체에 관한 개인정보가 유출된 경우에는 서면 등의 방법과 함께 정보주체가 알아보기 쉽게 법 제34조제1항의 각 호의 사항을 홈페이지에 게재하여야 한다. 홈페이지를 운영하지 않는 개인정보처리자는 법 제34조제1항의 각 호의 사항을 사업장에 보기 쉬운 곳에 게재하면 된다(7일 이상).

4-3. 개인정보 유출 통지 신고의무

정보주체의 개인정보가 일정한 규모 이상 유출되었을 때에는 홈페이지 게재와 단순 통지만으로 부족하다. 1만 명 이상 유출 시에는 정보주체의 통지의무와 함께 **통지 결과 및 조치 결과를 지체 없이 행정자치부 또는 전문기관**[39]**에 신고하여야 한다.** 여기서 지체 없이란 5일 이내를 의미한다.

저자 한마디

개인정보 유출에 따른 통지, 신고, 의무 발생시점 등에 따른 방법과 절차를 숙지하고 유출 시 2차, 3차 피해가 발생하지 않도록 피해 최소화 노력을 하여야 한다.

---

39 "대통령령으로 정하는 전문기관"이란 「개인정보 보호법 시행령」 제39조제2항에 따른 한국인터넷진흥원(이하 "한국인터넷진흥원"이라 한다)을 말한다.

② 개인정보 안전성 확보 조치 기준(고시)

1. 안전조치 의무(법 29조)

> **안전조치 의무(개인정보 보호법 제29조)**
> 개인정보처리자는 개인정보가 분실·도난·유출·위조·변조 또는 훼손되지 아니하도록 내부관리계획 수립, 접속기록 보관 등 대통령령으로 정하는 바에 따라 안전성 확보에 필요한 기술적·관리적 및 물리적 조치를 하여야 한다.

개인정보가 분실·도난·유출·위조·변조 또는 훼손되지 아니하도록 적절한 안전성 확보조치를 수립하고 이를 실행하는 것이 중요하다. 개인정보를 처리하다보면 자칫 관리적 보호조치에만 집중하고 기술적 조치에는 소홀히 하는 경우가 있는데 「개인정보 보호법」에서 명시하고 있는 안전성 확보조치 기준에 기술적인 조치를 다할 의무가 있다. 이를 위하여 법, 시행령, 고시에 구체적 기준을 명시하고 있다.

개정된 개인정보 안전성 확보 조치(2016. 9. 1 시행)

개인정보 안전조치를 위해 조직·인력에 대한 관리적 보호조치와 개인정보처리시스템에 대한 기술적 조치 그리고 개인정보가 보관된 장소나 매체에 대한 물리적 보호조치를 규정하고 있다. 최근 개정된 개인정보 안전성 확보조치기준 고시를 기준으로 살펴보고자 한다(행정자치부고시-제2016-35호, 2016. 9. 30 시행).

1-1. 목적(고시 1조)

「개인정보 보호법」(이하 "법"이라 한다) 제23조제2항, 제24조제3항 및 제29조와 같은 법 시행령(이하 "영"이라 한다) 제21조 및 제30조에 따라 개인정보처리자가 개인정보를 처리함에 있어서 개인정보가 분실·도난·유출·위조·변조 또는 훼손되지 아니하도록 안전성 확보에 필요한 기술적·관리적 및 물리적 안전조치에 관한 최소한의 기준을 정하는 것을 목적으로 한다.

- 안전성 확보조치 대상
  - 법 제23조2항(민감정보)
  - 법 제24조3항(고유식별 정보)
  - 법 제29조(안전조치 의무)
  - 시행령 제21조(고유식별 정보 안전성 확보조치)
  - 시행령 제30조(개인정보 안전성 확보 조치)
- 안전성 확보조치 대상의 개인정보는 고유식별 정보와 민감정보를 포함한 법 2조에서 정의한 '개인정보'가 대상이다.
- 고시 목적 변경(세부적 기준 → 최소한의 기준)[40]

개정 전	개정 후
안전성 확보를 위해 취하여야 하는 세부적인 기준	안전성 확보에 필요한 기술적·관리적·물리적 안전조치에 관한 최소한의 기준

1-2. 안전성 확보 조치 용어 정의(고시 2조)

「개인정보 보호법」이나 시행령상에 중복되는 용어는 배제하고 고시 기준상에 사용되는 용어를 살펴보기로 한다.

- **정보주체**란 처리되는 정보에 의하여 알아볼 수 있는 사람으로서 그 정보의 주체가 되는 사람을 말한다.
- **개인정보파일**이란 개인정보를 쉽게 검색할 수 있도록 일정한 규칙에 따라 체계적으로 배열하거나 구성한 개인정보의 집합물(集合物)을 말한다.
- **개인정보처리자**란 업무를 목적으로 개인정보파일을 운용하기 위하여 스스로 또는 다른 사람을 통하여 개인정보를 처리하는 공공기관, 법인, 단체 및 개인 등을 말한다.
- **대기업**이란 「독점규제 및 공정거래에 관한 법률」 제14조에 따라 공정거래위원회가 지정한 기업집단을 말한다.
- **중견기업**이란 「중견기업 성장촉진 및 경쟁력 강화에 관한 특별법」 제2조에 해당하는 기업을 말한다.

---

40 개인정보 보호 전문강사 교육자료, 한국인터넷진흥원

- **중소기업**이란 「중소기업기본법」 제2조 및 동법 시행령 제3조에 해당하는 기업을 말한다.

- **소상공인**이란 「소상공인 보호 및 지원에 관한 법률」 제2조에 해당하는 자를 말한다.

- **개인정보 보호책임자**란 개인정보처리자의 개인정보 처리에 관한 업무를 총괄해서 책임지는 자로서 영 제32조제2항에 해당하는 자를 말한다.

- **개인정보취급자**란 개인정보처리자의 지휘·감독을 받아 개인정보를 처리하는 업무를 담당하는 자로서 임직원, 파견근로자, 시간제근로자 등을 말한다.

- **개인정보처리시스템**이란 데이터베이스시스템 등 개인정보를 처리할 수 있도록 체계적으로 구성한 시스템을 말한다.

- **위험도 분석**이란 개인정보 유출에 영향을 미칠 수 있는 다양한 위험요소를 식별·평가하고 해당 위험요소를 적절하게 통제할 수 있는 방안 마련을 위해 종합적으로 분석하는 행위를 말한다.

- **비밀번호**란 정보주체 또는 개인정보취급자 등이 개인정보처리시스템, 업무용 컴퓨터 또는 정보통신망 등에 접속할 때 식별자와 함께 입력하여 정당한 접속 권한을 가진 자라는 것을 식별할 수 있도록 시스템에 전달해야 하는 고유의 문자열로서 타인에게 공개되지 않는 정보를 말한다.

- **정보통신망**이란 「전기통신기본법」 제2조제2호에 따른 전기통신설비를 이용하거나 전기통신설비와 컴퓨터 및 컴퓨터의 이용기술을 활용하여 정보를 수집·가공·저장·검색·송신 또는 수신하는 정보통신체계를 말한다.

- **공개된 무선망**이란 불특정 다수가 무선접속장치(AP)를 통하여 인터넷을 이용할 수 있는 망을 말한다.

- **모바일 기기**란 무선망을 이용할 수 있는 PDA, 스마트폰, 태블릿 PC 등 개인정보 처리에 이용되는 휴대용 기기를 말한다.

- **바이오정보**란 지문, 얼굴, 홍채, 정맥, 음성, 필적 등 개인을 식별할 수 있는 신체적 또는 행동적 특징에 관한 정보로서 그로부터 가공되거나 생성된 정보를 포함한다.

- 보조저장매체란 이동형 하드디스크, USB 메모리, CD(Compact Disk), DVD(Digital Versatile Disk) 등 자료를 저장할 수 있는 매체로서 개인정보처리시스템 또는 개인용 컴퓨터 등과 용이하게 연결·분리할 수 있는 저장매체를 말한다.
- 내부망이란 물리적 망 분리, 접근 통제시스템 등에 의해 인터넷 구간에서의 접근이 통제 또는 차단되는 구간을 말한다.
- **접속기록**이란 개인정보취급자 등이 개인정보처리시스템에 접속한 사실을 알 수 있는 계정, 접속일시, 접속자 정보, 수행업무 등을 전자적으로 기록한 것을 말한다. 이 경우 **접속**이란 개인정보처리시스템과 연결되어 데이터 송신 또는 수신이 가능한 상태를 말한다.
- **관리용 단말기**란 개인정보처리시스템의 관리, 운영, 개발, 보안 등의 목적으로 개인정보처리시스템에 직접 접속하는 단말기를 말한다.

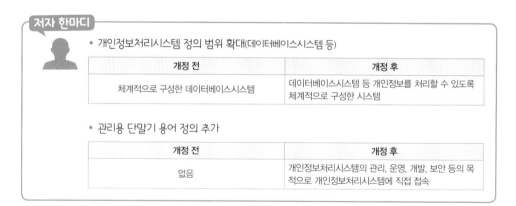

저자 한마디

- 개인정보처리시스템 정의 범위 확대(데이터베이스시스템 등)

개정 전	개정 후
체계적으로 구성한 데이터베이스시스템	데이터베이스시스템 등 개인정보를 처리할 수 있도록 체계적으로 구성한 시스템

- 관리용 단말기 용어 정의 추가

개정 전	개정 후
없음	개인정보처리시스템의 관리, 운영, 개발, 보안 등의 목적으로 개인정보처리시스템에 직접 접속

1-3. 안전성 확보 조치를 위한 기준 적용(고시 3조, 신설)

개인정보처리자가 개인정보의 안전성 확보에 필요한 조치를 하는 경우에는 개인정보처리자 유형[41] 및 개인정보 보유량에 따른 안전조치 기준을 적용하여야 한다. 이 경우 개인정보처리자가 어느 유형에 해당하는지에 대한 입증책임은 당해 개인정보처리자가 부담한다.

저자 한마디

- 개인정보처리자 유형

유형 1	유형 2	유형 3
1만 명 미만의 개인정보를 보유한 소상공인, 단체, 개인	– 100만 명 미만의 개인정보를 보유한 중소기업 – 10만 명 미만의 개인정보를 보유한 대기업, 중견기업, 공공기관 – 1만 명 미만의 개인정보를 보유한 소상공인, 단체, 개인	– 10만 명 이상의 개인정보를 보유한 대기업, 중견기업, 공공기관 – 100만 명 이상의 개인정보를 보유한 중소기업, 단체

- 어느 유형에 속하는지에 대한 입증책임은 개인정보처리자 부담

1-4. 안전성을 위한 관리적 확보조치(고시 4조)

1-4-1. 내부관리계획 수립·시행

개인정보처리자는 개인정보의 분실·도난·유출·위조·변조 또는 훼손되지 아니하도록 내부 의사 결정 절차를 통하여 다음의 사항을 포함하는 내부관리계획[42]을 수립·시행하여야 한다.

- 개인정보 보호책임자의 지정에 관한 사항
- 개인정보 보호책임자 및 개인정보취급자의 역할 및 책임에 관한 사항
- 개인정보취급자에 대한 교육에 관한 사항
- 접근 권한의 관리에 관한 사항
- 접근 통제에 관한 사항

---

[41] 유형 1 : 1만 명 미만의 정보주체에 관한 개인정보를 보유한 소상공인, 단체, 개인
　유형 2 : 1. 100만 명 미만의 정보주체에 관한 개인정보를 보유한 중소기업
　　　　　　2. 10만 명 미만의 정보주체에 관한 개인정보를 보유한 대기업, 중견기업, 공공기관
　　　　　　3. 1만 명 이상의 정보주체에 관한 개인정보를 보유한 소상공인, 단체, 개인
　유형 3 : 1. 10만 명 이상의 정보주체에 관한 개인정보를 보유한 대기업, 중견기업, 공공기관
　　　　　　2. 100만 명 이상의 정보주체에 관한 개인정보를 보유한 중소기업

[42] 내부관리계획이란 개인정보처리자가 개인정보를 안전하게 처리하기 위하여 내부 의사 결정 절차를 통하여 수립·시행하는 내부 기준을 의미한다. 공공기관에서는 내부관리계획 대신 '개인정보 추진전략' 등의 용어로 대체하여 사용하기도 한다.

- 개인정보의 암호화 조치에 관한 사항
- 접속기록 보관 및 점검에 관한 사항
- 악성프로그램 등 방지에 관한 사항
- 물리적 안전조치에 관한 사항
- 개인정보 보호조직에 관한 구성 및 운영에 관한 사항
- 개인정보 유출사고 대응 계획 수립·시행에 관한 사항
- 위험도 분석 및 대응방안 마련에 관한 사항
- 재해 및 재난 대비 개인정보처리시스템의 물리적 안전조치에 관한 사항
- 개인정보 처리업무를 위탁하는 경우 수탁자에 대한 관리 및 감독에 관한 사항
- 그 밖에 개인정보 보호를 위하여 필요한 사항

내부관리계획을 수립하는 것은 개인정보 보호 활동이 일시적인 것이 아니라 내부에서 체계적으로 계획 내에서 수행될 수 있도록 하는 데 목적이 있으며 이를 위하여 경영층의 방향제시와 지원이 필수적이다. 또한 개인정보 관련 모든 임직원 및 관련자에게 알림으로써 이를 준수할 수 있도록 하여야 한다.

내부관리계획 수립 시 무엇보다 중요한 것은 조직에 맞는 내부관리계획 수립·이행이다. 내부관리계획 수립 문서를 이용하여 조직명이나 업체명 또는 기관명만 변경하여 그대로 사용하는 경우가 많은데 그것은 올바른 내부관리계획수립이 아니다.

내부관리계획 중에서 솔루션 도입 시기라든지, 교육실시 계획, 내부감사 등은 개인정보처리자에 맞게 본문 내용에 구체적이고 명확하게 계획을 명시하는 것이 중요하다.

고시에 명시한 내용은 반드시 포함되어야 하는 항목으로 누락되지 않도록 하며, 추가적인 보완 사항을 명시하는 것도 가능하다.

- 개인정보 안전조치에 대한 사항 명확화

개정 전	개정 후
개인정보 안전성 확보에 필요한 조치에 관한 사항	개인정보 안전조치에 관한 사항을 명확하게 명시

- 내부관리계획 내용 추가(해설서 내용 → 고시로 규정)

개정 전	개정 후
– 개인정보 책임자 지정 – 개인정보 책임자 및 취급자 역할과 책임 – 취급자 교육 – 개인정보 처리 수탁자의 관리감독 – 그 밖에 개인정보 보호를 위해 필요한 사항	– 접근 권한 관리 – 접근통제 – 개인정보 암호화 – 접속기록 보관 및 점검 – 악성프로그램 방지 – 물리적 안전조치 – 개인정보 보호조직 구성·운영 – 유출사고 대응 계획 수립·시행 – 위험도 분석 및 대응방안 마련 – 재해·재난 대비 개인정보처리시스템의 물리적 안전 조치

- 유형에 따른 내부관리계획 수립 예외 및 추가

개정 전	개정 후
소상공인은 내부관리계획 수립 예외	– 유형 1 : 내부관리계획 수립 예외 – 유형 2 : 1항 중 제11호~제14호 예외 – 보호책임자 연 1회 이상 내부관리계획 이행점검

1-4-2. 내부관리계획 목차(예시)

지침이나 규정을 수립할 경우(예 개인정보 처리방침, 내부관리계획 등) 홈페이지 등에 게시하는 때에는 제1조, 제2조 등의 조문형태로 수립하는 것이 바람직하다. 일부 홈페이지를 보면 번호만 기입되어 있는 경우, 삼각형 문자표시 형태로 된 경우가 있다. 이렇게 각각 표준화되어 있지 않으면 추후 법률 위반이나 분쟁으로 인해 관련 근거를 찾을 때 명확한 근거 제시가 어렵다. 물론, 사소한 부분이라 생각하겠지만 근거 규정은 명시적인 제시가 필요하기 때문에 효율적인 업무처리를 위해 필요한 부분이다.

개인정보 내부관리계획 목차(예시)

제1장 총칙
　제1조(목적)
　제2조(적용범위)
　제3조(용어 정의)

제2장 내부관리계획의 수립 및 시행
　제4조(내부관리계획의 수립 및 승인)
　제5조(내부관리계획의 공표)

제3장 개인정보 보호책임자의 의무와 책임
　제6조(개인정보 보호책임자의 지정)
　제7조(개인정보 보호책임자의 의무와 책임)
　제8조(개인정보취급자의 범위 및 의무와 책임)

제4장 개인정보의 처리 단계별 기술적·관리적 보호조치
　제9조(물리적 접근제한)
　제10조(출력 복사 시 보호조치)
　제11조(개인정보취급자 접근 권한 관리 및 인증)
　제12조(개인정보의 암호화)
　제13조(접근통제)
　제14조(접근기록의 위변조 방지)
　제15조(보안프로그램의 설치 및 운영)

제5장 정기적인 자체감사
　제16조(자체감사 주기 및 절차)
　제17조(자체감사 결과 반영)

제6장 개인정보 보호 교육
　제18조(개인정보 보호 교육 계획의 수립)
　제19조(개인정보 보호 교육의 실시)

개인정보처리자는 각 호의 사항에 중요한 변경이 있는 경우[43] 이를 즉시 반영하여 내부 관리계획을 수정하여 시행하고, 그 수정 이력을 관리하여야 한다.

개인정보 보호책임자는 **연 1회 이상**으로 내부관리계획의 이행 실태를 점검·관리하여야 한다.

---

43 법령의 개정이나 고시 개정 또는 내부 인사이동으로 인한 조직 변경 및 책임자 변경 등을 말한다.

1-5. 안전성을 위한 기술적 확보조치

1-5-1. 접근 권한의 관리(고시 제5조)

- 개인정보처리자는 개인정보처리시스템에 대한 접근 권한을 업무 수행에 필요한 최소한의 범위로 업무 담당자에 따라 **차등 부여**하여야 한다.
- 개인정보처리자는 전보 또는 퇴직 등 **인사이동**이 발생하여 개인정보취급자가 변경되었을 경우 지체 없이 개인정보처리시스템의 **접근 권한을 변경 또는 말소**하여야 한다.
- 개인정보처리자는 제1항 및 제2항에 의한 권한 부여, 변경 또는 말소에 대한 내역을 기록하고, 그 기록을 **최소 3년간** 보관하여야 한다.
- 개인정보처리자는 개인정보처리시스템에 접속할 수 있는 사용자 계정을 발급하는 경우 개인정보취급자별로 사용자 계정을 발급하여야 하며, 다른 개인정보취급자와 **공유되지 않도록** 하여야 한다(1인 1계정 원칙).
- 개인정보처리자는 개인정보취급자 또는 정보주체가 안전한 비밀번호를 설정하여 이행할 수 있도록 **비밀번호 작성규칙**을 수립하여 적용하여야 한다.
- 개인정보취급자가 계정정보 또는 비밀번호를 일정 횟수 이상 잘못 입력한 경우 개인정보처리시스템에 대한 접근을 제한하여야 한다.
- 유형 1에 해당하는 개인정보처리자는 제1항 및 제6항을 아니할 수 있다.

실무 담당자 조치 사항 및 고려사항

1. 개발자, 유지보수 등을 위한 계정 발급 시 작업 후 삭제되었는지 확인
2. 1인 1계정 발급 원칙. 계정 공유 불가
3. 불필요한 과도한 권한 부여 유무 확인. 최소한의 권한 부여
4. 어떤 그룹에 어떤 사람에게 어느 정도 레벨의 권한을 부여할 것인지가 선행되어야 함
5. 비밀번호 작성규칙 준수 유무
6. 권한 부여에 따른 로그기록 무결성 확보

- 계정 또는 비밀번호 횟수 오류 시 접근 제한

개정 전	개정 후
없음	개인정보취급자가 계정정보 또는 비밀번호를 일정 횟수 이상 잘못 입력한 경우 접근 제한

- 유형 1(최소한의 권한 차등부여)

개정 전	개정 후
없음	유형 1 : 업무 수행에 필요한 최소한의 권한만 차등부여 및 제6항 예외

1-5-2. 접근통제(고시 제6조)

- 개인정보처리자는 정보통신망을 통한 불법적인 접근 및 침해사고 방지를 위해 다음의 기능을 포함한 조치를 하여야 한다.
  - 개인정보처리시스템에 대한 접속 권한을 IP(Internet Protocol) 주소 등으로 제한하여 인가받지 않은 접근을 제한
  - 개인정보처리시스템에 접속한 IP(Internet Protocol) 주소 등을 분석하여 불법적인 개인정보 유출 시도 탐지 및 대응
- 개인정보처리자는 개인정보취급자가 정보통신망을 통해 외부에서 개인정보처리시스템에 접속하려는 경우 가상사설망(VPN, Virtual Private Network) 또는 전용선 등 안전한 접속수단을 적용하거나 안전한 인증수단을 적용하여야 한다.
- 개인정보처리자는 취급 중인 개인정보가 인터넷 홈페이지, P2P, 공유설정, 공개된 무선망 이용 등을 통하여 열람권한이 없는 자에게 공개되거나 유출되지 않도록 개인정보처리시스템, 업무용 컴퓨터, 모바일 기기 및 관리용 단말기 등에 접근통제 등에 관한 조치를 하여야 한다.
- 고유식별 정보를 처리하는 개인정보처리자는 인터넷 홈페이지를 통해 고유식별정보가 유출·변조·훼손되지 않도록 연 1회 이상 취약점을 점검하고 필요한 보완 조치를 하여야 한다.
- 개인정보처리자는 개인정보처리시스템에 대한 불법적인 접근 및 침해사고 방지를

위하여 개인정보취급자가 일정시간 이상 업무처리를 하지 않는 경우에는 **자동으로 시스템 접속이 차단**되도록 하여야 한다.

- 개인정보처리자가 별도의 개인정보처리시스템을 이용하지 아니하고 업무용 컴퓨터 또는 모바일 기기를 이용하여 개인정보를 처리하는 경우에는 제1항을 적용하지 아니할 수 있으며, 이 경우 **업무용 컴퓨터 또는 모바일 기기의 운영체제**(OS : Operating System)나 **보안프로그램** 등에서 제공하는 접근통제 기능을 이용할 수 있다.
- 개인정보처리자는 업무용 모바일 기기의 분실·도난 등으로 개인정보가 유출되지 않도록 해당 **모바일 기기에 비밀번호 설정** 등의 보호조치를 하여야 한다.
- 유형 1에 해당하는 개인정보처리자는 제2항, 제4항부터 제5항까지의 조치를 이행하지 아니할 수 있다.

저자 한마디

- 유출 탐지 → 탐지 및 대응

개정 전	개정 후
불법적인 개인정보 유출 시도 탐지	불법적인 개인정보 유출 시도 탐지 및 대응

- 안전한 접속수단 → 안전한 접속수단 또는 인증수단 적용

개정 전	개정 후
외부에서 접속 시 VPN 등 안전한 접속수단 적용	외부에서 접속 시 VPN 등 안전한 접속수단 적용 또는 안전한 인증수단 적용

- 취약성 점검 → 취약성 점검 및 보완

개정 전	개정 후
고유식별 정보 처리 홈페이지 년 1회 이상 취약성 점검	고유식별 정보 처리 홈페이지 년 1회 이상 취약성 점검 및 보완

- 자동 로그아웃 추가

개정 전	개정 후
없음	일정시간 업무를 처리하지 않는 경우 자동으로 시스템 접속차단(자동 로그아웃)

- 유형 1 : 제2항, 4, 5항 예외

개정 전	개정 후
없음	유형 1 : 제2항, 4, 5항 예외

1-5-3. 암호화(고시 제7조)

- 개인정보처리자는 **고유식별 정보, 비밀번호, 바이오정보**를 정보통신망을 통하여 송신하거나 **보조저장매체** 등을 통하여 전달하는 경우에는 이를 암호화하여야 한다.
- 개인정보처리자는 비밀번호 및 바이오정보는 암호화하여 저장하여야 한다. 단 **비밀번호**를 저장하는 경우에는 복호화되지 아니하도록 **일방향 암호화**하여 저장하여야 한다.
- 개인정보처리자는 인터넷 구간 및 인터넷 구간과 내부망의 중간 지점(DMZ, Demilitarized Zone)에 고유식별 정보를 저장하는 경우에는 이를 **암호화**하여야 한다.
- 개인정보처리자가 내부망에 고유식별정보를 저장하는 경우에는 다음의 기준에 따라 암호화의 적용여부 및 적용범위를 정하여 시행할 수 있다.
  - 법 제33조에 따른 개인정보 영향평가의 대상이 되는 공공기관의 경우 해당 개인정보 영향평가의 결과
  - 암호화 미적용 시 위험도 분석에 따른 결과
- 개인정보처리자는 개인정보를 암호화하는 경우 안전한 암호알고리즘으로 암호화하여 저장해야 한다.

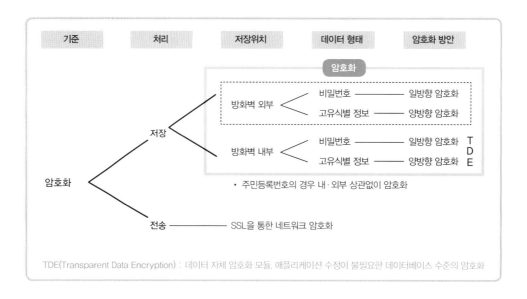

- 개인정보처리자는 암호화된 개인정보를 안전하게 보관하기 위하여 안전한 **암호키 생성, 이용, 보관, 배포 및 파기 등에 관한 절차를 수립·시행하여야 한다**(고시기준 6항).
- 개인정보처리자는 업무용 컴퓨터 또는 모바일 기기에 고유식별정보를 저장하여 관리하는 경우 상용 암호화 소프트웨어 또는 안전한 암호화 알고리즘을 사용하여 암호화한 후 저장하여야 한다.
- 유형 1 및 유형 2에 해당하는 개인정보처리자는 제6항을 아니할 수 있다.

실무 담당자 조치 및 고려사항

1. 개인정보 암호화를 해야 하는지부터 확인(위험도 분석, 개인정보 영향평가)
2. 암호화 범위 설정, 암호해야 하는 개인정보 분류
3. 내부망, 인터넷 망에서 암호화 구분
4. 일방향 암호화, 양방향 암호화 분류
5. 주민등록번호 의무적 암호화

저자 한마디

- 안전한 암호키 관리

개정 전	개정 후
없음	– 안전한 암호키 관리(생성, 이용, 보관, 배포, 파기 등)에 관한 절차 수립·시행 – 유형 1, 2 : 제6항 제외

알아두기

PC저장 암호화 실무 적용 방안

- 중요 문서는 PC 내에 저장하지 않고, 외부 저장 장치에 저장
- 외부 저장 장치를 사용할 경우 암호화 적용
- 공개 압축 프로그램으로 암호화
- MS Office로 문서 암호화
  [메뉴] → [저장] → [도구] → [일반옵션] → 열기 암호화 쓰기 암호 입력
- 한글 문서 암호
  [파일] → [문서 암호] → 암호 입력(버전에 따라 상이할 수 있음)

1-5-4. 접속기록의 보관 및 점검(고시 제8조)

개인정보처리자는 개인정보취급자가 개인정보처리시스템에 접속한 기록을 6개월 이상 보관·관리하여야 한다.

개인정보처리자는 개인정보의 분실·도난·유출·위조·변조 또는 훼손 등에 대응하기 위하여 개인정보처리시스템의 접속기록 등을 반기별로 1회 이상 점검하여야 한다.

개인정보처리자는 개인정보취급자의 접속기록이 위·변조 및 도난, 분실되지 않도록 해당 접속기록을 안전하게 보관하여야 한다.

실무 담당자 조치 사항 및 고려사항

1. 데이터베이스 부하를 감소하기 위한 최소한의 조치만 감사(Audit) 기능 사용(예 주민등록번호, 계좌번호 등)
2. 주기적인 감사 보고서를 작성하여 조직의 잠재적인 위협 점검
3. 접속기록 보관 : 유사 시 기록 제출에 대비
4. 접속기록 점검 : 보안 위협으로부터 사전 예방 가능
5. 개발자는 프로그램 설계 시 수행업무가 기록되도록 코딩

1-5-5. 악성프로그램 등 방지(고시 제9조)

개인정보처리자는 악성프로그램 등을 방지·치료할 수 있는 백신 소프트웨어 등의 보안 프로그램을 설치·운영하여야 하며, 다음의 사항을 준수해야 한다.

- 보안 프로그램의 자동 업데이트 기능 사용, 또는 일 1회 이상 업데이트를 실시하여 최신의 상태로 유지
- 악성프로그램 관련 경보가 발령된 경우 또는 사용 중인 응용 프로그램이나 운영체제 소프트웨어의 제작업체에서 보안 업데이트 공지가 있는 경우 이에 따른 업데이트 즉시 실시
- 발견된 악성프로그램 등에 대해 삭제 등 대응 조치

저자 한마디

- 악성프로그램 삭제 대응 조치

개정 전	개정 후
없음	발견된 악성프로그램 등에 대해 삭제 등 대응 조치

1-5-6. 관리용 단말기의 안전조치(고시 제10조, 신설)

개인정보처리자는 개인정보 유출 등 개인정보 침해사고 방지를 위하여 관리용 단말기에 대해 다음의 안전조치를 하여야 한다.

- 인가 받지 않은 사람이 관리용 단말기에 접근하여 임의로 조작하지 못하도록 조치
- 본래 목적 외로 사용되지 않도록 조치
- 악성프로그램 감염 방지 등을 위한 보안조치 적용

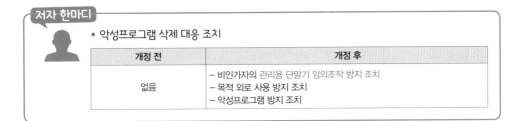

저자 한마디

- 악성프로그램 삭제 대응 조치

개정 전	개정 후
없음	- 비인가자의 관리용 단말기 임의조작 방지 조치 - 목적 외로 사용 방지 조치 - 악성프로그램 방지 조치

1-5-7. 물리적 안전조치(고시 제11조)

개인정보처리자는 전산실, 자료보관실 등 개인정보를 보관하고 있는 물리적 보관 장소를 별도로 두고 있는 경우 이에 대한 출입통제 절차를 수립·운영하여야 한다.

개인정보처리자는 개인정보가 포함된 서류, 보조저장매체 등을 잠금장치가 있는 안전한 장소에 보관하여야 한다.

개인정보처리자는 개인정보가 포함된 보조저장매체의 반출·입 통제를 위한 보안대책을 마련하여야 한다. 다만, 별도의 개인정보처리시스템을 운영하지 아니하고 업무용 컴퓨터 또는 모바일 기기를 이용하여 개인정보를 처리하는 경우에는 이를 적용하지 아니할 수 있다.

1-5-8. 재해·재난대비 안전조치(고시 제12조, 신설)

개인정보처리자는 화재, 홍수, 단전 등의 **재해·재난 발생 시** 개인정보처리시스템 보호를 위한 위기대응 매뉴얼 등 대응절차를 마련하고 정기적으로 점검하여야 한다.

개인정보처리자는 재해·재난 발생 시 개인정보처리시스템 **백업 및 복구를 위한 계획**을 마련해야 한다.

유형 1 및 유형 2에 해당하는 개인정보처리자는 제1항부터 제2항까지 조치를 이행하지 아니할 수 있다.

저자 한마디

- 재해·재난 대비 안전조치

개정 전	개정 후
없음	– 재해·재난 대비 위기 대응 매뉴얼 등 대응절차 수립 및 정기 점검 – 재해·재난 대비 개인정보처리시스템 백업 및 복구를 위한 계획 수립 – 유형 1, 2 : 제1항, 제2항 예외

1-5-9. 개인정보의 파기(고시 제13조)

개인정보처리자는 개인정보를 파기할 경우 다음 중 어느 하나의 조치를 하여야 한다.

- 완전파괴(소각·파쇄 등)
- 전용 소자장비를 이용하여 삭제
- 데이터가 복원되지 않도록 초기화 또는 덮어쓰기 수행

개인정보처리자가 개인정보의 일부만을 파기하는 경우, 제1항의 방법으로 파기하는 것이 어려울 때에는 다음의 조치를 하여야 한다.

- **전자적 파일 형태인 경우** : 개인정보를 삭제한 후 복구 및 재생되지 않도록 관리 및 감독
- **제1호 외의 기록물, 인쇄물, 서면, 그 밖의 기록매체인 경우** : 해당 부분을 마스킹, 천공 등으로 삭제

저자 한마디

- 「개인정보 보호법」제29조 안전조치 보호의무와 개인정보 안전성 확보조치 기준 고시에 따라 안전조치에 소홀함이 없어야 한다. 추후 법적 분쟁으로 다툼이 있을 경우 개인정보처리자 입장에서 성실의 의무를 다했는지를 중점적으로 보는 부분이고, 조직 내 시스템 구축을 위한 예산 반영과 관련된 부분이라 단계적으로 구축 완료하여야 한다.
- 최근 개인정보 안전성 확보조치 고시 개정(2016. 9. 1 시행)이 됨에 따라 고시 기준을 잘 숙지하고 대응해야 한다. 특히 유형별로 나누어 적용되는 기준이 구분되어 있어 개정 사항을 잘 숙지하고 적용대상을 점검한다.

③ 영상정보처리기기 설치·운영

1. 영상정보처리기기 설치·운영 제한(법 25조)

「개인정보 보호법」 제2조제7호의 용어 정의에 따르면 **"영상정보처리기기"**란 일정한 공간에 지속적으로 설치되어 사람 또는 사물의 영상 등을 촬영하거나 이를 유·무선망을 통하여 전송하는 장치로서 대통령령으로 정하는 장치를 말한다. 또한, 법 제2조제7호에서 "대통령령으로 정하는 장치"란 다음 각 호의 장치를 말한다.

1. 폐쇄회로 텔레비전 : 다음 각 목의 어느 하나에 해당하는 장치

   가. 일정한 공간에 지속적으로 설치된 카메라를 통하여 영상 등을 촬영하거나 촬영한 영상정보를 유무선 폐쇄회로 등의 전송로를 통하여 특정 장소에 전송하는 장치

   나. 가목에 따라 촬영되거나 전송된 영상정보를 녹화·기록할 수 있도록 하는 장치

2. 네트워크 카메라 : 일정한 공간에 지속적으로 설치된 기기로 촬영한 영상정보를 그 기기를 설치·관리하는 자가 유무선 인터넷을 통하여 어느 곳에서나 수집·저장 등의 처리를 할 수 있도록 하는 장치

간단하게 설명하면 폐쇄회로 텔레비전(CCTV), 네트워크 카메라가 여기 속한다.

최근 CCTV를 통해 각종 범죄와 도난 및 화재 예방의 용도로 이용하고 있다. 하지만 개인 사생활의 감시, 프라이버시 측면에서 「개인정보 보호법」 중 제25조 한 조문으로만 법률화되어 있다는 측면에서 근로자 근무 불법감시 등 여러 가지 악용사례가[44] 나타나고 있다. 다시 말해 근로자 감시가 아닌 범죄 및 도난, 화재 예방을 위해 CCTV를 설치했다고 하면 처벌한 법적 근거 기준이 없다는 것이다.

「개인정보 보호법」 제25조 '영상정보처리기기 설치·운영 제한' 중 예외사항의 사각지대가 발생된다. 이에 19대 국회에서 '개인영상정보보호법'이 발의되었다가 폐기되었다.

---

[44] CCTV로 감시…하나로마트 노동자가 거리로 나온 이유, 오마이뉴스, 2014. 6. 12 참조

20대 국회에서 다시 차량용 블랙박스, 드론, 웨어러블기기 등 새로운 영상기술이 발전함에 따라 법안을 마련 중에 있다고 행정자치부는 밝혔다.[45]

정부는 기존 개인정보 보호법을 보완, 개정하는 방식을 검토했지만 최근 독립 법령을 신규 제정하기로 결정했다. 영상 정보와 기기 범위가 광범위해 개인정보 보호법으로 대처하기 어렵다는 판단이다.

현 개인정보 보호법은 영상정보처리기기를 폐쇄회로 TV와 네트워크 카메라 두 종류로 한정 지었는데, 사실상 신규 영상기기 규제가 불가능하다. 또 목적 외 이용금지 조항으로 인해 정보 활용 유연성이 떨어지며, 교통정보 수집 목적으로 설치했다면 범죄 예방 등으로 쓰는 데 제약이 따른다.

영상정보처리기기 설치·운영 제한(개인정보 보호법 제25조)

① 누구든지 다음 각 호의 경우를 제외하고는 공개된 장소에 영상정보처리기기를 설치·운영하여서는 아니 된다.

    1. 법령에서 구체적으로 허용하고 있는 경우

    2. 범죄의 예방 및 수사를 위하여 필요한 경우

    3. 시설안전 및 화재 예방을 위하여 필요한 경우

    4. 교통단속을 위하여 필요한 경우

    5. 교통정보의 수집·분석 및 제공을 위하여 필요한 경우

② 누구든지 불특정 다수가 이용하는 목욕실, 화장실, 발한실(發汗室), 탈의실 등 개인의 사생활을 현저히 침해할 우려가 있는 장소의 내부를 볼 수 있도록 영상정보처리기기를 설치·운영하여서는 아니 된다. 다만, 교도소, 정신보건 시설 등 법령에 근거하여 사람을 구금하거나 보호하는 시설로서 대통령령으로 정하는 시설에 대하여는 그러하지 아니하다.

③ 제1항 각 호에 따라 영상정보처리기기를 설치·운영하려는 공공기관의 장과 제2항 단서에 따라 영상정보처리기기를 설치·운영하려는 자는 공청회·설명회의 개최 등 대통령령으로 정하는 절차를 거쳐 관계 전문가 및 이해관계인의 의견을 수렴하여야 한다.

④ 제1항 각 호에 따라 영상정보처리기기를 설치·운영하는 자(이하 "영상정보처리기기 운영자"라 한다)는 정보주체가 쉽게 인식할 수 있도록 다음 각 호의 사항이 포함된 안내판을 설치하는 등 필요한 조치를 하여야 한다. 다만, 「군사기지 및 군사시설 보호법」 제2조제2호에 따른 군사시설, 「통합방위법」 제2조제13호에 따른 국가중요시설, 그 밖에 대통령령으로 정하는 시설에 대하여는 그러하지 아니하다〈개정 2016. 3. 29〉.

    1. 설치 목적 및 장소

    2. 촬영 범위 및 시간

    3. 관리책임자 성명 및 연락처

    4. 그 밖에 대통령령으로 정하는 사항

---

45 개인영상정보보호법 신설한다... 사생활 보호와 또 다른 규제 사이에 논란일 듯, 전자신문, 2016. 7. 11 참조

⑤ 영상정보처리기기 운영자는 영상정보처리기기의 설치 목적과 다른 목적으로 영상정보처리기기를 임의로 조작하거나 다른 곳을 비춰서는 아니 되며, 녹음기능은 사용할 수 없다.

⑥ 영상정보처리기기 운영자는 개인정보가 분실·도난·유출·위조·변조 또는 훼손되지 아니하도록 제29조에 따라 안전성 확보에 필요한 조치를 하여야 한다〈개정 2015. 7. 24〉.

⑦ 영상정보처리기기 운영자는 대통령령으로 정하는 바에 따라 영상정보처리기기 운영·관리 방침을 마련하여야 한다. 이 경우 제30조에 따른 개인정보 처리방침을 정하지 아니할 수 있다.

⑧ 영상정보처리기기 운영자는 영상정보처리기기의 설치·운영에 관한 사무를 위탁할 수 있다. 다만, 공공기관이 영상정보처리기기 설치·운영에 관한 사무를 위탁하는 경우에는 대통령령으로 정하는 절차 및 요건에 따라야 한다(시행일 2016. 9. 30 제25조)

1-1. 영상정보처리기기 적용대상자

「개인정보 보호법」 제25조 적용대상은 공개된 장소에 영상정보처리기기를 설치·운영하는 '모든 자'에 해당된다. 업무를 목적으로 운영하기 위하여 영상정보처리기기를 처리하는 개인정보처리자가 아니더라도 영상정보처리기기를 설치·운영하는 모든 자는 규제 대상이 된다.

1-2. 공개된 장소에 영상정보처리기기 설치·운영 금지

「개인정보 보호법」 제25조 영상정보처리기기 설치·운영의 제한은 '공개된 장소'에 설치된 영상정보처리기기만 해당된다. 공개된 장소란[46] 불특정 다수인이 이용 가능한 도로, 공원, 광장 등 누구나 이용 가능한 장소를 의미한다. 특정인만 출입 가능한 장소나 엄격히 출입이 통제되는 장소는 공개된 장소에 포함되지 않는다. 단, 다음 5가지 항목은 예외로 인정된다.

• 법령에서 구체적으로 허용하고 있는 경우

• 범죄의 예방 및 수사를 위하여 필요한 경우

• 시설안전 및 화재 예방을 위하여 필요한 경우

• 교통단속을 위하여 필요한 경우

---

46 공개된 장소 예시 : 도로, 공원, 항만, 주차장, 놀이터, 지하철역, 백화점, 대형마트, 상가, 놀이공원, 버스, 택시 등 공공장소, 시설, 대중교통을 의미한다.

• 교통정보의 수집·분석 및 제공을 위하여 필요한 경우

1-3. 비공개 장소에 영상정보처리기기 설치·운영

비공개 장소에 설치된 영상정보처리기기에 대해서는 그 설치·운영자가 업무를 목적으로 영상정보에 대한 개인정보파일을 운용하기 위하여 영상정보처리기기를 설치·운영하는 '개인정보처리자'에 한해 「개인정보 보호법」 제15조가 적용된다. 다른 법률에 비공개 장소에 설치하는 별도 규정이 있는 경우에는 그에 따른 절차를 준수하여야 한다.

1-4. 사(私)적인 장소에 영상정보처리기기 설치·운영

영상정보처리기기가 개인의 주택이나 개인 소유의 차량 등의 공간에 설치되어 있는 경우 「개인정보 보호법」 제25조(영상정보처리기기 설치·운영 제한)가 적용되지 않는다.[47]

예를 들어, 택시·버스·자가용 등에 블랙박스를 설치할 경우 도로나 외부를 촬영하여 일정한 공간을 비추는 것이 아니므로 「개인정보 보호법」 제25조에 적용을 받지 않는다. 다만, 택시·버스 회사에서 교통사고 대응을 대비하기 위하여 개인정보 배열에 따라 검색하기 쉽도록 한 경우에는 개인정보파일에 해당하기 때문에 「개인정보 보호법」에 적용이 된다.[48]

1-5. 사생활을 현저히 침해할 우려가 있는 장소 금지

불특정 다수인이 이용하는 장소라 하더라도 개인 사생활을 현저히 침해할 우려가 있는 목욕실, 화장실, 발한실,[49] 탈의실 등은 영상정보처리기기를 엄격하게 설치·운영할 필요가 있으므로 설치를 금지한다.

---

47 단독주택, 연립주택 등의 대문, 현관 등에 범죄 예방을 위해 설치하는 CCTV 경우에 해당된다. 이는 설치된 장소가 공개된 장소도 아니며, 업무목적으로 하는 개인정보처리자에도 해당되지 않아 개인정보 보호법에 적용되지 않는다.
48 개인정보 보호법 법령 및 지침 해설서, 2011. 12, 행안부 참조
49 한증막, 사우나 등을 의미한다.

예외적 허용 : 공익적 목적에 따라 구금·보호하는 시설에는 자해·자살 등을 예방하기 위해 설치·운영할 필요가 있다(예 교도소, 구치소, 소년원, 정신보건시설 등).**50**

정보주체의 사생활 침해를 최소화하기 위해 해당 개인정보처리자는 개인정보 보호지침으로 세부사항을 정하여 그 준수를 권장할 수 있다.

1-6. 영상정보처리기기 설치·운영 절차, 방법

1-6-1. 공공기관 설치 시 절차

영상정보처리기기를 설치·운영하려는 공공기관의 장과 제2항 단서에 따라 영상정보처리기기를 설치·운영하려는 자는 공청회·설명회의 개최 등 대통령령으로 정하는 절차를 거쳐 관계 전문가 및 이해관계인의 의견을 수렴하여야 한다.

- 「행정절차법」에 따른 행정예고의 실시 또는 전문가 의견청취

  홈페이지 등 게시판에 공지하여 행정예고한다.

- 해당 영상정보처리기기의 설치로 직접 영향을 받는 지역 주민 등을 대상으로 하는 설명회·설문조사 또는 여론조사

  영상정보처리기기 중 기존 설치 목적과 다를 경우에 한한다.

1-6-2. 사생활 우려 장소에 설치 시 절차

- 관계 전문가
- 해당 시설에 종사하는 사람, 해당 시설에 구금되어 있거나 보호받고 있는 사람 또는 그 사람의 보호자 등 이해관계인

---

50 「형의 집행 및 수용자의 처우에 관한 법률」 제2조제4호, 「정신보건법」 제3조부터 제5호

1-6-3. 영상정보처리기기 운영 방법

- 영상정보처리기 녹음, 임의조작 금지

  - 영상정보처리기기는 일정한 공간에 지속적으로 설치 · 운영되고 있으므로 **녹음을 하면 안 된다.** 타인간의 대화를 녹음하는 행위는 「통신비밀보호법」에서 엄격히 금지하고 있다. 또한 운영자에 의해 임의조작을 가능하게 할 경우 사생활 침해가 우려 된다. 따라서 **임의조작 하면 안 된다.**

  - 즉, 영상정보처리기기 운영자는 영상정보처리기기의 설치 목적과 다른 목적으로 영상정보처리기기를 임의로 조작하거나 다른 곳을 비춰서는 아니 되며, 녹음기능은 사용할 수 없다(법 제25조제5항).

- 안전성 확보조치 의무

  - 영상정보처리기기 운영자는 개인정보가 분실 · 도난 · 유출 · 위조 · 변조 또는 훼손되지 아니하도록 제29조에 따라 안전성 확보에 필요한 조치를 해야 한다.

  - 개인영상정보는 영상파일로 저장되므로 안전성 확보조치 기준을 표준지침에서 별도로 규정하고 있다(표준지침 제47조).[51]

> **개인영상정보 안전조치 의무(표준지침 제47조)**
> 1. 개인영상정보의 안전한 처리를 위한 내부관리계획의 수립·시행. 다만 「개인정보의 안전성 확보조치 기준 고시」 제2조제7호에 따른 '소상공인'은 내부관리계획을 수립하지 아니할 수 있다.
> 2. 개인영상정보에 대한 접근 통제 및 접근 권한의 제한 조치
> 3. 개인영상정보를 안전하게 저장·전송할 수 있는 기술의 적용(네트워크 카메라의 경우 안전한 전송을 위한 암호화 조치, 개인영상정보파일 저장 시 비밀번호 설정 등)
> 4. 처리기록의 보관 및 위조·변조 방지를 위한 조치(개인영상정보의 생성일시 및 열람할 경우에 열람 목적·열람자·열람 일시 등 기록·관리 조치 등)
> 5. 개인영상정보의 안전한 물리적 보관을 위한 보관 시설 마련 또는 잠금장치 설치

「개인정보 보호법」 제29조, 동법 시행령 제30조제1항

영상정보처리기기 운영자는 개인정보처리시스템에 준하는 안전성 확보조치를 해야 한다.

---

[51] 개인정보 표준지침 행정자치부 고시 제2016-21호, 2016. 6. 30 참조

1-7. 영상정보처리기기 설치·운영 공개

1-7-1. 안내판 설치 장소가 있어 가능한 경우

영상정보처리기기 운영자는 정보주체가 알아보기 쉽게 **안내판을 설치해야 한다.** 이는 영상정보처리기기 촬영 사실을 정보주체에게 알리고 그 **촬영대상자의 개인정보 자기결정권을 보장하는 것이다.**

영상정보처리기기를 설치·운영하는 자(이하 "영상정보처리기기 운영자"라 한다)는 정보주체가 쉽게 인식할 수 있도록 다음의 사항이 포함된 안내판을 설치하는 등 필요한 조치를 하여야 한다. 다만, 「군사기지 및 군사시설 보호법」 제2조제2호에 따른 군사시설, 「통합방위법」 제2조제13호에 따른 국가중요시설, 그 밖에 대통령령으로 정하는 시설에 대하여는 그러하지 아니하다.

• 설치 목적 및 장소
• 촬영 범위 및 시간
• 관리책임자 성명 및 연락처
• 영상정보처리기기 설치·운영에 관한 사무를 위탁하는 경우, 수탁자의 명칭 및 연락처(표준지침 제39조제1항제4호)

건물 안에 여러 개의 영상정보처리기기를 설치하는 경우 **출입구 등 잘 보이는 곳에 해당 시설 또는 장소 전체가 영상정보처리기기 설치지역임을 표시하는 안내판을 설치할 수 있다.**

1-7-2. 안내판 설치 장소가 없어 홈페이지 게재 가능한 경우

• 공공기관이 원거리 촬영, 과속·신호위반 단속 또는 교통흐름조사 등의 목적으로 영상정보처리기기를 설치하는 경우로서 개인정보 침해의 우려가 적은 경우
• 산불감시용 영상정보처리기기를 설치하는 경우 등 장소적 특성으로 인하여 안내판을 설치하는 것이 불가능하거나 안내판을 설치하더라도 정보주체가 쉽게 알아볼 수 없는 경우

1-7-3. 홈페이지 게재 불가능한 경우

• 영상정보처리기기 운영자의 사업장·영업소·사무소·점포 등(이하 "사업장 등"이라 한다)의 보기 쉬운 장소에 게시하는 방법

• 관보(영상정보처리기기 운영자가 공공기관인 경우만 해당한다)나 영상정보처리기기 운영자의 사업장 등이 있는 특별시·광역시·도 또는 특별자치도(이하 "시·도"라 한다) 이상의 지역을 주된 보급지역으로 하는 「신문 등의 진흥에 관한 법률」 제2조제1호 가목·다목 및 같은 조 제2호에 따른 일반일간신문, 일반주간신문 또는 인터넷신문에 싣는 방법

1-8. 영상정보처리기기 운영·관리방침 수립

영상정보처리 운영·관리 방침(시행령 제25조)

① 영상정보처리기기 운영자는 법 제25조제7항에 따라 다음 각 호의 사항이 포함된 영상정보처리기기 운영·관리 방침을 마련하여야 한다.
  1. 영상정보처리기기의 설치 근거 및 설치 목적
  2. 영상정보처리기기의 설치 대수, 설치 위치 및 촬영 범위
  3. 관리책임자, 담당부서 및 영상정보에 대한 접근 권한이 있는 사람
  4. 영상정보의 촬영시간, 보관기간, 보관장소 및 처리방법
  5. 영상정보처리기기 운영자의 영상정보 확인 방법 및 장소
  6. 정보주체의 영상정보 열람 등 요구에 대한 조치
  7. 영상정보보호를 위한 기술적·관리적 및 물리적 조치
  8. 그 밖에 영상정보처리기기의 설치·운영 및 관리에 필요한 사항
② 제1항에 따라 마련한 영상정보처리기기 운영·관리 방침의 공개에 관하여는 제31조제2항 및 제3항을 준용한다. 이 경우 "개인정보처리자"는 "영상정보처리기기 운영자"로, "법 제30조제2항"은 "법 제25조제7항"으로, "개인정보 처리방침"은 "영상정보처리기기 관리·운영 방침"으로 본다.

영상정보처리기기 운영자는 시행령 제25조제1항에 따라 **영상정보처리기기 운영·관리 방침을 수립**해야 한다. 영상정보처리기기 운영자가 운영·관리 방침을 정한 경우에는 이를 **공개**해야 한다. 공개방법은 「개인정보 보호법」 제30조제2항 및 제3항을 준용한다.

영상정보처리기기 운영·관리방침은 인터넷 홈페이지 등에 **지속적으로 공개**해야 한다. 홈페이지 등에 공개할 수 없는 경우에는 개인정보 처리방침 공개와 동일한 방법으로 준용하여 공개한다.

1-9. 개인영상정보 관리책임자 지정

> **개인영상정보 관리책임자 역할(표준지침 제37조제2항)**
> 1. 개인영상정보 보호 계획의 수립 및 시행
> 2. 개인영상정보 처리 실태 및 관행의 정기적인 조사 및 개선
> 3. 개인영상정보 처리와 관련한 불만의 처리 및 피해 구제
> 4. 개인영상정보 유출 및 오용·남용 방지를 위한 내부통제 시스템의 구축
> 5. 개인영상정보 보호 교육 계획 수립 및 시행
> 6. 개인영상정보 파일의 보호 및 파기에 대한 관리·감독
> 7. 그 밖에 개인영상정보의 보호를 위하여 필요한 업무

영상정보처리기기 운영자는 개인영상정보처리에 관한 업무를 총괄해서 책임지는 개인영상정보 관리책임자를 지정하여야 한다. 「개인정보 보호법」 제31조에 따른 개인정보 보호책임자에 준하여 업무를 수행한다. 개인정보 보호책임자가 이미 지정되었을 때에는 개인정보 보호책임자가 개인영상정보 관리책임자 업무를 수행할 수 있다.[52]

개인영상정보 관리자의 역할은 대부분 개인정보 보호책임자 역할과 대동소이하다. 다만, 개인정보와 개인영상정보의 차이가 있을 뿐이다.

1-10. 개인영상정보 이용·제3자 제공 제한(표준지침 제40조)

> **개인영상정보 이용·제3자 제공 제한(표준지침 제40조제1항)**
> 1. 정보주체에게 동의를 얻은 경우
> 2. 다른 법률에 특별한 규정이 있는 경우
> 3. 정보주체 또는 그 법정대리인이 의사표시를 할 수 없는 상태에 있거나 주소불명 등으로 사전 동의를 받을 수 없는 경우로서 명백히 정보주체 또는 제3자의 급박한 생명, 신체, 재산의 이익을 위하여 필요하다고 인정되는 경우
> 4. 통계작성 및 학술연구 등의 목적을 위하여 필요한 경우로서 특정 개인을 알아볼 수 없는 형태로 개인영상정보를 제공하는 경우
> 5. 개인영상정보를 목적 외의 용도로 이용하거나 이를 제3자에게 제공하지 아니하면 다른 법률에서 정하는 소관 업무를 수행할 수 없는 경우로서 보호위원회의 심의·의결을 거친 경우
> 6. 조약, 그 밖의 국제협정의 이행을 위하여 외국정부 또는 국제기구에 제공하기 위하여 필요한 경우
> 7. 범죄의 수사와 공소의 제기 및 유지를 위하여 필요한 경우
> 8. 법원의 재판업무 수행을 위하여 필요한 경우
> 9. 형(刑) 및 감호, 보호처분의 집행을 위하여 필요한 경우

---

52 개인정보 보호 법령 및 고시 해설서, 행안부, 2011. 12 참조

개인정보 이용·제3자 제공과 적용범위는 동일하다. 제5호부터 9호까지는 공공기관으로 한정한다. 영상정보라고 해서 임의적인 사용이 아닌 정보주체의 개인정보 자기결정권이 존중되어야 하는 취지이기도 하다.

영상정보처리기기 운영자는 개인영상정보를 수집 목적 이외로 이용하거나 제3자에게 제공하는 경우 각 호의 사항을 기록하고 이를 관리하여야 한다. 「개인정보 보호법」 제18조제2항과 준용하면 된다.

1-11. 영상정보 관리대장 작성(목적 외 이용, 제3자 제공, 파기)

1-11-1. 목적 외 이용·제3자 제공
영상정보처리기기 운영자는 개인정보를 수집목적 이외로 이용하거나 제3자에게 제공한 경우 기록·관리하여야 한다.
- 개인영상정보 파일의 명칭
- 이용하거나 제공 받는 자(공공기관 또는 개인)의 명칭
- 이용 또는 제공의 목적
- 법령상 이용 또는 제공근거가 있는 경우 그 근거
- 이용 또는 제공의 기간이 정하여져 있는 경우 그 근거
- 이용 또는 제공의 형태

1-11-2. 개인영상정보 파기
영상정보처리기기 운영자가 개인영상정보를 파기하는 경우에도 기록·관리하여야 한다.
- 파기하는 개인영상정보 파일의 명칭
- 개인영상정보 파기 일시(사전에 파기 시기 등을 정한 자동삭제의 경우 파기 주기 및 자동삭제 여부에 대한 확인 시기)
- 개인영상정보 파기 담당자

1-11-3. 개인영상정보 열람 요구 시

영상정보처리기기 운영자가 개인정보에 대한 **열람이나 파기 요구가 있는 경우** 그에 대한 조치사항과 내용을 기록 관리하여야 한다. 이 경우 표준지침 별지서식 제3호에 따른 '개인영상정보 관리대장' 양식을 활용할 수 있다.

영상정보처리기기 운영자는 표준지침 제44조제2항에 따른 열람 등 조치를 취하는 경우, 만일 정보주체 이외의 자를 명백히 알아볼 수 있거나 정보주체 이외의 자의 사생활 침해의 우려가 있는 경우에는 해당되는 **정보주체 이외의 자의 개인영상정보를 알아볼 수 없도록 보호조치를 취해야** 한다.

개인영상정보 열람 요구 시 기록사항

1. 개인영상정보 열람 등을 요구한 정보주체의 성명 및 연락처
2. 정보주체가 열람 등을 요구한 개인영상정보 파일의 명칭 및 내용
3. 개인영상정보 열람 등의 목적
4. 개인영상정보 열람 등을 거부한 경우 그 거부의 구체적인 사유
5. 정보주체에게 개인영상정보 사본을 제공한 경우 해당 영상정보의 내용과 제공한 사유

1-12. 영상정보처리기기 설치·운영 점검

- **공공기관** : 공공기관의 장이 영상정보처리기기를 설치·운영하는 경우에는 표준지침 준수 여부에 대한 자체점검을 실시하고 다음해 3월 31일까지 그 결과를 행정자치부 장관에게 통보하고 개인정보종합지원 포털 시스템에 등록하여야 한다. 또한 그 결과를 포털 시스템 홈페이지를 통하여 공개해야 한다.
- **공공기관 이외** : 공공기관 외의 영상정보처리기기 운영자는 영상정보처리기기 설치·운영 점검이 의무사항은 아니다. 하지만 개인영상정보의 침해가 우려되는 경우 자체점검 등으로 침해 방지를 위해 적극 노력해야 한다.

1-13. 개인영상정보 보관 및 파기

영상정보처리기기 운영자는 수집한 개인영상정보를 영상정보처리기기 운영·관리 방

침에 명시한 보관 기간이 만료한 때에는 **지체 없이 파기**하여야 한다. 다만, 다른 법령에 특별한 규정이 있는 경우에는 그러하지 아니하다.

영상정보처리기기 운영자가 그 사정에 따라 보유 목적의 달성을 위한 최소한의 기간을 산정하기 곤란한 때에는 보관 기간을 개인영상정보 수집 후 30일 이내로 한다(표준지침 제41조제2항).

개인영상정보의 파기 방법은 다음의 어느 하나와 같다.
- 개인영상정보가 기록된 출력물(사진 등) 등은 파쇄 또는 소각
- 전자기적(電磁氣的) 파일 형태의 개인영상정보는 복원이 불가능한 기술적 방법으로 영구 삭제

저자 한마디

과거 「공공기관에 관한 개인정보 보호 법률」에서 영상정보처리기기에 대한 근거 규정을 가지고 있었으나 개인정보 보호법에서는 민간과 공공을 모두 반영하는 법적 근거 규정을 가지고 있다. 최근 범죄 단속과 화재예방으로 인해 영상정보처리기기가 증가하고 있는 반면 근거 규정은 개인정보 보호법 제25조 조항 하나로 규정하기엔 다소 무리가 있어 보인다. 따라서 개인영상정보가 악용되거나 유출되지 않도록 책임자의 각별한 노력이 필요하다.

④ 개인정보 영향평가

개인정보 영향평가는 「개인정보 보호법」상의 개인정보파일을 대상으로 개인정보처리시스템에 어떠한 영향을 주는지에 대해 사전에 평가하는 것을 말한다. 공공기관은 조건에 해당되면 개인정보 영향평가를 의무적으로 받아야 하며, 민간은 권고사항이다. 필자는 개인적으로 개인정보 영향평가를 개인정보 보호의 꽃이 아닌가 생각해 본다. 그 이유는 개인정보 영향평가 작업은 개인정보 흐름표, 개인정보 흐름도, 라이프 사이클 단계에서 침해요인을 도출해 내기 때문이다.

많은 수고로움이 있는 작업이며 개인정보 영향평가를 하기 위해 개인은 개인정보 영향

평가 교육(5일) 이수 후 시험을 치고 합격을 해야 증명서가 발급된다. 개인정보 영향평가 평가기관은 이 증명서가 있는 인력만이 개인정보 영향평가를 진행할 수 있다. 또한, 개인정보 영향평가 교육은 유료 교육이다.

최근 법 제정 시 운영하던 기준 개인정보처리시스템에 대해 개인정보 영향평가를 2016. 9. 30까지 수행해야 하기 때문에 업계에서는 바쁜 나날을 보내고 있다. 물론 대상 기준에 포함되는 시스템을 말한다.

당분간 개인정보 영향평가 수요는 꾸준히 있을 것으로 예상되며 매년 교육 후 시험을 치러 인력을 양성하고 있다. 관심이 있다면 개인정보 보호포털(www.privacy.go.kr) 공지사항을 참고하기 바란다.

1. 개인정보 영향평가(법 33조)

개인정보 영향평가

① 공공기관의 장은 대통령령으로 정하는 기준에 해당하는 개인정보파일의 운용으로 인하여 정보주체의 개인정보 침해가 우려되는 경우 그 위험요인의 분석과 개선사항 도출을 위한 평가(이하 "영향평가"라 한다)를 하고 그 결과를 행정자치부장관에게 제출하여야 한다. 이 경우 공공기관의 장은 영향평가를 행정자치부장관이 지정하는 기관(이하 "평가기관"이라 한다) 중에서 의뢰하여야 한다〈개정 2013. 3. 23, 2014. 11. 19〉.

② 영향평가를 하는 경우에는 다음 각 호의 사항을 고려하여야 한다.

　　1. 처리하는 개인정보의 수

　　2. 개인정보의 제3자 제공 여부

　　3. 정보주체의 권리를 해할 가능성 및 그 위험 정도

　　4. 그 밖에 대통령령으로 정한 사항

③ 행정자치부장관은 제1항에 따라 제출받은 영향평가 결과에 대하여 보호 위원회의 심의·의결을 거쳐 의견을 제시할 수 있다〈개정 2013. 3. 23, 2014. 11. 19〉.

④ 공공기관의 장은 제1항에 따라 영향평가를 한 개인정보파일을 제32조제 1항에 따라 등록할 때에는 영향평가 결과를 함께 첨부하여야 한다.

⑤ 행정자치부장관은 영향평가의 활성화를 위하여 관계 전문가의 육성, 영향평가 기준의 개발·보급 등 필요한 조치를 마련하여야 한다〈개정 2013. 3. 23, 2014. 11. 19〉.

⑥ 제1항에 따른 평가기관의 지정기준 및 지정취소, 평가기준, 영향평가의 방법·절차 등에 관하여 필요한 사항은 대통령령으로 정한다.

⑦ 국회, 법원, 헌법재판소, 중앙선거관리위원회(그 소속 기관을 포함한다)의 영향평가에 관한 사항은 국회규칙, 대법원규칙, 헌법재판소규칙 및 중앙선거관리위원회 규칙으로 정하는 바에 따른다.

⑧ 공공기관 외의 개인정보처리자는 개인정보파일 운용으로 인하여 정보주체의 개인정보 침해가 우려되는 경우에는 영향평가를 하기 위하여 적극 노력하여야 한다.

개인정보 영향평가(PIA, Privacy Impact Assessment)란 개인정보 수집·활용이 수반되는 사업 추진 시 개인정보 오·남용으로 인한 프라이버시 침해 위험이 잠재되어 있지 않는지를 조사·예측·검토하고 개선하는 제도이다.[53]

즉, 개인정보파일을 새로 구축하거나 변경하고자 하는 때에는 미리 해당 파일의 내용에 법령 위반 소지는 없는지 또는 해당 파일에 사생활 침해 위험이 잠재되어 있지 않는지 등을 미리 평가·조사하는 것이라 하겠다.

「개인정보 보호법」 제33조는 개인정보 영향평가를 개인정보파일의 운용으로 인하여 정보주체의 개인정보 침해가 우려되는 경우에 그 위험요인을 분석하고 개선사항을 도출하기 위한 평가라고 정의하고 있다.

개인정보 영향평가의 목적은 평가대상 시스템의 활용에 따른 잠재적 위험을 평가하여 개인정보 침해에 따른 피해를 줄 일 수 있는지 미리 검토·반영하는 것이다. 여기에서 일반적인 평가와 차이점은 사전(시스템 개발)에 미리 검토한다는 측면이다.

관련 법규
- 개인정보 보호법 제33조(개인정보 영향평가)
- 개인정보 보호법 시행령 제35조(개인정보 영향평가 대상), 제36조(영향평가 시 고려사항), 제37조(평가기관의 지정 및 지정취소), 제38조(영향평가의 평가기준 등)
- 개인정보 영향평가에 관한 고시(행정자치부 고시 제2015-53호, 2015. 12. 31)

1-1. 개인정보 영향평가 의무대상

1-1-1. 공공기관 의무사항(시행령 제35조 영향평가의 대상)

개인정보 영향평가 시 공공기관의 장은 대통령령으로 정하는 기준에 해당하는 개인정보파일의 운용으로 인하여 정보주체의 개인정보 침해가 우려되는 경우에는 그 위험요

---

[53] 개인정보 보호 법령 지침 해설서, 행안부, 2011. 12

인의 분석과 개선사항 도출을 위한 평가(이하 "영향평가"라 한다)를 하고 그 결과를 행정자치부장관에게 제출하여야 한다. 이 경우 공공기관의 장은 영향평가를 행정자치부장관이 지정하는 기관(이하 "평가기관"이라 한다) 중에서 의뢰하여야 한다.

공공기관 개인정보 영향평가 의무대상자

1. 구축·운용 또는 변경하려는 개인정보파일로서 5만 명 이상의 정보주체에 관한 법 제23조에 따른 민감정보(이하 "민감정보"라 한다) 또는 고유식 별정보의 처리가 수반되는 개인정보파일
2. 구축·운용하고 있는 개인정보파일을 해당 공공기관 내부 또는 외부에서 구축·운용하고 있는 다른 개인정보파일과 연계하려는 경우로서 연계 결과 50만 명 이상의 정보주체에 관한 개인정보가 포함되는 개인정보파일
3. 구축·운용 또는 변경하려는 개인정보파일로서 100만 명 이상의 정보주체에 관한 개인정보파일
4. 법 제33조제1항에 따른 개인정보 영향평가(이하 "영향평가"라 한다)를 받은 후에 개인정보 검색체계 등 개인정보파일의 운용체계를 변경하려는 경우 그 개인정보파일. 이 경우 영향평가 대상은 변경된 부분으로 한정한다.

공공기관의 경우 「개인정보 보호법」이 제정된 2011년 9월 30일을 기준으로 기존 운용된 개인정보처리시스템의 경우 5년 이내(2016. 9. 30)에 개인정보 영향평가 대상인 경우에 평가 받도록 하였다.

1-1-2. 공공기관 외 권고사항

공공기관 외의 개인정보처리자의 경우 의무사항이 아닌 권고사항이다. 하지만 최근 개인정보 침해사고의 빈번한 발생을 고려해 볼 때 영향평가를 받음으로써 사전에 개인정보 유·노출 예방에 힘쓰게 된다.

1-2. 개인정보 영향평가 실시 방법

공공기관의 장이 개인정보 영향평가를 실시하고자 하는 경우에는 행정자치부장관이 지정하는 평가기관[54] 중에서 의뢰하여야 한다.

---

[54] 평가기관이란 영향평가 수행에 필요한 업무수행실적, 전문인력, 안전한 사무실·설비 등의 지정요건을 갖춘 법인으로 지정절차를 거쳐 행정자치부장관이 평가기관으로 지정한 기관을 말한다(영향평가고시 제2조제3호). 시큐베이스(주),

영향평가 시 고려사항
– 처리하는 개인정보의 수
– 개인정보의 제3자 제공 여부
– 정보주체의 권리를 해할 가능성 및 그 위험 정도
– 민감정보 또는 고유식별 정보의 처리 여부
– 개인정보 보유기간

영향평가 시 평가기관은 평가기준에 따라 주관적 견해를 배제하여 객관적인 평가를 수행하여야 한다. 영향평가서를 작성할 때에는 신의 성실의 원칙에 따라 개인정보 영향평가를 수행하고 거짓으로 영향평가서를 작성하여서는 아니 된다.

1-3. 개인정보 영향평가 실시 방법

영향평가는 개인정보파일을 구축·운영 또는 변경하거나 연계하려는 경우 발생할 수 있는 개인정보의 침해요인을 사전에 분석하여 개선하도록 하는 것이 목적이다. 대상 시스템의 개발 또는 구축하는 과정에서도 수행할 수 있으며, 이 경우에는 영향평가의 계획에 따른 실제 구현 형태를 대상으로 위험 분석 및 개선사항이 도출되어야 한다.

1-3-1. 사전분석단계

• **영향평가 필요성 검토** : 사업을 추진하는 과정에서 개인정보의 신규 수집·이용 또는 변경 등이 발생하는지에 대해 '사전평가 질문서' 작성을 통해 영향평가의 필요성을 판단한다.
• **영향평가 수행주체의 구성** : 영향평가 수행을 위한 내·외부 유관기관과 잘 협조하여 평가 수행이 원활하게 진행될 수 있도록 업무체계(영향평가팀)를 마련하여 구성한다.
• **평가 수행계획 수립** : 대상기관의 시스템개발부서 또는 사업부서에서 평가과정에 필요한 사항들을 정리하여 내부적으로 공유할 수 있는 세부적인 평가절차 등을 마련하여 수행하기 위한 계획이다.

㈜소만사, ㈜싸이버원, ㈜에이쓰리시큐리티, ㈜엘지씨엔에스, ㈜케이씨에이, ㈜키삭, ㈜한국IT컨설팅, 대진정보통신(주), ㈜씨드젠, ㈜에스에스알, ㈜에이스솔루션, 한국전산감리원, 인포섹(주), ㈜씨에이에스, ㈜안랩, ㈜이글루시큐리티, ㈜한국정보기술단 18개 영향평가기관이다(2016. 9 기준).

1-3-2. 영향평가 실시단계

• 평가자료의 수집 : 평가대상사업 및 개인정보 보호 관련 내·외부 정책환경을 분석하기 위한 자료와 대상 시스템을 파악하기 위한 자료수집을 말한다. 다양한 법, 제도, 내부지침 등을 참고하여 평가에 활용한다.

• 개인정보의 흐름분석 : 영향평가팀 구성원간의 사업과 개인정보 흐름에 대한 이해도 제고를 위한 대상 시스템 내에서의 개인정보의 흐름에 대한 분석을 말한다. 개인정보 취급이 수반되는 업무를 도출하여 평가 범위를 명확히 한다. 개인정보 라이프사이클(Life Cycle)의 흐름에 따라 개인정보가 어떻게 흘러가는지 분석하는 과정이다.

• 개인정보의 침해요인분석 : 대상 시스템의 개인정보 흐름에 따른 개인정보 보호조치 사항 및 계획 등을 파악하고 개인정보 침해 위험성을 도출하기 위한 단계이다. 개인정보 흐름에 따른 위협 요소와 침해 가능성을 고려하여 유출에 따른 사고를 미연에 방지하고자 하는 목적이 있다. 다양한 침해요인을 고려하는 것이 대상 시스템을 안전하게 보호하게 된다.

• 위험도산정 : 개인정보를 자산의 가치로 산정하여 자산가치, 개인정보 침해 발생 가능성, 법적 준거성을 조합하여 위험도를 평가하여 합산하는 방법으로 산정한다.

• 개선사항도출 : 영향평가 과정에서 도출한 침해요인별 위험요소를 제거하거나 최소화하기 위한 개선방안을 말하며, 위험정도에 따라 단기, 중기, 장기적인 개선방안을 제시할 수 있다. 침해 위협을 도출 하여 문제점을 파악 하였으니 개선사항을 도출하는 과정이다. 당장 개선할 수 있는 사안은 단기, 예산과 인력이 필요한 사안은 중기, 장기로 하여 위험 요소를 최소화한다.

1-3-3. 평가결과의 정리단계

• 개선계획서의 작성 : 도출된 개선방안을 기반으로 자체 또는 외부 전문가 검토 등을 거쳐 대상기관의 보안 조치 현황, 예산, 인력, 정보화 사업 일정 등을 고려하여 수립한다.

• 영향평가서의 작성 : 영향평가의 모든 과정 및 결과물을 정리하여 종합적인 사항을 기록하는 것이다. 대상기관은 수립된 개선방안이 대상 시스템의 구축·운용 또는 변경하거

나 연계가 완료 전에 반영되도록 조치하여야 한다.

기타 자세한 내용은 개인정보 보호포털(www.privacy.go.kr)의 「개인정보 영향평가 고시」 안내 해설서에 보다 자세하게 설명되어 있으니 영향평가가 필요한 조직에서는 참고하기 바란다.

저자 한마디

공공기관 개인정보 영향평가는 해당 조건에 적용이 되면 의무적으로 받아야 한다. 개인정보파일에 대한 시스템 구축 사전단계로 어떠한 영향을 끼칠 것인지를 평가하는 작업으로 민간은 권고 사항이지만, 향후 일정한 조건을 갖춘 대기업 등은 개인정보 영향평가를 의무적으로 받아야 하지 않을까 예상된다.

5 개인정보 관리체계

개인정보 보호 관리체계는 개인정보 업무처리의 체계적인 관리를 통해 전반적인 보안 수준을 향상시키는 데 그 목적이 있다. 최근 인증제도 도입에도 불구하고 정보유출사고로 이어져 실효성 논란이 되는 부분이기도 하다. 하지만 기억해야 할 것은 관리체계 인증제도를 도입한다고 해서 100% 안전하다는 생각과, 인증제도 도입에 따른 비용이 과태료보다 많기 때문에 차라리 과태료를 납부하겠다라는 발상은 위험한 생각이다. 최근 정보보호 관리체계의 경우 과태료(3천만 원)가 상향조정되었다. 앞으로 개인정보 보호 관리체계도 의무화 가능성을 내포하고 있는 만큼 잘 숙지해 두길 바란다.

1. 개인정보 보호 인증(법 32조2)

개인정보 보호 인증

① 행정자치부장관은 개인정보처리자의 개인정보 처리 및 보호와 관련한 일련의 조치가 이 법에 부합하는지 등에 관하여 인증할 수 있다.

② 제1항에 따른 인증의 유효기간은 3년으로 한다.

③ 행정자치부장관은 다음 각 호의 어느 하나에 해당하는 경우에는 대통령령으로 정하는 바에 따라 제1항에 따른 인증을 취소할 수 있다. 다만, 제1호에 해당하는 경우에는 취소하여야 한다.

1. 거짓이나 그 밖의 부정한 방법으로 개인정보 보호 인증을 받은 경우

2. 제4항에 따른 사후관리를 거부 또는 방해한 경우

3. 제8항에 따른 인증기준에 미달하게 된 경우

4. 개인정보 보호 관련 법령을 위반하고 그 위반사유가 중대한 경우

④ 행정자치부장관은 개인정보 보호 인증의 실효성 유지를 위하여 연 1회 이상 사후관리를 실시하여야 한다.

⑤ 행정자치부장관은 대통령령으로 정하는 전문기관으로 하여금 제1항에 따른 인증, 제3항에 따른 인증 취소, 제4항에 따른 사후관리 및 제7항에 따른 인증 심사원 관리 업무를 수행하게 할 수 있다.

⑥ 제1항에 따른 인증을 받은 자는 대통령령으로 정하는 바에 따라 인증의 내용을 표시하거나 홍보할 수 있다.

⑦ 제1항에 따른 인증을 위하여 필요한 심사를 수행할 심사원의 자격 및 자격 취소 요건 등에 관하여는 전문성과 경력 및 그 밖에 필요한 사항을 고려하여 대통령령으로 정한다.

⑧ 그 밖에 개인정보 관리체계, 정보주체 권리보장, 안전성 확보조치가 이 법에 부합하는지 여부 등 제1항에 따른 인증의 기준·방법·절차 등 필요한 사항은 대통령령으로 정한다.

개인정보 보호 관리체계(PIMS)는 조직이 수집, 이용, 저장, 파기하는 개인정보 생명주기 단계에 따른 안전성을 확보하기 위해 부분적이고 일회성이며 산발적인 개인정보 보호 활동을 균형적이고 지속적이며 체계적인 절차로 수립해 관리하는 일련의 과정을 말한다.[55]

1-1. 공공기관(PIPL)

공공기관의 경우 개인정보 보호 인증(PIPL)이 시행되었다. 이는 세 개의 유형[56]으로 나누고 그 유형에 맞는 기준표에 따라 인증심사를 한 후 인증심사위원회를 거쳐 인증서를 발급하였다. 하지만 최근 개인정보 보호 관리체계(PIMS)와 중복된다는 감사원의 지적에 따라 PIPL은 통합 PIMS로 흡수되면서 제도가 변경되었다.

1-2. 공공기관 외(PIMS)

공공기관을 제외한 일반적인 민간영역의 경우 개인정보 보호 관리체계(PIMS)를 오래전부터 국제표준을 목표로 하여 방통위 주도로 제도를 시행해 왔다. 하지만 너무 많은 인증 기준표와 소상공인과 대기업, 공공기관 등 동일한 기준을 적용해야 하는 비판이 있어 상대적으로 소상공인의 경우에는 대기업과 공공기관에 준하는 기준표에 적용을 받을 수밖에 없었다.

---

[55] http://www.boannews.com/media/view.asp?idx=51122&kind=6, 2016. 7. 11

[56] 소상공인, 중소기업, 대기업/공공기관 세 가지 형태의 유형으로 나누어 맞춤형 인증제도를 실시한다.

1-3. 공공과 민간(통합 PIMS)

정부의 규제 완화 정책과 맞물려 2016년도에는 PIPL + PIMS을 결합한 86개 통제항목을 기준으로 하는 **통합 PIMS**을 제시하였다. 즉, PIPL의 유형별 맞춤형 기준과 PIMS의 중복 통제항목을 제거하고 완화하여 86개 통제항목을 도출하여 민간과 공공을 모두 적용할 수 있는 통합형 개인정보 관리체계를 시행하고 있다. 현재에는 과도기적 시점이라 기존 관리체계나 통합관리체계나 개인정보처리자가 선택적으로 인증심사를 받을 수 있지만 2017년 이후부터는 새로운 PIMS로 인증을 도입해야 한다.

저자 한마디

개인정보 관리체계는 개인정보에 대한 체계적인 관리를 통해 개인정보 관리수준을 높이는 데 그 목적이 있다. 신뢰된 기관에서 인증을 받고 매년마다 심사를 받아 그 관리 수준을 유지하여야 한다. 또한, 새롭게 나타나는 취약점 등을 인증도입을 통해 제거하고 그 위험도를 감소시키는 데 목적을 둔다.

지금까지 '개인정보처리자' 관점에서 개인정보 업무처리를 살펴보았다. 법 자체도 개인정보 수집 주체가 개인정보처리자이기 때문에 많은 조문을 할애하였다. 현장에서 개인정보 업무를 처리하는 담당자 입장에서는 '처리 단계별 의무조치 사항' 등을 반드시 숙지하여 업무에 소홀함이 없어야 한다.

법과 관련된 내용이고 이를 해석하여 업무에 적용하여야 하는 부분이다 보니 사실 애로사항이 많다. 애매한 부분도 있고, 경우에 따라 다르게 해석되는 부분도 있기 때문이다. 하지만 기본적인 법률이나 규정을 숙지하고 있어야 개인정보 업무처리에 대한 당위성이나 필요성으로 여러 가지 업무 협조를 이끌어 낼 수밖에 없기 때문에 가장 기본이 되는 「개인정보 보호법」 이해는 필수적이라 하겠다.

가능하면 복잡하지 않고, 읽으면서 중요한 부분은 폰트 강조를 통하여 중요성을 나타내려고 하였으니 반복적으로 읽으면서 실무 현장에서 다양한 업무처리에 반영하길 바란다.

2부

정보주체의
권리 강화

Ⅰ
정보주체의 권리 보장

정보주체의 권리 보장은 '개인정보 자기결정권'을 행사할 수 있는 내용을 담고 있다. 개인정보처리자가 개인정보 처리 단계별 의무 조치사항을 취하고 있지만, 개인정보의 주인인 정보주체는 언제든지 자신의 개인정보를 열람, 정정, 삭제, 처리정지 등의 권리를 행사하는 방법과 절차를 규정해 놓은 조문이다.

또한, 개인정보 유출로 인한 정보주체의 피해가 있을 때 손해배상 책임을 통하여 보상을 받을 수 있다. 2016년에는 「개인정보 보호법」에 '법정 손해배상제도'와 '징벌적 손해배상제도'가 도입이 되어 정보주체로서 권리가 더욱 강화된다고 보겠다.

필자가 실제 현장을 다녀보면 개인정보처리자의 관점에서 여러 가지 조치사항을 이행하고 증적 사항을 마련해 두지만 대다수 처리 단계별 의무조치 사항에만 집중하는 것을 보게 된다. 정작 중요한 사항은 개인정보취급자가 언제든지 자신도 정보주체가 될 수 있다는 사실을 감안한다면 역지사지의 마음으로 정보주체의 권리 행사에도 적극적인 행동을 취해야 한다.

정보주체의 '개인정보 자기결정권'을 주장한다면 개인정보처리자의 업무 절차 개선이나 대응력도 점차 향상되어 개인정보 라이프 사이클에 대한 대응력도 더 강화된다. 이는 선순환 구조가 되어 개인정보처리자와 취급자가 효율적인 업무처리를 하게 되는 기반이 된다. 더 나아가 개인정보 보호 관리체계(PIMS)를 구축할 수 있는 역량까지 도달 가능하다고 판단된다.

1. 개인정보의 열람(법 35조)

개인정보 자기결정권 권리 강화에 있어 가장 대표적인 것이 정보주체의 개인정보에 대한 열람이다. 정보주체의 개인정보가 어떻게 처리가 되고 있는지 궁금증을 직접 확인해보는 수단인 셈이다. '개인정보 처리방침'이 표면적 수단이라면 '열람'은 직접적인 수단이 된다.

개인정보의 열람(개인정보 보호법 제35조)

① 정보주체는 개인정보처리자가 처리하는 자신의 개인정보에 대한 열람을 해당 개인정보처리자에게 요구할 수 있다.

② 제1항에도 불구하고 정보주체가 자신의 개인정보에 대한 열람을 공공기관에 요구하고자 할 때에는 공공기관에 직접 열람을 요구하거나 대통령령으로 정하는 바에 따라 행정자치부장관을 통하여 열람을 요구할 수 있다〈개정 2013. 3. 23, 2014. 11. 19〉

③ 개인정보처리자는 제1항 및 제2항에 따른 열람을 요구받았을 때에는 대통령령으로 정하는 기간 내에 정보주체가 해당 개인정보를 열람할 수 있도록 하여야 한다. 이 경우 해당 기간 내에 열람할 수 없는 정당한 사유가 있을 때에는 정보주체에게 그 사유를 알리고 열람을 연기할 수 있으며, 그 사유가 소멸하면 지체 없이 열람하게 하여야 한다.

④ 개인정보처리자는 다음 각 호의 어느 하나에 해당하는 경우에는 정보주체에게 그 사유를 알리고 열람을 제한하거나 거절할 수 있다.

  1. 법률에 따라 열람이 금지되거나 제한되는 경우

  2. 다른 사람의 생명·신체를 해할 우려가 있거나 다른 사람의 재산과 그 밖의 이익을 부당하게 침해할 우려가 있는 경우

  3. 공공기관이 다음 각 목의 어느 하나에 해당하는 업무를 수행할 때 중대한 지장을 초래하는 경우

    가. 조세의 부과·징수 또는 환급에 관한 업무

    나. 「초·중등교육법」 및 「고등교육법」에 따른 각급 학교, 「평생교육법」에 따른 평생교육시설, 그 밖의 다른 법률에 따라 설치된 고등교육기관에서의 성적 평가 또는 입학자 선발에 관한 업무

    다. 학력·기능 및 채용에 관한 시험, 자격 심사에 관한 업무

    라. 보상금·급부금 산정 등에 대하여 진행 중인 평가 또는 판단에 관한 업무

    마. 다른 법률에 따라 진행 중인 감사 및 조사에 관한 업무

⑤ 제1항부터 제4항까지의 규정에 따른 열람 요구, 열람 제한, 통지 등의 방법 및 절차에 관하여 필요한 사항은 대통령령으로 정한다.

1-1. 정보주체의 열람 요구권

정보주체는 자신의 개인정보를 어떻게 관리하고 어떻게 처리되고 있는지 확인할 수 있어야 한다. 정보주체는 개인정보처리자에게 개인정보에 대한 열람을 요구할 수 있다. **열람에는 사본의 교부도 포함된다.** 열람은 정보주체가 직접 제공한 개인정보 이외에 제3자 또는 개인정보처리자가 생산한 개인정보와 서비스제공 등의 과정에서 자동적으로 생성된 개인정보까지 열람 요구 대상이 된다.[1]

1-2. 정보주체의 열람 방법

- **민간의 경우** : 정보주체는 개인정보처리자가 처리하는 자신의 개인정보에 대한 열람을 해당 개인정보처리자에게 요구할 수 있다.

- **공공기관의 경우** : 정보주체가 자신의 개인정보에 대한 열람을 공공기관에 요구하고자 할 때에는 **공공기관에 직접 열람을 요구**하거나 **행정자치부장관을 통하여 열람을 요구**할 수 있다. 행정자치부 장관을 통하여 열람을 요구할 경우 '개인정보 열람 요구서'를 해당 공공기관에 이송하여야 한다.

  정보주체는 법 제35조제1항 및 제2항에 따라 자신의 개인정보에 대한 열람을 요구하려는 경우에는 행정자치부령(시행령 제41조)으로 정하는 바에 따라 열람하려는 사항을 표시한 개인정보 열람 요구서를 개인정보처리자에게 제출하여야 한다.

  개인정보 열람 요구사항
  - 개인정보의 항목 및 내용
  - 개인정보의 수집·이용의 목적
  - 개인정보 보유 및 이용 기간
  - 개인정보의 제3자 제공 현황
  - 개인정보 처리에 동의한 사실 및 내용

1-3. 정보주체의 열람 기간

개인정보처리자가 정보주체의 개인정보 열람을 요구 받았을 때에는 10일 이내에 정보주체가 개인정보를 열람할 수 있도록 조치하여야 한다(시행령 제41조제3항).

개인정보처리자가 정보주체로부터 개인정보 열람을 요구받았지만 10일 이내에 열람을 하게 할 수 없는 정당한 사유가 있을 때에는 정보주체에게 그 사유를 알리고 열람을 연기할 수 있다. 열람을 연기한 후 그 사유가 소멸하였을 경우 연기사유가 소멸한[2] 날로

---

1 신용평가, 인사평가, 거래내역, 진료기록, 수발신내역, 입출기록, 쿠키, 로그기록 등(법령 및 해설서, 2011. 12 참고)
2 정보주체의 개인정보 열람에 따른 연기사유가 소멸되었을 때에는 '지체 없이' 열람하여야 하는데 여기서 지체 없이는 '10일 이내'를 의미한다.

부터 '10일 이내'에 열람하도록 하여야 한다(표준지침 제31조제1항).

1-4. 정보주체의 열람 절차

개인정보처리자는 열람할 개인정보와 열람이 가능한 일시 및 장소 등에 따라 열람 요구사항 중 일부만을 열람하게 하는 경우에는 그 사유와 이의 제기방법을 포함하여 행정자치부령으로 정하는 '열람통지서'로 해당 정보주체에게 알려야 한다.

개인정보처리자가 정보주체의 열람을 연기하려는 경우에는 열람을 요구 받은 날로부터 10일 이내에 연기사유 및 이의제기 방법을 행정자치부령으로 정하는 '열람 연기·거절 통지서'로 해당 정보주체에게 알려야 한다.

1-5. 정보주체의 열람 제한 및 거절

개인정보처리자는 다음의 사유가 발생하면 정보주체에게 그 사유를 알리고 열람을 제한하거나 거절할 수 있다. 열람이 제한되는 사항을 제외한 부분에 대해서는 열람할 수 있도록 하여야 한다.

• 법률에 따라 열람이 금지되거나 제한되는 경우
• 다른 사람의 생명·신체를 해할 우려가 있거나 다른 사람의 재산과 그 밖의 이익을 부당하게 침해할 우려가 있는 경우
• 공공기관이 다음 각 목의 어느 하나에 해당하는 업무를 수행할 때 중대한 지장을 초래하는 경우
  – 조세의 부과·징수 또는 환급에 관한 업무
  – 「초·중등교육법」 및 「고등교육법」에 따른 각급 학교, 「평생교육법」에 따른 평생교육시설, 그 밖의 다른 법률에 따라 설치된 고등교육기관에서의 성적 평가 또는 입학자 선발에 관한 업무
  – 학력·기능 및 채용에 관한 시험, 자격 심사에 관한 업무
  – 보상금·급부금 산정 등에 대하여 진행 중인 평가 또는 판단에 관한 업무

- 다른 법률에 따라 진행 중인 감사 및 조사에 관한 업무

2. 개인정보의 정정·삭제(법 36조)

> **개인정보의 정정·삭제(개인정보 보호법 제36조)**
> ① 제35조에 따라 자신의 개인정보를 열람한 정보주체는 개인정보처리자에게 그 개인정보의 정정 또는 삭제를 요구할 수 있다. 다만, 다른 법령에서 그 개인정보가 수집 대상으로 명시되어 있는 경우에는 그 삭제를 요구할 수 없다.
> ② 개인정보처리자는 제1항에 따른 정보주체의 요구를 받았을 때에는 개인정보의 정정 또는 삭제에 관하여 다른 법령에 특별한 절차가 규정되어 있는 경우를 제외하고는 지체 없이 그 개인정보를 조사하여 정보주체의 요구에 따라 정정·삭제 등 필요한 조치를 한 후 그 결과를 정보주체에게 알려야 한다.
> ③ 개인정보처리자가 제2항에 따라 개인정보를 삭제할 때에는 복구 또는 재생되지 아니하도록 조치하여야 한다.
> ④ 개인정보처리자는 정보주체의 요구가 제1항 단서에 해당될 때에는 지체 없이 그 내용을 정보주체에게 알려야 한다.
> ⑤ 개인정보처리자는 제2항에 따른 조사를 할 때 필요하면 해당 정보주체에게 정정·삭제 요구사항의 확인에 필요한 증거자료를 제출하게 할 수 있다.
> ⑥ 제1항·제2항 및 제4항에 따른 정정 또는 삭제 요구, 통지 방법 및 절차 등에 필요한 사항은 대통령령으로 정한다.

2-1. 정보주체의 개인정보 정정·삭제 요구권

정보주체가 개인정보를 열람하여 그 개인정보에 오류가 있거나 보존 기간이 경과한 경우에는 개인정보처리자에게 그 개인정보를 정정 또는 삭제를 요구할 수 있다. 정보주체가 개인정보처리자에게 개인정보의 정정 또는 삭제를 요구할 때에는 행정자치부령으로 정하는 '개인정보 정정·삭제 요구서'를 해당 개인정보처리자에게 제출하여야 한다.

2-2. 개인정보 정정·삭제 등의 조치

개인정보 처리자가 정보주체로부터 개인정보 정정·삭제 요구를 받았을 때에는 다른 법령에 절차가 규정되어 있는 경우를 제외하고는 지체 없이[3] 그 개인정보를 조사하여야 한다.

---

3 개인정보처리자는 조사결과 정보주체의 요구가 정당하다고 판단되면 개인정보 정정·삭제 요구서를 받은 날로부터 10일 이내에 그 개인정보를 조사한다.

조사하여 정보주체의 요구에 따라 정정·삭제 등의 조치를 한 후 그 결과를 행정자치부령이 정하는 '개인정보 정정·삭제 결과 통지서'로 해당 정보주체에게 알려야 한다.

다른 개인정보처리자로부터 개인정보를 제공 받아 개인정보파일을 처리하는 개인정보처리자는 「개인정보 보호법」 제36조제1항에 따른 개인정보의 정정 또는 삭제 요구를 받으면 그 요구에 따라 해당 개인정보를 정정·삭제하거나 그 개인정보 정정·삭제 요구서를 해당 개인정보를 제공한 기관의 장에게 지체 없이 보내고 그 처리 결과에 따라 필요한 조치를 하여야 한다(영 제43조제2항).

개인정보처리자가 개인정보를 삭제할 때에는 **복구 또는 재생되지 아니하도록 조치하여야** 한다.

개인정보처리자가 조사를 할 때 필요하면 정보주체에게 정정·삭제 요구사항의 확인에 필요한 증거자료를 제출하게 할 수 있다.

2-3. 개인정보 정정·삭제 거부 조치 시 통지

다른 법령에서 개인정보가 수집 대상으로 명시되어 있는 경우에는 삭제를 요구할 수 없다. 「개인정보 보호법」 제36조제1항 단서에 해당하여 삭제 요구에 따르지 아니한 경우에는 그 사실 및 이유와 이의제기방법을 행정자치부령으로 정하는 '개인정보 정정·삭제 결과 통지서'로 해당 정보주체에게 10일 이내에 알려야 한다.

> **다른 법령에 의해 보관되는 예(전자상거래법 시행령)**
> 사업자가 보존하는 거래기록의 대상 등(제6조)
> ① 법 제6조제3항에 따라 사업자가 보존하여야 할 거래기록의 대상·범위 및 기간은 다음 각 호와 같다. 다만, 통신판매중개자는 자신의 정보처리 시스템을 통하여 처리한 기록의 범위에서 다음 각 호의 거래기록을 보존하여야 한다.
>   1. 표시·광고에 관한 기록 : 6개월
>   2. 계약 또는 청약철회 등에 관한 기록 : 5년
>   3. 대금결제 및 재화 등의 공급에 관한 기록 : 5년
>   4. 소비자의 불만 또는 분쟁처리에 관한 기록 : 3년

3. 개인정보의 처리정지 등(법 37조)

정보주체는 개인정보처리자에게 자신의 개인정보 처리의 정지를 요구할 수 있다. 개인정보 처리정지는 개인정보 동의철회보다 더 넓은 개념이다. 동의철회는 해당 동의 건에 대해서만 철회하지만 처리정지는 동의하지 않은 것에 대해서도 개인정보 처리정지를 요구하는 것으로 해석한다.[4] 정보주체는 처리정지에 대한 요구에 대한 사유는 필요치 않으며 언제든지 요구가 가능하다.

개인정보의 처리정지 등(개인정보 보호법 제37조)

① 정보주체는 개인정보처리자에 대하여 자신의 개인정보 처리의 정지를 요구할 수 있다. 이 경우 공공기관에 대하여는 제32조에 따라 등록 대상이 되는 개인정보파일 중 자신의 개인정보에 대한 처리의 정지를 요구할 수 있다.

② 개인정보처리자는 제1항에 따른 요구를 받았을 때에는 지체 없이 정보주체의 요구에 따라 개인정보 처리의 전부를 정지하거나 일부를 정지하여야 한다. 다만, 다음 각 호의 어느 하나에 해당하는 경우에는 정보주체의 처리정지 요구를 거절할 수 있다.

　1. 법률에 특별한 규정이 있거나 법령상 의무를 준수하기 위하여 불가피한 경우

　2. 다른 사람의 생명·신체를 해할 우려가 있거나 다른 사람의 재산과 그 밖의 이익을 부당하게 침해할 우려가 있는 경우

　3. 공공기관이 개인정보를 처리하지 아니하면 다른 법률에서 정하는 소관 업무를 수행할 수 없는 경우

　4. 개인정보를 처리하지 아니하면 정보주체와 약정한 서비스를 제공하지 못하는 등 계약의 이행이 곤란한 경우로서 정보주체가 그 계약의 해지 의사를 명확하게 밝히지 아니한 경우

③ 개인정보처리자는 제2항 단서에 따라 처리정지 요구를 거절하였을 때에는 정보주체에게 지체 없이 그 사유를 알려야 한다.

④ 개인정보처리자는 정보주체의 요구에 따라 처리가 정지된 개인정보에 대하여 지체 없이 해당 개인정보의 파기 등 필요한 조치를 하여야 한다.

⑤ 제1항부터 제3항까지의 규정에 따른 처리정지의 요구, 처리정지의 거절, 통지 등의 방법 및 절차에 필요한 사항은 대통령령으로 정한다.

3-1. 정보주체의 개인정보 처리정지 요구권

• **공공기관** : 공공기관 개인정보처리자의 경우 「개인정보 보호법」 제32조에 따라 행정자치부에 등록 대상이 되는 개인정보파일 중에 포함된 자신의 개인정보에 대해서만 처리정지를 요구할 수 있다. 단, 「개인정보 보호법」 제32조제2항에 따라 개인정보파일 등록에 제외된 파일에 대해서는 개인정보 처리정지 요구가 제외된다. 따라서 등록된 개

---

4 개인정보 법령 및 지침·고시·해설서, 행정안전부, 2011. 12 참고

인정보파일과 등록에 제외된 개인정보파일에 대한 관리가 필요하다.

개인정보파일(개인정보 보호법 제32조제2항)

1. 국가 안전, 외교상 비밀, 그 밖에 국가의 중대한 이익에 관한 사항을 기록한 개인정보파일
2. 범죄의 수사, 공소의 제기 및 유지, 형 및 감호의 집행, 교정처분, 보호처분, 보안관찰처분과 출입국관리에 관한 사항을 기록한 개인정보파일
3. 「조세범처벌법」에 따른 범칙행위 조사 및 「관세법」에 따른 범칙행위 조사에 관한 사항을 기록한 개인정보파일
4. 공공기관의 내부적 업무처리만을 위하여 사용되는 개인정보파일
5. 다른 법령에 따라 비밀로 분류된 개인정보파일

• **공공기관 이외 개인정보처리자** : 공공기관 이외는 정보주체가 개인정보처리자에 대하여 자신의 개인정보 처리의 정지를 요구할 수 있다.

3-2. 개인정보처리자 개인정보의 처리정지

개인정보처리자는 정보주체의 처리정지 요구가 있으면 지체 없이 정보주체의 요구에 따라 개인정보 처리의 전부 또는 일부를 정지하여야 한다.

개인정보처리자는 '개인정보 처리정지 요구서'를 받은 날로부터 10일 이내에 처리정지 조치를 한 사실과 그 이유와 이의제기 방법을 적은 개인정보 처리정지 요구에 대한 결과 통지서로 정보주체에게 알려야 한다. 정보주체의 요구가 있으면 처리정지된 개인정보는 지체 없이 파기 등의 조치를 하여야 한다.

3-3. 정보주체의 개인정보의 처리정지 거부

개인정보처리자가 정보주체로부터 개인정보 처리정지 요구를 받았을 때 다음 어느 하나에 해당하는 경우에는 정보주체의 처리정지 요구를 거절할 수 있다. 이 경우 10일 이내에 처리정지 요구 거절 사실 및 그 이유와 이의제기 방법을 적은 '개인정보 처리정지 요구에 대한 결과 통지서'를 통하여 해당 정보주체에게 알려야 한다.

> **개인정보 처리정지 거부 요건(개인정보 보호법 제37조제2항)**
> 1. 법률에 특별한 규정이 있거나 법령상 의무를 준수하기 위하여 불가피한 경우
> 2. 다른 사람의 생명·신체를 해할 우려가 있거나 다른 사람의 재산과 그 밖의 이익을 부당하게 침해할 우려가 있는 경우
> 3. 공공기관이 개인정보를 처리하지 아니하면 다른 법률에서 정하는 소관 업무를 수행할 수 없는 경우
> 4. 개인정보를 처리하지 아니하면 정보주체와 약정한 서비스를 제공하지 못하는 등 계약의 이행이 곤란한 경우로서 정보주체가 그 계약의 해지 의사를 명확하게 밝히지 아니한 경우

개인정보 처리정지 요청이 있다고 해서 무조건 처리정지하는 것이 아니라 처리정지 거부 요건의 적정성은 있는지에 따라 업무처리를 하면 된다. 정보주체 입장에서 처리정지를 요구한다는 것은 정보주체의 이익이 우선되어야 함에는 변함이 없을 것이다.

4. 권리행사의 방법 및 절차(법 38조)

> **권리행사의 방법 및 절차(개인정보 보호법 제38조)**
> ① 정보주체는 제35조에 따른 열람, 제36조에 따른 정정·삭제, 제37조에 따른 처리정지 등의 요구(이하 "열람 등 요구"라 한다)를 문서 등 대통령령으로 정하는 방법·절차에 따라 대리인에게 하게 할 수 있다.
> ② 만 14세 미만 아동의 법정대리인은 개인정보처리자에게 그 아동의 개인정보 열람 등 요구를 할 수 있다.
> ③ 개인정보처리자는 열람 등 요구를 하는 자에게 대통령령으로 정하는 바에 따라 수수료와 우송료(사본의 우송을 청구하는 경우에 한한다)를 청구할 수 있다.
> ④ 개인정보처리자는 정보주체가 열람 등 요구를 할 수 있는 구체적인 방법과 절차를 마련하고, 이를 정보주체가 알 수 있도록 공개하여야 한다.
> ⑤ 개인정보처리자는 정보주체가 열람 등 요구에 대한 거절 등 조치에 대하여 불복이 있는 경우 이의를 제기할 수 있도록 필요한 절차를 마련하고 안내하여야 한다.

정보주체가 권리행사 시 어떤 방법과 절차에 따라 행사하는지에 대한 법률 조문이다. 또한, 정보주체 이외의 자가 권리를 대신 행사할 때에 정보주체의 수준에 준하는 본인확인 절차를 강구하여야 한다. 열람, 정정·삭제, 처리정지를 문서 등 대통령이 정하는 방법과 절차에 따라 대리인에게 하게 할 수 있다.

4-1. 열람 등 요구 정보주체의 대리인 범위

4-1-1. 대리인에 의한 권한 행사(정보주체로부터 위임 받은 자)

정보주체는 개인정보 열람 요구권, 개인정보 정정·삭제 요구권, 개인정보 처리정지권 등의 권리 행사를 대리인을 통하여 할 수 있다. 대리인을 통해 요구권 행사는 가능하지만 개인정보 자기결정권의 본질에 따라 정보주체의 개인정보 정정·삭제, 처리정지 여부는 정보주체만이 할 수 있다.

정보주체 대리인이 법 제38조에 따라 정보주체를 대리할 때에는 개인정보처리자에게 행정자치부령으로 정하는 정보주체의 위임장을 제출하여야 한다.

4-1-2. 법정대리인에 의한 권한 행사

만 14세 미만의 아동의 경우 법정대리인이 개인정보처리자에게 그 아동에 관한 개인정보의 열람, 정정·삭제, 처리정지 등을 요구할 수 있다. 동의는 법정대리인이 직접 해야 하며, 아동이 법정대리인의 동의를 받아서 권한 행사를 하는 것은 허용하지 않는다.

4-2. 정보주체의 대리인 신원 확인

공공기관인 개인정보처리자가 「전자정부법」 제36조제1항에 따른 행정정보의 공동이용[5]을 통하여 신원 확인을 할 수 있는 경우에는 행정정보의 공동이용을 통하여 확인하여야 한다. 다만, 해당 공공기관이 행정정보의 공동이용을 할 수 없거나 정보주체가 확인에 동의하지 아니하는 경우에는 그러하지 아니하다.

대리인의 경우 자신에 관한 신원 확인뿐만 아니라 정보주체와 대리인 사이의 대리관계를 증명할 수 있는 위임장 및 인감 또는 법정대리인의 경우에는 법정대리인임을 확인할 수 있는 서면(주민등록등본, 가족관계증명서 등)을 추가로 확인하여야 한다.

---

[5] 국민들이 인·허가 등 각종 민원신청 시 필요한 구비서류를 제출하지 않아도 민원담당자가 전산망으로 확인하여 민원을 처리하는 전자정부 서비스

온라인의 경우 아이디·패스워드, 전자서명, 아이핀을 통해 가능하고, 오프라인의 경우 주민등록증, 운전면허증, 여권, 공무원증 등에 의하면 된다.

4-3. 정보주체의 권리행사 방법 및 절차

개인정보처리자는 정보주체가 열람 등을 요구할 수 있는 구체적인 방법과 절차를 마련하고, 이를 정보주체가 알 수 있도록 공개[6]하여야 한다.

개인정보처리자는 정보주체가 법 제38조제1항에 따른 열람 등 요구를 하는 경우에는 개인정보를 수집하는 방법과 동일하거나 보다 쉽게 정보주체가 열람 요구 등 권리를 행사할 수 있도록 간편한 방법을 제공하여야 하며, 개인정보의 수집 시에 요구되지 않았던 증빙서류 등을 요구하거나 추가적인 절차를 요구할 수 없다(표준지침 제34조제1항).

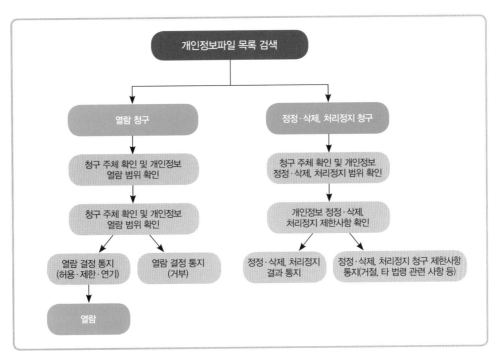

▲ **그림 2-1** 개인정보 열람, 정정·삭제, 처리정지 절차도 〈출처 : www.privacy.go.kr〉

---

6 대부분 개인정보 처리방침에 정보주체의 열람, 정정·삭제, 처리정지에 대한 방법과 절차를 공개한다.

개인정보처리자가 공공기관의 경우 개인정보 종합지원 시스템을 통하여 열람청구에 따른 절차와 정정·삭제, 처리정지 청구에 따라 정보주체의 권한 행사를 처리할 수 있다.

4-4. 정보주체의 열람 수수료 청구

개인정보처리자는 열람 등을 요구하는 자에게 수수료와 우송료(사본 우송을 청구하는 경우에 한한다)를 청구할 수 있다. 이는 열람, 정정·삭제에 필요한 실비 범위 내에서 청구해야 한다. 개인정보처리자가 지방자치단체인 경우 해당 지방자치단체의 조례로 정하는 바에 따른다.

4-5. 정보주체의 이의제기 및 시스템 구축

열람 등의 요구에 대한 거절 조치에 대하여 불복이 있는 경우 정보주체가 이의를 제기할 수 있도록 개인정보처리자는 필요한 절차를 마련하고 안내하여야 한다.

개인정보처리자는 열람 등의 요구 및 그에 대한 통지에 갈음하여 해당 **업무를 전자적으로 처리할 수 있도록 시스템을 구축·운영**하거나 그 밖의 업무처리 절차를 정하여 해당 업무를 처리할 수 있다.

개인정보처리자 중 공공기관이 보유하고 있는 개인정보에 관한 열람 등을 요구 및 그에 대한 통지에 관한 공공기관의 업무를 수행하기 위하여 개인정보 보호 종합지원 시스템[7]을 구축하여 운영하고 있다.

저자 한마디

모든 자료와 교육, 홍보가 대다수 개인정보처리자 입장에 집중되다보니 자칫 정보주체의 권리 강화를 소홀히 할 수 있다. 개인정보 자기결정권 측면에서 정보주체의 권리에 따른 법적 근거를 가지고 정당하게 주장할 필요가 있다. 반면 개인정보처리자는 관련 규정과 절차, 방법에 따라 처리하여야 한다.

---

7 개인정보 보호 종합지원 시스템(http://www.privacy.go.kr)

5. 손해배상 책임(법 39조)

개인정보의 유출 사고나 오·남용 피해가 발생한 경우에는 해당 개인정보를 처리해서 이익을 얻고 있는 개인정보처리자가 스스로 고의 또는 과실 없음을 입증하게 하여 개인정보처리자의 공정한 피해 구제를 받을 수 있다(개인정보처리자 측면).

역설하면 정보주체는 개인정보 유출이나 오·남용에 따른 손해배상을 개인정보처리자에게 청구할 수 있다. 카드3사 및 금융권 개인정보 유출로 인한 금융회사들의 정보보호 강화 및 개인정보 노력이 더욱 요구되고 있어 개인정보 유출 및 해킹 사고에 대비한 보험 상품도 출시되고 있다.[8]

특히 손해배상 책임에서 최근에 도입된 법정 손해배상제도와 징벌적 손해배상제도가 도입된 배경에는 개인정보 유출로 인해 피해자가 입는 손해가 크지만 그 손해액을 증명하기 어려워 피해자들이 충분한 손해배상을 받지 못하고 있다는 인식이 깔려 있는 것으로 이해된다. 대다수 판례를 보면 정보주체 1인당 10만 원 정도의 피해보상액이 정해진 경우가 많다.

구 분	상품명	주요 보상 내용	가입 대상	보험료(FY'10)
의무보험	전자금융거래 배상책임보험	해킹 또는 전산장애 등으로 금융거래 피해를 본 고객이 입은 손해를 보상	금융기관 및 전자금융업자	54.4억 원
	공인전자문서 보관서 배상책임보험	전자문서보관 등의 업무수행과 관련하여 위법한 행위로 이용자에게 손해를 입힌 경우 손해를 보상	공인전자문서 보관소	1.8억 원
임의보험	개인정보 유출 배상책임보험	보험에 가입한 기업이 개인정보 유출을 당한 가입 고객으로부터 손해배상청구 소송을 당했을 때 발생하는 손해를 보상	온라인 쇼핑몰 등 고객 정보를 다루는 업종	14.3억 원
	e-Biz 배상책임보험	피보험자의 인터넷 및 네트워크 활동에 기인하여 타인에게 손해를 가함으로써 피보험자가 제3자에게 부담하여야 할 법률상의 손해를 보상	온라인 쇼핑몰 및 인터넷 개발업자 등	8.3억 원

▲ 표 2-1 개인정보 관련 보험상품 예시 〈출처 : 개인정보유출 관련 주요 보험상품 현황(자료 : 보험개발원)〉

---

8 개인정보유출 배상책임보험 시장, 최대 3조 규모, 2015. 5. 31. 보안뉴스

> **손해배상 책임(개인정보 보호법 제39조)**
> ① 정보주체는 개인정보처리자가 이 법을 위반한 행위로 손해를 입으면 개인정보처리자에게 손해배상을 청구할 수 있다. 이 경우 그 개인정보처리자는 고의 또는 과실이 없음을 입증하지 아니하면 책임을 면할 수 없다.
> ② 삭제(2015. 7. 24)
> ③ 개인정보처리자의 고의 또는 중대한 과실로 인하여 개인정보가 분실·도난·유출·위조·변조 또는 훼손된 경우로서 정보주체에게 손해가 발생한 때에는 법원은 그 손해액의 3배를 넘지 아니하는 범위에서 손해배상액을 정할 수 있다. 다만, 개인정보처리자가 고의 또는 중대한 과실이 없음을 증명한 경우에는 그러하지 아니하다(신설 2015. 7. 24).
> ④ 법원은 제3항의 배상액을 정할 때에는 다음 각 호의 사항을 고려하여야 한다(신설 2015. 7. 24).
> 　1. 고의 또는 손해 발생의 우려를 인식한 정도
> 　2. 위반행위로 인하여 입은 피해 규모
> 　3. 위법행위로 인하여 개인정보처리자가 취득한 경제적 이익
> 　4. 위반행위에 따른 벌금 및 과징금
> 　5. 위반행위의 기간·횟수 등
> 　6. 개인정보처리자의 재산상태
> 　7. 개인정보처리자가 정보주체의 개인정보 분실·도난·유출 후 해당 개인정보를 회수하기 위하여 노력한 정도
> 　8. 개인정보처리자가 정보주체의 피해 구제를 위하여 노력한 정도

5-1. 손해배상 책임의 성립요건[9]

5-1-1. 침해행위가 존재하고 위법할 것

손해배상청구권이 발생하기 위해서는 개인정보처리자에게 이 법을 위반한 사실(침해행위)이 있어야 한다. 개인정보는 다른 사람의 생명·신체·재산을 보호하기 위하여 이용되는 경우가 많으므로 손해배상 책임 결정에 있어 위법성 조각사유[10]를 면밀하게 검토해야 한다.

5-1-2. 손해가 발생하였을 것

법 위반으로 정보주체에게 손해가 발생했어야 한다. 손해는 재산적 손해를 포함해서 정신적 손해도 해당이 된다. 손해사실과 피해액에 대해서는 정보주체가 입증책임을 진다.

---

9 개인정보 보호 법령 및 지침 고시 해설서, 행안부, 2011. 12
10 위법성 조각사유(違法性 阻却事由)란, 구성요건에 해당되는 경우라도 일정한 경우 위법성을 배제하여 범죄를 성립하지 않는다는 의미이다. 개인정보 이용이 사회통념상 반하지 않다고 인정되는 경우에는 위법성이 조각된다.

- **징벌적 손해배상제도**
  - 최근 법 개정으로 인해 징벌적 손해배상제도가 도입되었다.[11] 징벌적 손해배상제도란 개인정보처리자의 고의 또는 중대한 과실로 인하여 개인정보가 분실·도난·유출·위조·변조 또는 훼손된 경우로서 정보주체에게 손해가 발생한 때에는 법원은 그 손해액의 3배를 넘지 아니하는 범위에서 손해배상액을 정할 수 있다. 다만, 개인정보처리자가 고의 또는 중대한 과실이 없음을 증명한 경우에는 그러하지 아니하다.

    > **배상액 정할 때 고려사항(개인정보 보호법 제39조)**
    > 1. 고의 또는 손해 발생의 우려를 인식한 정도
    > 2. 위반행위로 인하여 입은 피해 규모
    > 3. 위법행위로 인하여 개인정보처리자가 취득한 경제적 이익
    > 4. 위반행위에 따른 벌금 및 과징금
    > 5. 위반행위의 기간·횟수 등
    > 6. 개인정보처리자의 재산상태
    > 7. 개인정보처리자가 정보주체의 개인정보 분실·도난·유출 후 해당개인정보를 회수하기 위하여 노력한 정도
    > 8. 개인정보처리자가 정보주체의 피해 구제를 위하여 노력한 정도

  - 「개인정보 보호법」 외에도 징벌적 손해배상제도가 도입된 법률이 점차 증가하고 있다. 하지만 징벌적 손해배상이 청구된 것은 1건에 불과하다.[12] 이유는 법원이 감액할 여지를 둬서 실효성이 떨어진다는 것이다. 또한 기업이 이윤을 장래의 손해비용을 미리 계산해 두고 불법 수익을 올릴 여지도 있다는 주장이 있다. 반면, 피해자 손해가 아니라 개인정보처리자의 불법 이익을 손해로 추정하는 영미식법을 따온 특허법과 저작권법도 있지만 개인정보처리자의 이익을 피해자가 입증하기란 쉽지 않다.
  - 법정에서 제대로 된 손해배상액이 나와야 법적 취지를 살릴 수 있다. 손해배상액이 기준이 모호할 경우 판사는 보수적으로 손배액을 정하기 때문에 배심제가 필요하다고 주장하기도 한다. 「개인정보 보호법」에서 이제 막 시행되는 것인 만큼 피

---

11 징벌적 손해배상제도는 2015. 7. 24 신설되고 2016. 7. 25부터 시행됐다(개인정보 보호법 제39조제3항).
12 법원 틀에 얽매인 판결 벗어나야...민사배심제 도입 고려해 볼 만, 한국일보, 2016. 7. 20 참조

해자가 받을 고통, 장래의 동일범죄 발생 가능성, 사회적 비난 가능성을 고려해 법의 취지대로 정착하길 기대해 본다.

- 법정 손해배상제도
  - 정보주체는 개인정보처리자의 고의 또는 과실로 인하여 개인정보가 분실·도난·유출·위조·변조 또는 훼손된 경우에는 300만 원 이하의 범위에서 상당한 금액을 손해액으로 하여 배상을 청구할 수 있다. 이 경우 해당 개인정보처리자는 고의 또는 과실이 없음을 입증하지 아니하면 책임을 면할 수 없다.
  - 최근 유명한 로펌의 변호사에 따르면 비재산적 손해가 금전적으로 얼마인지를 평가하는 일이 쉽지 않다고 언급하고 있다. 또한, 법정 손해배상제도가 활성화 될 경우 기업들이 유출된 정보의 제3자 열람가능성이 없다는 이유로 손해가 발생하지 않았다고 주장해 다툴 수 있는지도 쟁점이 될 것으로 예상된다고 하였다.[13] 제도 도입의 원래 취지가 왜곡되지 않기를 바랄뿐이다.

저자 한마디

비재산적 손해(정신적 손해)를 입었다는 것은 무엇인가라는 물음에서 정신적 손해는 제3자 열람 가능성이 있어야 가능한데, 개인정보처리자는 유출은 인정하지만 열람 가능성을 부인했을 때 쟁점이 뜨거울 것으로 예상된다. 이런 점에서 개인정보처리자는 암호화 등의 조치는 필수라고 보겠다.

5-1-3. 침해행위와 손해 사이에 인과관계가 있을 것

위반 행위와 손해 사이에 인과관계가 있다는 사실을 정보주체가 입증하여야 한다. 개인정보처리자가 그 사정을 알았거나 알 수 있었을 것이라는 사실에 대해서도 정보주체에게 입증책임이 있다.

---

13 개인정보 유출로 인한 손해배상 책임의 최근 동향, 보안뉴스, 2016. 7 .7 참조

2부 정보주체의 권리 강화

5-1-4. 고의·과실 및 책임 능력이 존재할 것

개인정보처리자에게 손해배상 책임을 묻기 위해서는 고의 과실과 책임능력이 있어야 한다.

고의란 개인정보처리자가 이 법의 위반을 알면서도 그 행위를 하는 것이다. 일정한 행위를 하면 결과가 발생할지도 모른다는 의구심을 가지면서 그 행위를 하는 미필적 고의도 고의에 포함이 된다.

과실이란 개인정보처리자의 경력·경험·직업 등 사회적 지위에 비추어 신의칙상 요구되는 정도의 주의를 결여하였기 때문에 이 법에 위반함을 인식하지 못한 것을 말한다. 일반적으로 판결문을 보면 **선량한 관리자로서의 주의의무를 다하지 못한 것**에 대한 법률위반에 대한 사항을 명시하고 있다.

5-2. 고의·과실에 대한 입증책임

「개인정보 보호법」 위반에 따른 손해배상청구에 대해서는 계약 불이행이든 불법행위에 따른 것이든 고의 또는 과실의 입증책임은 개인정보처리자 자신이 부담한다. 개인정보처리자 자신에게 고의 또는 과실 없음을 스스로 입증해야 함을 의미한다. 고의·과실을 정보주체인 개인이 입증하기가 현실적으로 어렵고, 정보주체에게 입증책임을 부담한다면 사실상 피해 구제를 차단하는 결과를 초래하기 때문이다.

저자 한마디

손해배상 책임에 법정 손해배상제도와 징벌적 손해배상제도에 도입에 대한 이해와 강화된 규정인 만큼 이에 따른 대응 전략도 필요하다. 특히, 개인정보취급자와 임직원들에게 강화된 규정에 대한 인식과 공감대 형성이 무엇보다 중요한 조항이다.

SECURITY

3부 현장에서
실무 사례 및 판례

현장에서 사용하는 개인정보 동의 서식 사례[1]

1 개인정보 수집·이용 시 점검 사항

1부 개인정보처리자, 2부 정보주체, 3부에서는 개인정보 처리업무 현장에서 바로 적용할 수 있는 실무 사례 중심으로 구성해 보았다. 흩어져 있는 개인정보 관련 사례를 한곳에 모아 살펴보면서 당장 무엇부터 해야 할지 모를 담당자에게 가이드 역할을 해주리라 생각한다.

최근 개인정보 관련 법률 및 고시 개정이 자주 일어나면서 지속적으로 관심을 가지고 살펴보지 않으면 과거 기준 규정을 적용하여 담당자 실수로 이어지는 경우를 종종 보게 된다. 1부, 2부에서 어느 정도 개념 이해를 충분히 갖추었다면 개정된 사항만 반영하면 되니 그만큼 업무 부담이 경감된다.

이미 알고 있다고 생각하지만 실제 업무를 하면서 처리하다보면 고민되는 사항이 많다. 여러 가지 표준 사례를 살펴보면서 업무에 적용하도록 해보자.

개인정보 업무나 정보주체로서 가장 먼저 살펴보는 것이 '동의' 유무에 따른 규정 준수 사항이다. 동의를 구한다는 것은 개인정보처리자 입장에서는 규정 준수에 따른 약속을 하는 것이고, 정보주체 입장에서는 개인정보처리자가 신뢰를 가지고 규정된 사항에 대해 잘 준수하길 기대하는 일종의 쌍방 합의인 셈이다.

---

1 개인정보 보호 포털(www.privacy.go.kr) 참조

개인정보 수집·이용과 고유식별 정보, 민감정보, 제공, 홍보·이벤트에 있어서 동의 서식에서 요구하고 있는 규정은 무엇인지를 사례 중심으로 살펴보자.

1. 개인정보 수집·이용 정보주체의 동의

> 개인정보 수집·이용을 위해 정보주체의 동의를 받아야 한다.

다른 정보와 결합하여 개인을 식별할 수 있는 정보를 수집·이용하기 위해서는 정보주체의 동의를 반드시 받아야 한다.

단, 법률에 특정한 규정이 있거나 법령상 의무 준수를 위해 불가피한 경우 등은 동의 없이 수집, 이용 가능하다(법 제15조, 제16조).

동의 없이 수집, 이용 시 5천만 원 이하의 과태료

참 고

- **개인정보** : 살아 있는 개인에 관한 정보로서 성명, 주민등록번호, 영상 등을 통하여 개인을 알아볼 수 있는 정보를 말한다.
- **개인정보 수집** : 이름, 주소, 전화번호 등 정보주체에 관한 모든 형태의 개인정보를 취득하는 것을 말한다(표준지침 제6조).
- **정보주체의 동의 없이 개인정보를 수집할 수 있는 예외 사유**
  - 법률에 특별한 규정이 있거나 법령상 의무 준수를 위해 불가피한 경우
  - 정보주체와의 계약 체결 및 이행을 위해 불가피한 경우
  - 정보주체 등에게 동의를 받을 수 없는 경우로서 명백히 정보주체 또는 제3자의 생명, 신체, 재산의 이익을 위해 필요하다고 인정되는 경우
  - 개인정보처리자의 정당한 이익을 위해 필요한 경우로서 명백하게 정보주체의 권리보다 우선하는 경우
  - 기타 공공기관이 법령상의 소관 업무 수행을 위해 불가피한 경우

동의를 받을 때는 정보주체에게 법에서 정하는 필수 고지사항을 알려야 하며, 필수정보·선택정보 분리, 고유식별 정보 수집 시 별도동의, 민감정보 수집 시 별도동의, 제3자 제공 동의, 마케팅용도 사용에 대한 별도동의 등 동의 받는 방법을 준수하여야 한다.

2. 동의 받을 때 고지사항

> 개인정보 수집동의를 받을 때에는 필수 고지사항(동의거부권 및 불이익 포함)을 반드시 안내해야 한다.

- **수집목적** : 개인정보를 수집하여 이용하는 목적을 구체적으로 명시한다.
- **수집항목** : 필수항목/선택항목을 구분하여 모든 수집항목을 명시한다.
- **보유 및 이용 기간** : 개인정보를 이용하는 기간과 법에 따라 보존하는 기간 등을 구분하여 안내한다.
- **동의를 거부할 권리 및 불이익** : 동의를 거부할 권리가 있음을 명시하고 동의 거부 시 불이익을 안내한다(선택정보 미동의를 이유로 서비스 거부 등 불이익을 줄 수 없음).

온라인, 오프라인 개인정보 수집 시 모두 적용된다.

필수사항 미고지 시 3천만 원 이하의 과태료

〈개인정보 수집·이용 동의〉 예시-1

〈일반 개인정보 수집 동의〉

1. 개인정보 수집목적
- 회원관리 : 회원제 서비스 이용에 따른 본인확인, 개인식별, 불량회원 관리

2. 개인정보 수집항목
- 필수항목 : 이름, ID, 비밀번호, 생년월일
- 선택항목 : 주소, 핸드폰 번호, 이메일, 전화번호

3. 개인정보 보유 및 이용 기간
- 회원정보 : 회원 탈퇴 및 제명 시까지 보유
- 계약 또는 청약철회 등에 관한 기록, 대금결제 및 재화 등의 공급에 관한 기록 : 5년
- 소비자 불만, 분쟁처리, 신용정보 수집/처리 기록 : 3년간(전자상거래법)

4. 개인정보의 수집·이용에 대한 동의 거부
- 회원가입 시 선택정보의 수집·이용 동의에 거부할 수 있으며, 다만 이 경우 메일링서비스 등 일부서비스가 제한될 수 있습니다.

위 개인정보 수집 및 이용에 동의하십니까? 동의함 □ 동의하지 않음 □

3. 필수정보와 선택정보를 분리하여 동의

수집하는 개인정보는 필수정보와 선택정보로 분리하여 동의를 받아야 한다.

서비스를 위해 반드시 필요한 필수정보와 선택적으로 필요한 선택정보를 분리하여 선택정보에 대한 동의거부가 가능하도록 하여야 한다.

선택정보의 수집에 동의하지 않는다는 이유로 재화 또는 서비스의 제공을 거부할 수 없다(법 제16조).

위반 시 3천만 원 이하의 과태료

참 고

• **필수정보** : 서비스를 제공하기 위해 필수적으로 필요한 최소한의 항목
　　　　　　필수정보임은 개인정보처리자가 소명할 수 있어야 한다.
• **선택정보** : 필수정보를 제외한 추가정보
　　　　　　메일, SMS 등 부분적인 서비스만을 위해 필요한 정보는 선택정보이다.

〈 필수정보와 선택정보의 구분〉 예시-2

1. 회원가입 시 필수정보 예시
• 이름, ID, 비밀번호, 생년월일, 전화번호 등
• 회원가입을 위해 반드시 제공하여야 하는 항목으로 구성(제공을 거부할 경우 회원가입 불가)

2. 선택정보 예시
• 생년월일, 전화번호, 이메일, 결혼기념일, 직업, 관심분야 등
• 제공 또는 동의를 거부하더라도 회원가입에 문제가 없는 항목

※ 동일 항목이라도(생년월일, 전화번호 등) 서비스에 따라 필수정보 또는 선택정보가 될 수 있다(서비스를 위해 반드시 필요한 이유를 제시할 수 있어야 함). 위 예시에서 보면 같은 '생년월일'이라도 그 서비스에 따라 필수/선택 정보가 될 수 있다.

---

4. 고유식별 정보의 처리 제한

> 고유식별 정보의 처리는 엄격히 제한된다(주민등록번호는 법령에 근거).

고유식별 정보의 수집은 다음 방법 이외에는 허용되지 않는다.

- 다른 개인정보의 처리에 대한 동의와 별도로 동의를 받은 경우
- 법령에서 구체적으로 처리를 요구하는 경우(법 제24조)

고유식별 정보는 주민등록번호,[2] 여권번호, 면허번호, 외국인등록번호를 말한다.

불법 수집 시 5년 이하의 징역 또는 5천만 원 이하의 벌금

〈고유식별 정보 수집·이용 동의〉 예시-3

○○회사는 개인정보 보호법 제24조에 따라 다음과 같이 고유식별 정보를 처리합니다.

1. **수집항목** : 운전면허번호
2. **수집목적** : ◇◇ 서비스 제공을 위한 본인확인 및 개인식별
3. **보유 및 이용 기간** : ◇◇ 서비스 완료 시까지
   ※ 회사는 개인정보 수집 및 이용 목적이 달성된 후에는 해당 정보를 지체 없이 파기함
4. **동의거부권** : 위 개인정보의 수집·이용에 대한 동의를 거부할 수 있으며, 동의하지 않는 경우 ○○ 서비스에 대한 편의는 제공 받을 수 없습니다.

위 고유식별 정보 수집 및 이용에 동의하십니까? 동의함 □ 동의하지 않음 □

고유식별 정보 유출 시 정보주체에게 심각한 피해를 줄 수 있으므로 수집하거나 처리하지 않는 것이 바람직하다(주민등록번호 수집 법정주의 시행(2014. 8 .7), 주민등록번호 암호 의무화 부여(2016. 1. 1)).

5. 민감정보 처리 제한

> 정보주체의 사생활을 현저히 침해할 수 있는 민감정보의 처리는 엄격히 제한된다.

---

2 주민등록번호 수집 법정주의 : 2014. 8. 7 이후 수집하는 주민등록번호는 법령에 근거하지 않는 주민등록번호는 수집할 수 없다. 주민등록번호 수집 법정주의 시행 전 법적 근거가 없는 주민등록번호 보관 시에는 2016. 8. 6까지 모두 파기조치 하여야 한다.

민감정보의 수집은 다음 방법 이외에는 허용되지 않는다.

- 다른 개인정보의 처리에 대한 동의와 **별도로 동의를 받은 경우**
- 법령에서 구체적으로 처리를 요구하는 경우(법 제23조)

민감정보는 사상, 신념, 노동조합·정당의 가입·탈퇴, 정치적인 견해, 건강, 성생활에 관한 정보, 유전정보, 범죄경력자료 등 정보주체의 사생활을 현저히 침해할 우려가 있는 정보를 말한다.

불법 수집 시 5년 이하의 징역 또는 5천만 원 이하의 벌금

〈고유식별 정보 수집·이용 동의〉 예시-4

〈민감정보 수집 동의〉

1. **수집항목** : 장애정보
2. **수집목적** : 장애인 편의서비스 제공
3. **보유 및 이용 기간** : ◇◇ 서비스 완료 시까지
4. **동의거부권** : 위 개인정보의 수집·이용에 대한 동의를 거부할 수 있으며, 동의하지 않는 경우 ○○ 서비스에 대한 편의는 제공 받을 수 없습니다.

위 민감정보 수집 및 이용에 동의하십니까? 동의함 □ 동의하지 않음 □

---

② 개인정보 제공 시 점검 사항

1. 제3자 제공 동의

개인정보를 제3자에게 제공하려면 정보주체의 동의가 필요하다.

개인정보를 제3자에게 제공하기 위해서는 다음 중 어느 하나 이상의 조건에 해당해야 한다(법 제17조, 제18조).

- **정보주체에게 동의를 받은 경우**
- **법률에 특별한 규정이 있거나 법령상 의무를 위해 불가피한 경우**

- 공공기관이 법령에 정하는 소관 업무 수행에 불가피한 경우

- 정보주체와의 계약 체결 등

동의 없이 제공 시 5년 이하의 징역 또는 5천만 원 이하의 벌금

참 고

- **제3자 제공이란?**

개인정보 제3자 제공이란 개인정보처리자 외의 제3자에게 개인정보의 지배·관리권을 이전하는 것이다. 문서나 파일을 직접 전달하는 것 뿐 아니라, 데이터베이스시스템에 대한 접근 권한을 허용하여 열람·복사가 가능한 경우도 포함한다.

- **제3자 제공 동의 시 필수 고지 항목**
  - 개인정보를 **제공 받는 자**
  - 제공 받는 자의 개인정보 **이용 목적**
  - 제공하는 개인정보의 **항목**
  - 개인정보 **보유 및 이용 기간**
  - 동의 거부권 및 동의 거부 시 불이익

위반 시 3천만 원 이하의 과태료

〈개인정보 제3자 제공 서식〉예시-5

○○회사는 개인정보 보호법 제17조에 따라 다음과 같이 제3자에게 정보를 제공하고자 합니다.

1. **제공 받는 자** : A회사, B회사
2. **제공 받는 자의 이용 목적** : ◇◇ 제휴 서비스 제공
3. **제공하는 항목** : 성명, 전화번호, 성별
4. **제공 받은 자의 보유/이용 기간** : 제공된 날로부터 동회 철회 시 또는 제공 목적을 달성할 때까지 보유·이용합니다.
5. **동의거부권** : 정보제공에 대한 동의를 거부할 수 있으며, 동의하지 않을 경우 제휴사와의 연계 서비스가 제한됩니다.

위 개인정보의 제3자 제공에 동의하십니까? 동의함 □ 동의하지 않음 □

③ 홍보, 마케팅, 이벤트 시 점검 사항

> 홍보나 마케팅 목적으로 개인정보를 수집하는 경우 별도 동의가 필요하다.

정보주체에게 재화나 서비스를 홍보하거나 판매권유(마케팅)를 위해 개인정보를 수집하는 경우 이를 명확히 인지할 수 있도록 알리고 동의를 받아야 한다(별도동의)(법 제22조).

위반 시 1천만 원 이하의 과태료

〈 마케팅 목적의 수집·이용 별도 동의〉 예시-6

1. 개인정보 수집항목 및 수집방법
  - 필수항목 : 이름, ID, 비밀번호, 생년월일, 이메일, 전화번호
  - 선택항목 : 주소, 핸드폰 번호

2. 개인정보 수집목적
  - 회원관리 : 회원제 서비스 이용에 따른 본인확인, 개인식별, 불량회원 관리
  - ○○ 서비스 홍보

3. 개인정보 보유 및 이용 기간
  - 회원정보 : 회원 탈퇴 및 제명 시까지 보유

4. 개인정보의 수집·이용에 대한 동의 거부
  - 회원가입 시 선택정보의 수집·이용 동의에 거부할 수 있으며, 다만 이 경우 회원 서비스 중 일부가 제한될 수 있습니다.

위 개인정보 수집 및 이용에 동의하십니까? 동의함 □ 동의하지 않음 □

※ 마케팅 목적의 개인정보 이용
위의 수집·이용에 동의해 주신 개인정보 중 성명과 핸드폰 번호를 새로운 상품 정보제공 및 이벤트 안내를 위해 사용하고자 합니다.

위 개인정보의 마케팅 목적 이용에 동의하십니까? 동의함 □ 동의하지 않음 □

개인정보의 수집·이용 형태에 따라 필요한 동의 항목들을 선택하여 사용한다.

○○○부 공고 제2016- 호

공공기관 민원만족도 조사 관련 개인정보 제3자 제공사항 알림

2016년도 공공기관 민원만족도 조사 실시와 관련하여, 민원만족도 조사 수탁기관인 000컨설팅에 민원인 성명, 연락처 등 제공사항에 대해 「개인정보 보호법」 제18조제4항에 따라 다음과 같이 공고합니다.

2016년 8월   일

○○○부장관

1. 제공근거 : ○○○부는 정보주체의 동의, 법률의 특별한 규정 등 「개인정보 보호법」 제17조 및 제18조에 해당하는 경우에만 개인정보를 제3자에게 제공합니다.

2. 제공사항 : ○○○부는 다음과 같이 개인정보를 제3자에게 제공하고 있습니다.
   • 제공 일자 : 2016. 8. 26
   • 제공 받는 자 : ○○○컨설팅(만족도조사 수탁기관)
   • 제공의 법적 근거
     – 「개인정보 보호법」 제15조, 제18조제2항제2호
     – 「민원 처리에 관한 법률」 제26조
   • 제공하는 개인정보 항목
     – 민원만족도 조사 관련 민원인 성명, 연락처(유선, 휴대폰번호), 민원제목 및 요지

3. 제공 받는 자의 개인정보 이용 목적
   • 공공기관의 민원만족도 조사를 위한 민원인에 대한 설문조사 실시

4. 제공 받는 자의 보유기간 : 2016년도 민원만족도 조사 완료 시까지

II
개인정보 지침, 처리방침, 내부관리계획 실무 사례

 1 개인정보 보호 지침 사례

개인정보처리자는 조직 내 개인정보 보호에 대한 지침을 규정하고 있어야 한다. 개인
정보처리자 입장에서 임·직원과 개인정보취급자가 개인정보 업무를 처리함에 있어 준
수해야 할 규정이다. 법령을 준수하는 것은 당연한 것이지만 우리 조직에 맞는 개인정
보 지침이 마련되어 있어야 한다. 개인정보 지침 규정 시에는 표준 개인정보 보호 지침
을 참고하면 좋다.

개인정보 보호 지침[3]

제1장 총 칙

제1조 목적
이 개인정보 보호 지침은 ○○장애인복지관의 재활서비스와 관련하여 처리되는 다양한 개인정보를 보호하기 위하여
필요한 사항을 규정하여 개인정보를 사용하는 ○○장애인복지관의 재활업무의 적정한 수행을 돕고 이용 장애인의 권
리와 이익을 보호함을 그 목적으로 한다.

제2조 용어의 정의
1. "개인정보"라 함은 복지관에서 실시하는 서비스와 사업을 위해 수집된 이용자, 후원자, 자원봉사자, 직원, 지역사회
   자원, 기타 지역주민의 모든 정보(성명, 주민등록번호 등에 의하여 당해 개인을 알아볼 수 있는 부호, 문자, 음성, 음
   향, 영상 및 생체 특성에 관한 정보)를 말한다.
2. "개인정보파일"이란 이용자, 자원봉사, 후원자, 직원 등 개인정보가 담긴 집합물을 말한다.
3. "개인정보 수집"이란 복지관 업무 수행에 있어 수집하는 모든 개인정보를 말한다.
4. "처리"란 개인정보의 수집, 생성, 연동, 연계, 기록, 저장, 보유, 가공, 편집, 검색, 출력, 정정, 복구, 이용, 제공, 파기

---

3 한국장애인복지관협회 개인정보 지침사례, 개인정보 보호 자율활동 사례분석 보고서, NIA

그 밖의 이와 유사한 모든 행위를 말한다.

5. "정보제공자"란 처리되는 정보에 의하여 알아볼 수 있는 사람으로서 그 정보의 주체가 되는 사람을 말한다.

6. "개인정보 보호처리자"라 함은 개인정보 보호와 관련하여 업무를 총괄하는 개인정보 보호 관리책임자를 지정하고 개인정보보호와 관련된 사안들에 대한 최종적 결정과 방침을 정하는 자(복지관장)를 말한다.

7. "개인정보 보호책임자"라 함은 개인정보 보호와 관련한 모든 업무를 총괄하는 자를 말한다.

8. "개인정보 보호담당자"라 함은 개인정보처리자의 지휘, 감독을 받아 개인정보 보호와 관련한 실무를 담당하는 자를 말한다.

제3조 적용원칙

이 지침은 전자적 문서 처리 여부를 불문하고 수기문서를 포함한 모든 형태의 개인정보파일이 해당되고, 이를 운용하는 장애인복지관과 개인정보취급자에게 적용되며 그 세부사항은 다음과 같다.

1. 복지관에 수집되는 모든 개인정보는 처리 목적을 명확하게 하여야 하고, 그 목적에 필요한 최소한의 범위에서 적법하고 정당하게 개인정보를 수집하여야 한다.

2. 복지관의 모든 직원은 개인정보의 처리 목적에 필요한 범위에서 적합하게 개인정보를 처리하고, 그 목적 외의 용도로 활용해서는 아니 된다.

3. 복지관의 모든 직원은 개인정보의 처리 목적에 필요한 범위에서 개인정보의 정확성, 안정성, 최신성이 보장되도록 노력해야 한다.

4. 복지관의 기관장은 개인정보 보호를 위한 제반 규정을 준수하고, 본 규정이 준수될 수 있도록 제반 조치를 취해야 한다.

제4조 법적 근거

본 규정은 '장애인 차별금지 및 권리구제 등에 관한 법률 제22조'와 '개인정보 보호법'에 근거하며, 본 규정에 없는 사항은 해당 법률을 따른다.

제2장 개인정보 처리기준

제5조 개인정보 수집

1. 개인정보의 수집 시 정보수집에 대한 항목과 담당자, 업무에 대한 정의, 정보수집의 필요성에 대해 정보주체에게 사전 고지 및 안내가 구두와 정리된 문건으로 동시에 진행되어야 한다. 고지 및 안내에 필히 삽입되어야 할 내용은 다음과 같다.

   가. 개인정보의 수집, 이용 목적

   나. 수집하고자 하는 개인정보의 항목

   다. 개인정보의 보유 및 이용 기간

   라. 동의 거부에 따른 불이익

2. 개인정보수집 시 만 14세 미만 아동의 정보를 수집할 경우 법정대리인(보호자)의 동의가 있어야 한다.

3. 개인정보수집 시 장애로 인해 의사결정 능력이 취약한 자에 대해서는 법정대리인(보호자)의 동의가 있어야 한다.

4. 개인정보수집 사전 고지 및 안내에 정보주체가 동의할 시 별도의 동의서를 통해 반드시 정보주체의 동의와 더불어 이용계약 체결 이후에 수집되어야 한다. 단, 범죄예방의 목적으로 설치된 CCTV 등은 설치 안내문으로 대체한다.

5. 개인정보의 수집은 업무수행에 있어 꼭 필요한 사항만을 수집하여야 하며, 그 기준은 다음과 같다.

가. 장애인복지서비스 대상자 정보수집 항목

항목	정보내용
① 필수정보	원활한 의사소통 경로의 확보를 위한 최소한의 정보 ⑩ 이름, 주소, 연락처
② 고유식별 정보	생년월일, 장애인복지카드
③ 민감정보	장애정보(진단명, 등급), 현 건강 상태
④ 선택정보	이메일, 증명사진, 혈액형, 종교, 병역, 국기법대상 여부, 결혼사항, 직업, 최종학력, 가족사항, 가정환경, 사회관계망, 가계도, 타기관 소견서, 개인발달사(아동, 성인), 사회성 정도 등

나. 후원자 정보수집 항목

항목	정보내용
① 필수정보	성명, 생년월일, 연락처(유선전화, 휴대전화 중 최소 1개 이상), 주소
② 고유식별 정보	생년월일
③ 민감정보	은행명, 계좌번호, 예금주명, 사진 등 개인의 사생활 침해가 현저히 우려되는 정보
④ 선택정보	보조연락처, 이메일, SNS 주소, 각종 기념일, 종교, 직업 및 직위, 혈액형, 취미 등 후원자 관리에 필요한 추가정보

다. 자원봉사자 정보수집 항목

항목	정보내용
① 필수정보	성명, 생년월일, 연락처(유선전화, 휴대전화 중 최소 1개 이상), 주소
② 식별정보	생년월일
③ 민감정보	사진 등 개인의 사생활을 현저히 침해할 우려가 있는 정보
④ 선택정보	보조연락처, 이메일, SNS 주소, 각종 기념일, 종교, 직업 및 직위, 혈액형, 취미 등 자원봉사자 관리에 필요한 추가정보

6. 개인정보의 수집을 위해서 장애인복지관은 개인정보의 수집의 법적 근거, 목적 및 이용 범위, 정보주체의 권리 등이 포함된 개인정보 보호 지침(운영규정)을 수립하여야 한다.

7. 개인정보의 수집, 활용, 제공 동의 절차 등은 정보주체가 쉽게 확인할 수 있도록 관내에 비치하거나 홈페이지 등을 통해 상시 공지하여야 한다.

8. 개인정보 수집을 위해서는 수집분야별로 개인정보파일대장을 작성하여 복지관장의 결재를 득하여야 한다.

제6조 개인정보 이용 목적

개인정보 이용 목적은 이용 장애인에게는 질적인 재활서비스를 제공하는 것이며, 후원자·자원봉사자·직원의 개인 정보는 효과적인 관리와 기관 정보 제공을 위함이다.

1. 보다 세부적인 수집 목적은 '개인정보파일 대장' 작성 시 분야별로 수립한다.

제7조 개인정보를 제3자에 제공하거나 목적 외 사용할 경우

1. 개인정보를 제3자에게 제공하거나 목적 외 사용할 경우 원칙적으로 정보주체의 동의를 받은 경우에만 개인정보를 제공할 수 있다.

2. 단, 법률에 특별한 규정이 있거나 법령상 의무를 준수하기 위하여 불가피한 경우, 정보주체 또는 제3자의 생명, 신체, 재산의 이익을 위하는 급박한 경우 정보주체 또는 법정대리인(보호자)이 의사표시를 할 수 없는 상태이거나 주소 불명 등 사전 동의를 받을 수 없을 시에는 개인정보를 제공할 수 있다.

3. 통계처리 및 학술연구 등의 목적을 위해 필요한 경우 정보주체의 개인식별이 불가능한 형태로 정보를 제공할 경우 개인정보를 제공할 수 있다.

제3장 정보제공자의 권리

제8조 동의의 철회

1. 이용자가 방문하거나 서면, 전화, 전자우편, 전자서명 또는 이용자 ID 등을 이용하여 개인정보의 수집에 대한 동의를 철회하는 경우에는 법령에 다르게 규정하고 있는 경우를 제외하고 당해 개인정보를 파기하는 등 지체 없이 필요한 조치를 취하여야 하며, 조치 이후에는 서면, 전화, 전자우편 등을 통해 조치내용을 통지한다.
2. 이용자가 인터넷 홈페이지에서 자신의 개인정보에 대한 수집, 이용 또는 제공에 대한 동의를 철회할 수 있도록 '회원 탈퇴' 또는 '동의 철회' 같은 서비스체계를 지원하여야 한다.

제9조 정보열람 및 정정 요구

1. 이용자가 인터넷 홈페이지에서 자신의 개인정보에 대한 열람, 정정을 수행할 수 있도록 '개인정보 열람 및 변경' 등과 같은 서비스 체계를 지원하여야 한다.
2. 이용자가 방문하거나 서면, 전화, 전자우편, 전자서명 또는 이용자 ID 등을 이용하여 자신의 개인정보에 대한 열람 또는 정정을 요구하는 경우에는 지체 없이 정정, 삭제 한다(대리인일 경우 대리관계를 나타내는 위임장과 신분증명 서를 제시하도록 요구한다).
3. 의뢰나 연계서비스를 위하여 제3자에게 개인정보를 제공한 경우에는 오류 정정의 요구를 받은 즉시 개인정보 제공을 중단해야 하며, 이미 제공된 경우에는 정정사실을 통지하여 조치를 취할 수 있도록 한다.
4. 다만 정보제공자 또는 제3자의 생명, 신체, 재산, 권익을 현저하게 해할 우려가 있는 경우와 복지관의 업무에 현저한 지장을 미칠 우려가 있는 경우, 다른 법령에 위반되는 경우에는 거절할 수 있다.

제4장 개인정보 관리체계

제10조 개인정보 관리조직 구성

1. 개인정보의 보호 및 관리를 위해 개인정보처리자(장애인복지관장)는 개인정보 보호 관리책임자를 지정하여 관리감 독하도록 하여야 한다.
2. 개인정보 보호 관리책임자는 업무의 위중을 고려하여 3급 이상 부서장급 직원으로 지정되어야 한다.
3. 개인정보 보호 관리책임자는 개인정보 보호에 제반 지식을 갖추고 개인정보 보호에 관련한 전반 업무를 수행하여야 한다.
4. 개인정보 관리책임자는 개인정보 보호 운영 규정이 준수될 수 있도록 모든 관리감독을 책임지며, 개인정보 보호를 위한 조치를 강구해야 하며, 다음 각 호의 업무를 수행한다.
   ① 개인정보 보호 계획의 수립 및 시행
   ② 개인정보 처리 실태 및 관행의 정기적인 조사 및 개선
   ③ 개인정보 처리와 관련한 불만의 처리 및 피해 구제
   ④ 개인정보 유출 및 오용·남용 방지를 위한 내부통제 시스템의 구축
   ⑤ 개인정보 보호 교육 계획의 수립 및 시행
   ⑥ 개인정보파일의 보호 및 관리·감독
   ⑦ 그 밖에 개인정보의 적절한 처리를 위하여 대통령령으로 정한 업무
5. 개인정보 보호를 체계적으로 수행하기 위해서 개인정보 보호 관리책임자, 관장, 사무국장, 사례관리 담당팀장이 포함된 개인정보 보호위원회를 구성하여야 한다.

제11조 기타 직원

개인정보를 다루는 복지관의 모든 직원은 개인정보 관리책임자와 개인정보 보호 정책에 적극 협조하는 의무를 가진다.

제5장 개인정보 이용 및 관리

제12조 개인정보 관리

1. 개인정보파일은 별도로 지정된 장소에 보관되어야 하며, 잠금장치를 설치하여 관리하도록 하여야 하며, 전산정보는 암호화하여 관리하도록 한다.
2. 업무의 특성상 별도로 개인정보파일을 가공하여 생성, 관리하는 경우 반드시 문서화하여 결재를 득해야 한다. 결재 시에는 생성 목적과 사용기간, 담당자, 파기 시점과 방법에 대해 명시를 해야 한다.
3. 개인정보가 포함된 모든 출력물은 반드시 '워터마크' 기능을 활용하여 담당자의 성명이 문서의 바탕에 출력되도록 해야 한다.

제13조 개인정보 공개

1. 정보제공자나 법정대리인의 공개 요청이 있을 경우 본인 여부를 확인한 후 정보 공개 내용을 문서로 결재를 득한 뒤 정보를 제공한다. 이때 신원 확인을 위해 신분증 사본을 첨부한다.
2. 제3자 및 타기관의 정보 공개 요청 시에는 본인 및 법정대리인의 서면 동의 절차를 거친 이후 정보 공개 내용을 문서로 결재를 득한 후 정보를 제공한다.
3. 외부 기관의 서비스나 연계를 위해 의뢰할 경우에는 제13조1항에 따른다.
4. 다른 법률에 의한 정보 공개 외에는 원칙적으로 개인정보 공개는 금지한다.

제14조 개인정보 보유 기간

1. 이용 장애인에 대한 개인정보 보유 기간은 서비스 제공 기간을 기준으로 하며, 서비스 종결자에 대한 정보는 종결시 점으로부터 5일 이내 파기하여야 한다.
   ※서비스 제공 기간에 대해 사후관리 기간을 포함하여 설정할 경우 지침에 별도 규정 필요함
2. 후원자 개인정보의 경우 후원가입 시점부터 후원 유지기간을 기준으로 하되, 후원을 중단할 때는 중단시점으로부터 5일 이내 파기하여야 한다.
3. 자원봉사자 개인정보의 경우 자원봉사자 등록 시점부터 자원봉사활동 유지기간을 기준으로 하되, 자원봉사활동을 중단할 때는 중단시점으로부터 5일 이내 파기하여야 한다.

제15조 개인정보 파기

1. 개인정보의 파기는 개인정보 이용 목적이 종료된 시점에 파기하며, 파기 시에는 장애인복지관의 승인 절차를 거쳐 파기토록 한다.
2. 컴퓨터 저장장치 등의 파기 시에는 포맷(3회)과 물리적(전기, 파쇄) 충격을 통한 파기 절차를 준수한다.
3. 문서의 파기 시에는 파쇄기를 이용하거나 소각을 통해 완전한 파기 조치를 취한다.

제16조 비밀유지 서약 및 교육

1. 복지관은 직원들의 개인정보 보호의 민감성을 높이기 위해 연 1회 이상 전체 직원을 대상으로 정기적인 교육을 실시하여야 한다.
2. 복지관의 모든 직원은 기밀유지서약서에 날인하고 이를 성실히 이행함은 물론, 본 규정을 숙지하고 개인정보 보호정책을 준수한다.

제6장 개인정보 분류 및 접근 권한 통제

제17조 개인정보 분류

1. 복지관에 존재하는 개인정보는 사업의 형태와 사례관리에 따라 별도 문서로 구분하여 관리하며, 분류 기준은 다음과 같다.
   ① 유형분류 : 이용자, 후원자, 자원봉사자, 지역사회 자원, 직원, 기타
   ② 사업분류 : 재활상담, 의료재활, 직업재활, 사회재활, 교육재활, 심리재활, 재가복지 등
   ③ 저장형태 : 문서, 전산(업무전산 시스템 포함), 온라인
   ※기관의 실정에 맞게 분류하여 적용한다.

제18조 접근 권한

1. 제17조 개인정보 분류와 직급 및 담당을 고려하여 접근 권한을 설정하고 관리한다. 전산시스템의 경우 개인별로 부여된 ID와 비밀번호는 원칙적으로 다른 직원이나 타인에게 누설하거나 제공하지 않는다.
2. 개인정보의 사용과 접근 권한은 서비스 및 사업분류로 나누어 개별 담당자를 정해 권한을 부여하고 기타 직원이 해당 파일을 열람하거나 사용할 경우 장애인복지관에서 정한 승인 절차를 거쳐야만 한다.
3. 직원 외 사회복무요원, 자원봉사자 등은 개인정보의 접근은 원칙적으로 불가하다.
4. 서버 등 개인정보가 저장된 전산장비는 일반 직원이나 타인의 접근이 원칙적으로 제한될 수 있도록 관리한다. 만일 관리를 위해 점검, 수리, 백업 등 작업을 수행하는 경우에는 보안관리자의 입회하에 실시하며 작업일지를 작성한다.
5. 문서 등은 별도 잠금장치를 설치하여 통제한다.

제7장 개인정보 침해 대응 및 복구대책

제19조 개인정보 침해 예방

1. 복지관은 개인정보 유출 및 침해를 예방하기 위해 개인정보 보호 방침과 계획을 수립하여야 한다.
2. 개인정보 보호 관리책임자의 관리감독하에 개인정보취급자는 자신의 업무와 연관된 모든 환경 속에서 개인정보의 유출 및 침해 상황 발생여부를 정기적으로 점검한다.
3. 개인정보 보호 관리책임자의 관리감독하에 복지관에서 사용되는 모든 PC는 복지관이 정한 점검 체크리스트를 통해 월1회 이상 정기적 점검을 실시하여 개인정보 보안여부를 확인하여야 한다.
4. 개인정보 보호 관리책임자의 관리감독하에 복지관에서 사용하는 서버에 대하여 복지관이 정한 점검 체크리스트를 통해 월1회 이상 정기적으로 점검을 실시하여 개인정보 보안여부를 확인하여야 한다.
5. 공유폴더에는 개인정보가 포함된 파일을 공유하지 않거나 접속 권한을 제한한다.
6. 업무전산화 등의 서버에서 관리되고 있는 개인정보 보호를 위한 보안장비를 구비하여야 한다.
7. 홈페이지 상의 전산 데이터의 경우 해킹을 통한 정보유출 및 침해 위험을 방지하는 기능(방화벽, 보안서버SSL 인증, 서버용 백신)이 있어야 한다.
8. 서비스 제공 시간 이후 복지관의 모든 출입로는 경비 및 보안시스템을 통해 출입이 관리되어야 한다.

제20조 개인정보 침해 대응

1. 개인정보 유출 및 침해 시 최초로 인지한 자는 개인정보 보호 관리책임자에게 즉각 신고조치를 취해야 한다.
2. 신고된 개인정보 유출 및 침해 사안은 신속히 개인정보 보호위원회의 소집하에 논의되고 처리 방안을 마련하도록 한다.

3. 이용자의 개인정보가 유출되었을 경우 개인정보 보호 관리책임자는 정보제공자에게 서면과 전화로 통보해야 하며, 통보해야 할 사항은 다음과 같다.
   ① 유출된 개인정보의 항목
   ② 유출된 시점과 그 경위
   ③ 유출로 인하여 발생할 수 있는 피해를 최소화하기 위하여 정보주체가 할 수 있는 방법 등에 관한 정보
   ④ 개인정보처리자의 대응조치 및 피해 구제절차
   ⑤ 정보주체에게 피해가 발생한 경우 신고 등을 접수할 수 있는 담당부서 및 연락처

제21조 개인정보 복구 대책
개인정보 보호 관리책임관은 유출과 침해에 관련한 복구 대책과 대응 체계, 피해 구제절차를 수립하여 조치를 취해야 한다.

부칙

제1조 시행일
이 규정은 운영위원회의 심의와 승인을 거치고 공포를 즉시 시행한다.

제2조 다른 법령과의 관계
이 규정에서 정하지 않는 사항은 '개인정보 보호법'을 인용한다.

제3조 방침 수립 및 공지
1. 복지관은 개인정보 보호 및 관리와 관련한 방침을 수립하여야 한다.
2. 수립된 방침은 필히 홈페이지, 관내 게시판 등에 게시하여 이용자, 후원자, 자원봉사자 등 복지관과 관계된 자들이 인지할 수 있도록 공지하여야 한다.

② 개인정보 처리방침 사례[4]

○○○장애인복지관 개인정보 처리방침

○○○장애인복지관(이하 복지관이라 함)은 귀하의 개인정보 보호를 매우 중요시하며, '개인정보 보호법'을 준수하고 있습니다. 복지관은 개인정보 처리방침을 통하여 귀하께서 제공하시는 개인정보가 어떠한 용도와 방식으로 이용되고 있으며 개인정보 보호를 위해 어떠한 조치가 취해지고 있는지 알려드립니다.

이 개인정보 처리방침의 순서는 다음과 같습니다.
 1. 수집하는 개인정보의 항목 및 수집방법
 2. 개인정보의 수집 및 이용 목적
 3. 개인정보의 보유 및 이용 기간
 4. 개인정보의 파기절차 및 그 방법
 5. 개인정보의 제공 및 공유
 6. 수집한 개인정보의 취급위탁
 7. 이용자 및 법정대리인의 권리와 그 행사방법
 8. 동의철회/회원탈퇴 방법
 9. 개인정보 관리책임자
 10. 개인정보의 안전성 확보조치
 11. 정책 변경에 따른 공지의무

---

1. 수집하는 개인정보의 항목 및 수집방법

복지관은 장애인복지서비스 제공을 위해 꼭 필요한 최소한의 개인정보만을 수집합니다.

가. 장애인복지서비스

– 수집항목 : 성명, 주소, 연락처

나. 홈페이지 회원가입 시 수집항목

– 필수항목 : 성명, 아이디, 비밀번호, 주소, 연락처(전화번호, 휴대전화번호)

– 선택항목 : 이메일, 이메일 수신여부

– 서비스 이용 과정이나 서비스 제공 업무처리 과정에서 '서비스 이용기록, 접속 로그, 쿠키, 접속 IP정보' 같은 정보들이 자동으로 생성되어 수집될 수 있습니다.

---

4 한국장애인복지관협회 개인정보 처리방침 사례. 개인정보 보호 자율활동 사례분석 보고서, NIA

다. 개인정보 수집방법

　　– 다음과 같은 방법으로 개인정보를 수집합니다.

　　　홈페이지, 서면양식, 팩스, 전화, 상담 게시판

2. 개인정보의 수집 및 이용 목적

복지관은 수집한 개인정보를 다음의 목적을 위해 활용합니다. 귀하가 제공한 모든 정보는 다음의 목적에 필요한 용도 이외에는 사용되지 않으며 이용 목적이 변경될 시에는 사전 동의를 구할 것입니다.

가. 장애인복지서비스 : 장애인복지서비스 제공과 이에 따른 행정처리

나. 홈페이지 회원정보

　　– 필수정보 : 홈페이지를 통한 서비스 신청 및 조회, 회원제 서비스 제공

　　– 선택정보 : 이메일을 통한 복지관소식, 재활정보 등의 안내, 설문조사

3. 개인정보의 보유 및 이용 기간

복지관은 수집한 개인정보를 장애인복지서비스 제공기간 동안 보유하며, 제공기간이 종료되면, 수집한 개인정보는 지체 없이 파기합니다.

가. 장애인복지서비스 : 서비스 이용 기간

나. 홈페이지 회원정보

　　– 회원가입을 탈퇴하거나 회원에서 제명된 때. 다만, 수집목적 또는 제공 받은 목적이 달성된 경우에도 상법 등 법력의 규정에 의하여 보전할 필요성이 있는 경우에는 고객의 개인정보를 보유할 수 있습니다.

　　– 소비자의 불만 또는 분쟁처리에 관한 기록 : 3년(전자상거래 등에서의 소비자보호법에 관한 법률)

　　– 본인 확인에 관한 기록 : 6개월(정보통신망 이용촉진 및 정보보호 등에 관한 법률)

　　– 방문에 관한 기록 : 3개월(통신비밀보호법)

4. 개인정보의 파기절차 및 파기방법

복지관은 '개인정보의 수집 및 이용 목적'이 달성된 후에는 즉시 파기합니다. 파기절차
및 방법은 다음과 같습니다.

- 파기절차 : 복지관에서 정한 파기방법에 의하여 즉시 파기
- 파기방법 : 전자적 파일일 경우 저장된 기록을 재생할 수 없는 기술적 방법을 사용하
  여 파기하고, 종이에 출력된 인쇄물일 경우 분쇄기로 분쇄하거나 소각하여 파기

5. 개인정보 제공 및 공유(해당하는 경우만)

복지관은 귀하의 동의가 있거나 관련 법령의 규정에 의한 경우를 제외하고는 어떠한
경우에도 '개인정보의 수집 및 이용 목적'에서 고지한 범위를 넘어 귀하의 개인정보를
이용하거나 타인 또는 타 기관에 제공하지 않습니다.

- 통계작성, 학술연구를 위하여 필요한 경우 특정 개인을 알아볼 수 없는 형태로 가공
  하여 제공
- 법령에 정해진 절차와 방법에 따라 수사기관의 요구가 있는 경우 제출 등

6. 수집한 개인정보의 취급위탁(해당하는 경우만)

복지관은 서비스 이행을 위해 다음과 같이 개인정보를 위탁하고 있으며, 관계 법령에
따라 위탁계약 시 개인정보가 안전하게 관리될 수 있도록 필요한 사항을 규정하고 있
습니다.

- 전자서비스 제공기록 관리 : ○○○사
- 복지관 관리시스템 운영 및 유지보수 : ○○○사

7. 이용자 및 법정대리인의 권리와 그 행사 방법

만 14세 미만 아동(이하 "아동"이라 함)의 회원가입은 아동이 이해하기 쉬운 평이한 표현으로 작성된 별도의 양식을 통해 이루어지고 있으며, 개인정보 수집 시 반드시 법정대리인의 동의를 구하고 있습니다. 복지관은 법정대리인의 동의를 받기 위하여 아동으로부터 법정대리인의 성명과 연락처 등 최소한의 정보를 수집하고 있으며, 개인정보취급방침에서 규정하고 있는 방법에 따라 법정대리인의 동의를 받고 있습니다. 아동의 법정대리인은 아동의 개인정보에 대한 열람, 정정 및 삭제를 요청할 수 있습니다.

아동의 개인 정보를 열람·정정, 삭제하고자 할 경우에는 회원정보 수정을 클릭하여 법정대리인 확인 절차를 거치신 후 아동의 개인정보를 법정대리인이 직접 열람·정정, 삭제하거나, 개인정보 보호책임자로 서면, 전화 또는 팩스 등으로 연락하시면 필요한 조치를 취합니다.

복지관은 아동에 관한 정보를 제3자에게 제공하거나 공유하지 않으며, 아동으로부터 수집한 개인정보에 대하여 법정대리인이 오류의 정정을 요구하는 경우 그 오류를 정정할 때까지 해당 개인정보의 이용 및 제공을 금지합니다.

이용자 및 법정대리인은 개인정보와 관련하여 인터넷, 전화, 서면 등을 이용하여 복지관에 연락을 하여 개인정보 열람 등의 권리를 행사할 수 있으며, 복지관은 지체 없이 필요한 조치를 합니다.

8. 동의철회·회원탈퇴 방법

귀하는 회원가입 시 개인정보의 수집·이용 및 제공에 대해 동의하신 내용을 언제든지 철회하실 수 있습니다. 회원탈퇴는 복지관 홈페이지 마이페이지의 '회원탈퇴'를 클릭하여 본인 확인 절차를 거치신 후 직접 회원탈퇴를 하시거나, 개인정보 관리책임자로 서면, 전화 또는 팩스 등으로 연락하시면 지체 없이 귀하의 개인정보를 파기하는 등 필요한 조치를 하겠습니다.

9. 개인정보 자동 수집 장치의 설치/운영 및 그 거부에 관한 사항

복지관은 귀하의 정보를 수시로 저장하고 찾아내는 '쿠키'를 운용합니다.

쿠키란 복지관의 웹사이트를 운영하는 데 이용되는 서버가 귀하의 브라우저에 보내는 아주 작은 텍스트파일로서 귀하의 컴퓨터 하드디스크에 저장됩니다. 복지관은 다음과 같은 목적을 위해 쿠키를 사용합니다. 귀하는 쿠키 설치에 대한 선택권을 가지고 있습니다. 따라서 귀하는 웹 브라우저에서 옵션을 설정함으로써 모든 쿠키를 허용하거나, 쿠키가 저장될 때마다 확인을 거치거나, 아니면 모든 쿠키의 저장을 거부할 수도 있습니다.

귀하께서 쿠키 설치를 거부하셨을 경우 일부 서비스 제공에 어려움이 있습니다.

10. 개인정보 보호책임자

귀하의 개인정보를 보호하고 개인정보와 관련한 불만을 처리하기 위하여 복지관은 다음과 같이 개인정보 관리책임자를 두고 있습니다.

- 이름 : 홍길동
- 직위 : 복지관장
- 소속 : ○○ 복지관
- 전화번호 : 02)000-0000
- 메일 : web@○○○.co.kr

귀하께서 복지관의 서비스를 이용하시며 발생하는 모든 개인정보 보호 관련 민원을 개인정보 관리책임자로 신고하실 수 있습니다. 복지관은 고객의 신고사항에 대해 신속하게 충분한 답변을 드릴 것입니다.

기타 개인정보 침해에 대한 신고나 상담이 필요하신 경우에는 아래 기관에 문의하시기 바랍니다.

- 개인분쟁조정위원회(www.1336.or.kr/1336)
- 정보보호 마크인증위원회(www.eprivacy.or.kr/02)580-0533~4)

- 대검찰청 사이버범죄수사단(www.spo.go.kr/02)3480-3573)
- 경찰청 사이버테러대응센터(www.ctrc.go.kr/02)392-0330)

11. 개인정보의 안전성 확보조치

복지관은 이용자의 개인정보 보호를 위한 기술적 대책으로서 여러 보안장치를 마련하고 있습니다. 고객께서 제공하신 모든 정보는 방화벽 등 보안장비에 의해 안전하게 보호·관리되고 있습니다. 또한 복지관은 고객의 개인정보 보호를 처리하는 인원을 최소한으로 제한하며 지속적인 보안교육을 실시하고 있습니다.

또한 개인정보를 처리하는 시스템의 사용자를 지정하여 사용자 비밀번호를 부여하고 이를 정기적으로 갱신하겠습니다.

12. 정책 변경에 따른 공지의무

이 개인정보 처리방침은 ○○년 ○○월 ○○일에 제정되었으며 법령·정책 또는 보안 기술의 변경에 따라 내용의 추가·삭제 및 수정이 있을 시에는 변경되는 개인정보 처리 방침을 시행하기 최소 7일전에 복지관 홈페이지, 관내 게시판을 통해 변경이유 및 내용 등을 공지하도록 하겠습니다.

- 공고일자 : ○○년 ○○월 ○○일
- 시행일자 : ○○년 ○○월 ○○일

참 고 개인정보 처리방침 자동 만들기

개인정보 보호 종합포털(www.privacy.go.kr) → 사업자 → 개인정보 도우미 → 개인정보 처리방침 만들기 https://www.privacy.go.kr/a3sc/per/inf/perInfStep01.do를 이용하면 단계별로 개인정보 처리방침을 자동으로 생성할 수 있다. 생성 후 기업에 맞게 수정하여 사용하면 된다.

개인정보 보호 담당자	개인정보 보호 관리자	개인정보 보호 책임자

개인정보 보호 내부관리계획(안)

2017. 01

고객사 기관/기업 이름

제 · 개정 이력

버전	개정일자	담당자	개정 내용
1.0	2017-01-0	○○○	신규 작성

1. 총칙

1.1 목적

개인정보 내부관리계획(이하 '내부관리계획'이라 한다)은 개인정보 보호법(이하 '법률'이라 한다)의 내부관리계획의 수립 및 시행 의무에 따라 제정된 것으로 "회사이름 또는 기관명"(이하 '회사' 또는 '기관' 이라 한다)가 취급하는 개인정보를 체계적으로 관리하여 개인정보가 분실, 도난, 유출, 변조, 훼손, 오·남용 등이 되지 아니하도록 함을 목적으로 한다.

내부관리계획 수립의 목적과 필요성에 대한 내용으로 작성한다. 최근 고시개정으로 추가해야 할 사항을 적용하고 준수해야 한다.

1.2 적용범위

본 내부관리계획은 정보통신망을 통하여 수집, 이용, 제공 또는 관리되는 개인정보뿐만 아니라 서면 등 정보통신망 이외의 수단을 통해서 수집, 이용, 제공 또는 관리되는 개인정보에 대해서도 적용되며, 이러한 개인정보를 취급하는 내부 임직원 및 외부업체 직원에 대해 적용된다.

개인정보정책 추진을 위한 내부관리계획의 적용범위와 대상을 구체적으로 작성한다.

1.3 용어의 정의

본 내부관리계획에서 사용하는 용어의 뜻은 다음과 같다.
- "개인정보"란 살아 있는 개인에 관한 정보로서 성명, 주민등록번호 및 영상 등을 통하여 개인을 알아볼 수 있는 정보(해당 정보만으로는 특정 개인을 알아볼 수 없더라도 다른 정보와 쉽게 결합하여 알아볼 수 있는 것을 포함한다)를 말한다.
- "처리"란 개인정보의 수집, 생성, 연계, 연동, 기록, 저장, 보유, 가공, 편집, 검색, 출력, 정정(訂正), 복구, 이용, 제공, 공개, 파기(破棄), 그 밖에 이와 유사한 행위를 말한다.
- "정보주체"란 처리되는 정보에 의하여 알아볼 수 있는 사람으로서 그 정보의 주체가 되는 사람을 말한다.

- "개인정보파일"이란 개인정보를 쉽게 검색할 수 있도록 일정한 규칙에 따라 체계적으로 배열하거나 구성한 개인정보의 집합물을 말한다.
- "개인정보처리자"란 업무를 목적으로 개인정보파일을 운용하기 위하여 스스로 또는 다른 사람을 통하여 개인정보를 처리하는 공공기관, 법인, 단체 및 개인 등을 말한다.
- "개인정보 보호책임자"란 개인정보처리자의 개인정보 처리에 관한 업무를 총괄해서 책임지거나 업무처리를 최종적으로 결정하는 자를 말한다.
- "분야별 관리 책임자"란 개인정보파일 보유 부서장 및 영상정보처리기기 설치·운영 부서장을 말한다.
- "개인정보 보호담당자"란 개인정보 보호책임자가 위임한 업무와 기타 관련 업무 수행 등 보조적인 역할을 하는 자를 말한다.
- "개인정보취급자"란 개인정보처리자의 지휘·감독을 받아 개인정보를 처리하는 업무를 담당하는 자로서, 직접 개인정보에 관한 업무를 담당하는 자와 그 밖에 업무상 필요에 의해 개인정보에 접근하여 처리하는 모든 자를 말한다.
- "개인정보처리시스템"이란 개인정보를 처리할 수 있도록 체계적으로 구성한 데이터베이스시스템을 말한다.
- "영상정보처리기기"란 폐쇄회로텔레비전(CCTV) 및 네트워크카메라 등 일정한 공간에 지속적으로 설치되어 사람 또는 사물의 영상 등을 촬영하거나 이를 유·무선망을 통하여 전송하는 일체의 장치를 말한다.
- "개인영상정보"란 영상정보처리기기에 의하여 촬영·처리되는 영상정보 중 개인의 초상, 행동 등 사생활과 관련된 영상으로서 해당 개인의 동일성 여부를 식별할 수 있는 정보를 말한다.
- "영상정보처리기기 운영자"란 개인정보 보호법 제25조제1항 각 호에 따라 영상정보처리기기를 설치·운영하는 자를 말한다.
- "영상정보보호책임자"란 개인영상정보의 처리에 관한 업무를 총괄해서 책임지는 자를 말한다.
- "고유식별 정보"란 개인을 고유하게 구별하기 위하여 부여된 식별정보를 말하며, 대

통령령으로 주민등록번호, 여권번호, 면허번호, 외국인등록번호 등을 정하고 있다.

- "**바이오정보**"란 지문, 얼굴, 홍채, 정맥, 음성, 필적 등 개인을 식별할 수 있는 신체적 또는 행동적 특징에 관한 정보로서 그로부터 가공되거나 생성된 정보를 포함한다.
- "**접속기록**"이란 개인정보취급자 등이 개인정보처리시스템에 접속하여 수행한 업무 내역에 대하여 식별자, 접속일시, 접속자를 알 수 있는 정보, 수행업무 등 접속한 사실을 전자적으로 기록한 것을 말한다.

'개인정보 보호법'이나 '개인정보 안전성 확보조치'에서 정의한 용어를 내부관리계획에 필요한 부분을 준용하여 작성한다. 용어의 정의를 잘 파악하고 이해하는 것이 무엇보다 중요하다. 필자의 생각은 '법령', '고시', '지침', '방침' 등에서 사용되는 용어의 정의가 가장 중요하고 그 다음은 대상과 범위라고 생각한다.

2. 내부관리계획 수립 및 시행

2.1 내부관리계획 수립 및 승인

- 개인정보 보호담당자는 개인정보의 안전한 처리를 위하여 관련 법령 및 규정을 준수하는 등 전반적인 사항을 포함하여 내부관리계획을 수립하여야 한다.
- 개인정보 보호책임자는 개인정보 보호담당자가 수립한 내부관리계획의 타당성을 검토하여 개인정보 보호를 위한 내부관리계획을 승인한다.
- 개인정보 보호담당자는 내부관리계획에 중요한 변경이 있을 경우, 즉시 내부관리계획에 반영하여 수정하고 그 수정 이력을 관리하여야 한다.

내부관리계획의 승인은 타당성이 있어야 하며, 법률, 시행령 개정과 같이 중요한 변경 사유가 발생 즉시 반영하고 개인정보 책임자는 이를 확인 검토하고 승인하여야 한다.

2.2 내부관리계획의 공표

개인정보 보호책임자는 수립한 내부관리계획을 개인정보취급자 및 전 직원에게 공표하여 개인정보 보호 업무와 관련하여 동일한 기준에 따라 업무처리가 가능하도록 하여야 하며, 변경사항이 있는 경우 이를 공지하여야 한다.

3. 개인정보 조직 구성·운영

개인정보의 처리에 관한 업무를 총괄하는 개인정보 보호책임자와 개인정보 관리자와 개인정보 업무를 수행할 개인정보취급자를 지정하여 개인정보 보호 조직을 구성하고, 각각의 역할과 책임을 정의한다.

3.1 개인정보 조직

• 회사의 개인정보 보호정책을 수행하고 유사 시 신속하고 효율적인 대응을 도모할 개인정보 보호 조직은 다음과 같다.

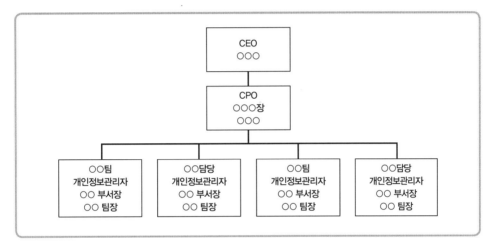

• 매년 1회(12월) 정기회의를 통해 개인정보에 관한 회사 및 사회 또는 법률적 이슈를 검토하고, 개선 및 대응 방안을 강구한다.
• 상기 회의에서 통해 도출된 사항들은 차기 내부관리계획에 반영하여 수행할 수 있도록 한다.

내부관리계획에 조직 구성도를 넣고, 개인정보 책임자와 각 부서별 책임자, 취급자를 지정함에 따라 최고 경영자의 승인을 받아 개인정보 계획을 조금 더 책임성 있게 추진할 수 있다. 필자는 교육 시 '책임 분산효과'에 대해 예시를 들곤 한다. 아무리 개인정보가 중요하다, 정보보호가 중요하다, 하더라도 담당이 아닌 바에는 그다지 신경 쓰지 않는 것이 현실이다. 그렇다 보니 담당자는 많은 하소연을 한다. '책임 분산효과'는 대상이 구체적이고 명확하지 않을 때 집단이나 무리를 향해 책임을 요구할 때 발생된다.

예를 들어, 지하철에서 어떤 임산부가 위급하여 아이를 낳으려 할 때 지하철 승객을 향해 "지금 아이가 나오려 하고 있어요. 누가 119에 신고 좀 해 주세요"라고 외칠 때 "어쩌지 어쩌지" 하면서 서로 누군가 먼저 신고하길 바라며 안타까운 상황을 바라보는 경우가 있다. 구체적인 대상이 아닌 지하철에 탑승한 집단을 향해 소리쳤기 때문에 서로 책임을 지지 않으려는 분산효과가 일어났다. 그럼 임산부는 어떻게 하면 위급한 상황에서 벗어날 수 있을까?

"저기 양복입고, 넥타이 맨 아저씨 제발 119에 신고 해 주세요"라고 소리쳤다고 가정하자. 그 양복입은 아저씨는 가만히 있을까? 자신이 지목되는 순간 임산부 위급성에 대한 책임이 자신에게 전가됨을 느끼고, 119에 전화하게 될 것이다. 전화하지 않을 경우 책임을 져야 하기 때문이다(현장 교육 시 이런 상황을 리얼하게 표현하면 교육장에서는 공감의 웃음소리가 들린다).

따라서 내부관리계획에 조직도상 조직과 부서별 개인정보 책임을 물은 대상을 명시하고 의사결정자의 결재를 득한 내부관리계획이라면 업무 추진과 협조가 용이하게 된다.

3.2 역할별 임무

직책	담당자	임무
개인정보 보호책임자	○○본부장	① 개인정보 보호 정책의 검토·승인 ② 개인정보 보호 계획의 수립 및 시행 ③ 개인정보 처리와 관련된 불만 처리 ④ 오·남용 방지를 위한 내부통제 시스템 구축 ⑤ 개인정보 보호 교육 계획의 수립 및 시행 ⑥ 개인정보파일의 보호 및 관리·감독 ⑦ 개인정보 처리방침의 수립·변경 및 시행 ⑧ 매월(세)째 주(수)요일 개인정보취급자의 개인정보 처리이력 및 시스템 이상 유무 확인 ⑨ 정보보안의 날 개인정보취급자의 보안실태점검
부서별 개인정보 보호관리자	○○부서장 □□부서장 △△부서장	① 부서 내 개인정보 보호 업무추진계획 수립 ② 부서 내 개인정보 보호담당자 및 취급자 지정 ③ 개인정보 보호 대책의 운영 관리 책임 ④ 부서 내 개인정보처리시스템 접근 권한 관리 ⑤ 보안서약서 징구
개인정보 보호담당자	○○팀장 □□팀장 △△팀장	① 개인정보 보호 관련 보안관리 활동 ② 부서 내 개인정보 관리 현황 정기 점검 ③ 부서 내 개인정보취급자 명단 관리 ④ 개인정보 침해사고 및 관리 현황에 대한 보고
개인정보취급자	개인정보 보호 책임자가 지정하는 자	① 개인정보 보호 규정 준수 및 처리활동 수행 ② 정보주체의 의견 수렴 및 불만사항 접수

개인정보 책임자, 관리자, 담당자, 취급자 역할을 구분하여 책임을 부여해야 한다.

4. 개인정보 관리적·기술적·물리적 보호조치

개인정보 관련 정책 및 법적 요구사항 만족과 회사의 정보보안 강화를 위해 다음과 같이 개인정보 처리 보호조치를 수행한다.

4.1 개인정보취급자의 접근 권한 및 인증

- 분야별 관리 책임자는 개인정보처리시스템에 대한 접근 권한을 업무 수행에 필요한 최소한의 범위로 업무 담당자에 따라 차등 부여하여야 한다.
- 분야별 관리 책임자는 전보 또는 퇴직 등 인사이동으로 개인정보취급자가 변경되었을 경우, 지체 없이 개인정보처리시스템의 접근 권한을 변경 또는 말소하여야 한다.
- 분야별 관리 책임자는 인사이동 및 업무변경으로 인한 권한부여, 변경 또는 말소에 대한 내역을 기록하고, 그 기록을 최소 3년간 보관하여야 한다.
- 분야별 관리 책임자는 개인정보처리시스템에 접속할 수 있는 사용자 계정을 발급하는 경우, 개인정보취급자별로 한 개의 사용자 계정을 발급하여야 하며, 다른 개인정보취급자와 공유되지 않도록 하여야 한다.

개인정보 처리 시스템	인가자 (취급자)	접근 범위	변경/말소 기준	목적
○○ 고객관리 시스템	마케팅	이벤트 참가자 정보	3일 이내	이벤트 참가자 가입유도
	VIP팀	VIP 고객정보	3일 이내	VIP 고객 이벤트 계획
○○ 상담 시스템	고객상담팀	보험정보, 예약정보, 고객정보, 상담정보, 이력관리	3일 이내	계약과 관련한 정보, 본인확인 상담정보
○○ 해지 고객관리 시스템	개인정보 보호 책임자	고객정보, 구매이력, 상담정보	3일 이내	분쟁 및 고충해결

조직도상에 있는 분야별 책임자 및 취급자의 역할과 접근 권한을 구체적으로 작성한다.

4.2 비밀번호 작성규칙

- 개인정보처리시스템을 구축·운영하는 경우, 개인정보처리자는 개인정보취급자 또는 정보주체가 생일, 주민등록번호, 전화번호 등 추측하기 쉬운 숫자나 개인관련 정

보를 패스워드로 이용하지 않도록 숫자, 영문자, 특수기호 등을 혼합하여 8자리 이상
으로 비밀번호를 작성하도록 하고 최소 6개월마다 변경 사용하도록 한다.

- 개인정보취급자는 위 규칙에 따라 비밀번호를 작성하되 다음 각 호를 반영하여야
한다.
  - 사용자 계정과 동일하지 않을 것
  - 개인 신상 및 부서명칭, 전화번호 등과 관계가 없는 것
  - 일반 사전에 등록된 단어 사용을 피할 것
  - 동일 단어(문자) 또는 숫자를 반복하여 사용하지 말 것
  - 사용된 비밀번호는 재사용하지 말 것
  - 규칙적인 문자·숫자열 등을 사용하지 말 것
  - 동일 비밀번호를 여러 사람이 공유하여 사용하지 말 것
  - 자동 비밀번호 입력기능 사용 금지할 것

사용 문자	조건	제한
1. 영문 대문자(26개) 2. 영문 소문자(26개) 3. 숫자(10개) 4. 특수문자(32개)	1. "사용 문자" 2종류를 조합한 10자리 이상 또는 2. "사용 문자" 3종류를 조합한 8자리 이상	1. 연속적인 숫자 금지 2. 전화번호 금지 3. 개인정보 포함 금지 4. 아이디 추정 문자나 숫자 금지

비밀번호 작성규칙 수립·이행은 이용자와 사용자로 나누어 수립하는 것도 바람직하다. 이용자는 서비스
를 이용하는 사람이고, 사용자는 시스템을 관리하는 담당자를 말한다. 이용자 비밀번호 규칙 강화는 늘 고
민거리이다. 너무 강력한 비밀번호 규칙을 요구하면 오히려 서비스 활성화에 걸림돌이 되기도 한다.

4.3 접근통제

- 개인정보처리자는 정보통신망을 통한 불법적인 접근 및 침해사고 방지를 위해 다음
각 호의 기능을 포함한 시스템을 설치·운영한다.
  - 접속 권한을 IP 주소 등으로 제한하여 인가받지 않은 접근을 제한
  - 개인정보처리시스템에 접속한 IP 주소 등을 재분석하여 불법적인 개인정보 유출
    시도를 탐지

3부 현장에서 실무 사례 및 판례

- 개인정보처리자는 개인정보취급자가 정보통신망을 통하여 외부에서 개인정보처리시스템에 접속하려는 경우에는 가상사설망(VPN) 또는 전용선 등 안전한 접속 수단을 적용하여야 한다.

- 개인정보처리자는 인터넷 홈페이지에서 다른 법령에 근거하여 정보주체의 본인확인을 위해 성명, 주민등록번호를 사용할 수 있는 경우에도 정보주체의 추가적인 정보를 확인하여야 한다.

- 개인정보처리자는 취급 중인 개인정보가 인터넷 홈페이지, P2P, 공유설정 등을 통해 열람권한이 없는 자에게 공개되거나 외부에 유출되지 않도록 개인정보처리시스템 및 업무용 컴퓨터, 모바일 기기 등에 조치를 취하여야 한다.

- 고유식별 정보를 처리하는 개인정보처리자는 인터넷 홈페이지를 통해 고유식별 정보가 유출·변조·훼손되지 않도록 연 1회 이상 취약점을 점검하여야 한다.

- 개인정보처리자는 별도의 개인정보처리시스템을 이용하지 않고 업무용 PC만을 이용하여 개인정보를 처리하는 경우에는 접근통제 시스템을 적용하지 않을 수 있으며 이 경우 PC의 운영체제나 보안프로그램 등에서 제공하는 접근통제 기능을 이용할 수 있다.

- 개인정보처리자는 업무용 모바일 기기의 분실·도난 등으로 개인정보가 유출되지 않도록 해당 모바일 기기에 비밀번호 설정 등의 보호조치를 하여야 한다.

기본적인 개인정보처리시스템에 침입차단 및 탐지를 가능하게 구현하고 각종 환경에 접근통제를 구현하여야 한다.

4.4 개인정보 암호화

- 개인정보처리자는 고유식별 정보, 비밀번호, 바이오정보에 대해서는 안전한 암호알고리즘으로 암호화하여 저장하여야 한다. 단, 비밀번호는 복호화 되지 않도록 일방향 암호화하여 저장하여야 한다.

- 개인정보처리자는 정보주체의 개인정보를 정보통신망을 통하여 송·수신하거나 보조저장매체 등을 통하여 전달하는 경우에는 이를 암호화하여야 한다.

- 개인정보처리자는 인터넷 구간 및 인터넷 구간과 내부망의 중간지점(DMZ)에 고유식별 정보를 저장하는 경우에는 이를 암호화하여야 한다.
- 개인정보처리자 또는 개인정보취급자는 업무용 컴퓨터 또는 모바일 기기에 고유식별 정보를 저장하여 관리하는 경우, 상용 암호화 소프트웨어 또는 안전한 암호화 알고리즘을 사용하여 암호화한 후 저장하여야 한다.

암호화 대상 항목	적용 방법	개인정보처리시스템
성명		○○ 계약시스템, ○○ 상담시스템, ○○ 해지 고객관리시스템
전화번호		○○ 계약시스템, ○○ 상담시스템
주민등록번호	양방향	○○ 계약시스템, ○○ 해지 고객관리시스템
아이디		○○ 계약시스템, ○○ 해지 고객관리시스템
비밀번호	일방향	○○ 계약시스템, ○○ 해지 고객관리시스템
이메일		○○ 계약시스템, ○○ 상담시스템, ○○ 해지 고객관리시스템
주소		○○ 계약시스템, ○○ 해지 고객관리시스템
카드번호	일방향	○○ 계약시스템

고유식별 정보 중 주민등록번호는 암호의무화 되어 암호화에 대한 세부적인 계획수립과 절차가 마련되어야 한다. 암호화 적용대상은 고유식별 정보, 비밀번호, 바이오정보이다. 특히, 각각의 개인정보처리시스템에서 어떤 방법으로 암호화 할지를 구체적으로 계획하고 이행하는 것이 바람직하다. '안전성 확보조치 기준' 안내 해설서 또는 '개인정보 암호화 조치 안내서'를 참고한다.

4.5 접속기록 보관 및 위·변조 방지

- 개인정보처리자는 개인정보취급자가 개인정보처리시스템에 접속한 기록을 최소 6개월 이상 보관·관리하여야 한다.
- 개인정보처리자는 개인정보의 유출·변조·훼손 등에 대응하기 위하여 개인정보처리시스템의 접속기록 등을 반기별로 1회 이상 점검하여야 한다.
- 개인정보처리자는 개인정보취급자의 접속기록이 위·변조 및 도난, 분실되지 않도록 해당 접속기록을 안전하게 보관하여야 한다.

접속기록은 침해사고 시 책임성과 추적성을 위한 중요 증적자료이다. 또한 로그기록이 위·변조 되지 않도록 안전 조치를 하여야 한다.

4.6 보안프로그램 설치·운영

• 개인정보처리자는 개인정보처리시스템 또는 업무용 컴퓨터 등을 이용하여 개인정보를 취급하는 경우 개인정보의 안전성 확보 및 악성프로그램 등을 방지·치료할 수 있는 백신 소프트웨어 등의 보안 프로그램을 설치·운영한다.

• 보안 프로그램은 자동 업데이트 기능을 사용하거나, 1일 1회 이상 업데이트를 실시하여 최신의 상태로 유지한다.

• 악성프로그램 관련 경보가 발령된 경우 또는 사용 중인 응용프로그램이나 운영체제 소프트웨어의 제작업체에서 보안업데이트 공지가 있는 경우, 즉시 이에 따른 업데이트를 실시한다.

안티 바이러스 프로그램 설치 후 1일 1회 이상 업데이트 후 엔진을 최신의 상태로 유지해야 한다.

4.7 물리적 접근제한

• 개인정보 보호책임자는 종합전산실 등 개인정보를 보관하고 있는 물리적 보관장소에 대하여 통제구역으로 지정하고, 잠금장치 및 CCTV 등을 설치하고 출입자 관리대장을 비치하여 허가받지 않은 자의 출입을 통제한다.

• 종합전산실 외 별도의 장소에 개인정보시스템을 설치한 경우, 분야별 관리 책임자는 물리적 접근방지를 위한 출입통제장치 및 절차를 마련하여 운영하여야 한다.

• 개인정보취급자는 개인정보가 포함된 서류, 보조저장매체 등을 잠금장치가 있는 안전한 장소에 보관하여야 한다.

• 개인정보처리자는 개인정보가 포함된 보조저장매체의 반출·입 통제를 위한 보안대책을 마련하여야 한다. 다만 별도의 개인정보처리시스템을 운영하지 아니하고 업무용 컴퓨터 또는 모바일 기기를 이용하여 개인정보를 처리하는 경우에는 이를 적용하지 아니할 수 있다.

- 개인정보취급자는 민감한 개인정보 또는 다량의 개인정보가 포함된 정보를 출력하거나 복사하여 보관할 경우 시건장치가 되어 있는 안전한 곳에 보관하여야 하고, 또한 이용 목적이 완료된 경우 분쇄기로 분쇄하거나 소각하는 등의 안전한 방법으로 파기하여야 한다.

물리적인 접근통제에 대한 방법과 절차를 작성한다.

5. 개인정보 교육 수행

5.1 개인정보 교육 계획의 수립

개인정보 보호책임자는 개인정보 보호 관련 법률 및 제도, 전문기술 교육에 관하여 다음 사항을 포함하는 연간 개인정보 보호 교육계획을 수립한다.
- 교육목적 및 대상
- 교육내용
- 교육일정 및 방법

5.2 개인정보 교육 실시

- 개인정보 보호책임자는 개인정보 보호에 대한 직원들의 인식제고를 위해 노력해야 하며, 개인정보의 오·남용 또는 유출 등을 적극 예방하기 위해 직원을 대상으로 매년 정기적으로 개인정보 보호 교육을 실시한다.
- 교육 방법은 집합 교육뿐만 아니라, 사이버 교육 등 다양한 방법을 활용하여 실시하고, 필요한 경우 외부 전문기관이나 전문 강사에 위탁하여 교육을 실시할 수 있다.
- 개인정보 보호에 대한 중요한 전파 사례가 있거나 개인정보 보호 업무와 관련하여 변경된 사항이 있는 경우, 분야별 관리 책임자는 부서회의 등을 통해 수시 교육을 실시할 수 있다.

교육 과정명	개정된 개인정보 보호법의 이해와 침해 사례
교육 대상	개인정보취급자 및 개인정보 업무 수탁사
교육 일시	2017년 3월(총 20시간)
교육 방법	외부 강사 초빙 집합교육
교육 내용	1. 개인정보 보호법의 주요 내용 2. 회사의 개인정보 보호 정책 소개 3. 최근 개인정보 관련 사회적 이슈 검토 4. 개정된 개인정보 보호법 5. 개인정보 침해 사례와 대응방안
교육 과정명	개인정보 보호법의 이해와 최근 개인정보 사고사례 검토
교육 대상	개인정보 보호책임자, IT 담당부서 및 CV 담당부서
교육 일시	2017년 8월(총 8시간)
교육 방법	온라인 동영상 강의 및 토론
교육 내용	1. 개인정보 보호법의 주요 내용 2. 최근 개인정보 관련 사회적 이슈 검토 3. 개인정보 동의서식 개선과 업무개선 토론

▲ 개인정보 교육 계획서 예시

개인정보 보호책임자는 수립한 개인정보 보호 교육 계획을 실시한 이후에 교육의 성과와 개선 필요성을 검토하여 차년도 교육계획 수립에 반영하여야 한다.

직책	담당자	의무이수 시간
개인정보 보호책임자	○○본부장	20(h)
부서별 개인정보 보호관리자	○○부서장 □□부서장 △△부서장	20(h)
개인정보 보호담당자	○○팀장 □□팀장 △△팀장	20(h)
개인정보취급자(외주업체 포함)	부서의 개인정보 보호책임자가 지정하는 자	8(h)

▲ 연간 개인정보처리자별 교육 이수시간

교육대상, 방법, 시기 등을 고려하여 연간 단위로 계획서를 수립하고 이행한다. 교육 후에는 반드시 설문조사를 실시하여 개선사항을 수렴하여 다음 교육 시 반영토록 한다.

6. 개인정보 침해대응 및 피해 구제

6.1 개인정보 유출 통지

분야별 관리 책임자는 개인정보가 유출되었음을 알게 되었을 때에는 정당한 사유가 없는 한 5일 이내에 해당 정보주체에게 유출된 개인정보의 항목, 시점과 경위, 대응조치 및 피해 구제절차 등 법령에서 정하는 사항을 알려야 한다.

6.2 권익침해 구제방법

- 개인정보처리자는 개인정보 보호법을 준수하고 사전에 정보주체에게 피해가 발생하지 않도록 주의와 감독에 만전을 기하여야 한다.
- 개인정보주체는 개인정보 침해로 인한 구제를 받기 위하여 개인정보 분쟁조정위원회, 한국인터넷진흥원 개인정보 침해신고센터 등에 분쟁해결이나 상담 등을 신청한다. 이밖에 기타 개인정보 침해의 신고 및 상담에 대하여는 다음의 기관에 문의한다.
  - 개인정보 분쟁조정위원회 : 02-405-5150 (http://www.kopico.or.kr)
  - 개인정보 침해신고센터 : (국번없이) 118 (http://privacy.kisa.or.kr)
  - 행정자치부 개인정보 보호과 : 02-2100-4425 (http://www.mopas.go.kr)
  - 대검찰청 사이버범죄수사단 : 02-3480-3571 (cybercid@spo.go.kr)
  - 경찰청 사이버테러대응센터 : 1566-0112 (http://www.netan.go.kr)
- 안전성 확보조치 기준 고시와 내부관리 계획에서 중복되는 부분이 있어 실무에서는 혼란스러워 한다. 내부관리 계획에 추가 항목이 신설되어 강화되는 추세에 있다. 향후 자율적 규제로 지향해야 하는 차원에서 기준 마련이라 판단된다. 꼭 지켜야 할 것만 지켜야 하는 것이 아닌 개인정보 유·노출 사전 예방이 목적인 만큼 내부관리 계획을 잘 수립·이행하면 안전조치는 확보될 것으로 생각한다. 현장에서는 법에 규정한 것을 제대로 준수하는 것조차 힘든 부분도 있다. 하지만 자신이 담당한 업무만큼은 전문성을 확보하여 최선을 다해야 할 것이다.

4 개인정보 유출 시 고객응대 사례

1. 고객 응대관련 스크립트

1-1. 「피해 유출 고객」 응대 예시

상담사 : 정성을 다하겠습니다. ○○○입니다.

고 객 : 수고하십니다.

상담사 : 감사합니다. 무엇을 도와드릴까요?

고 객 : 개인정보 유출 때문에요, 확인해주세요.

상담사 : 심려를 끼쳐드려 정말 죄송합니다. 고객님 혹시 저희 회사에서 발송해 드린 통지문을 받아보셨나요?

고 객 : 네

상담사 : 통지문을 받으셨다면 유출고객에 해당되십니다. 유출된 정보에 대해 조금 더 자세히 확인해 드리겠습니다. 자세한 내용 확인을 위하여 전화주신 고객님의 성함을 말씀해 주시겠습니까?

(개인정보 조회 유출방법 : 다음의 5가지 방법으로 조회가 가능하며 주민등록번호, 생년월일, 차량번호, 연락처만의 별도 조회는 불가능하다. 반드시 성명 또는 네 가지 내용을 확인하여 조회한다)

– 성명

– 성명+주민등록번호

– 성명+생년월일

– 성명+차량번호

– 성명+연락처

상담사 : 성함 확인 부탁드리겠습니다.

고 객 : 홍길동입니다. 꼭 이름을 이야기해야 하나요?

상담사 : 고객님의 유출정보를 확인하기 위한 최소한의 내용입니다. 소중한 정보 확인 감사합니다. 죄송하게도 고객님의 정보 중 자동차 사고접수와 관련된 일부 정보인 차량번호 사고일시 및 장소, 운전자 성명과 주민등록번호, 휴대폰번호의 정보가 유출된 것으로 확인됩니다. (개인정보 유출을 조회하여 유출된 내용만 고객에게 안내) 정말 죄송합니다. 개인정보는 해커에 의해 유출되었지만 제3자에게 제공된 사실은 없는 것으로 확인하였습니다.

고 객 : 그게 왜 유출된거죠?

상담사 : (각 사별 유출사고 내용 조치사항 조치 결과 안내) 심려를 끼쳐드려 정말 죄송합니다.

[그 외 고객문의 사항은 상황에 맞게 안내]

상담사 : (마지막 인사) 고객님 다시 한 번 심려를 끼쳐드려 정말 죄송합니다. 현재는 국가에서 요구하는 수준 이상으로 보완조치를 하였으며, 본 건을 계기로 보안을 강화하여 관리하고 있습니다. 넓은 마음으로 이해해 주셔서 감사합니다. 더욱 발전하는 회사가 되도록 노력하겠습니다. 안녕히 계십시오.

1-2.「피해 유출 없는 고객」응대

> 상담사 : 정성을 다하겠습니다. ○○○입니다.
>
> 고　객 : 수고하십니다.
>
> 상담사 : 감사합니다. 무엇을 도와드릴까요?
>
> 고　객 : 개인정보 유출 때문에요, 확인해 주세요.
>
> 상담사 : 심려를 끼쳐드려 정말 죄송합니다. 신속하게 확인해 드리겠습니다.
>
> 고　객 : 네
>
> 상담사 : 자세한 내용 확인을 위하여 전화주신 고객님의 성함, 연락처를 말씀해 주시겠습니까?
>
> 고　객 : ○○○○, ○○○ - ○○○○ - ○○○○
>
> 상담사 : (소중한 정보) 확인 감사합니다. 다행히 고객님의 정보가 유출되지 않았습니다.
>
> 고　객 : 알겠어요.
>
> 상담사 : (마지막 인사) 고객님, 다시 한 번 심려를 끼쳐드려 정말 죄송합니다. 현재는 국가에서 요구하는 수준 이상
> 으로 보완조치를 하였으며, 본 건을 계기로 보안을 더 강화하여 관리하고 있습니다. 넓은 마음으로 이해해
> 주셔서 감사합니다. 더욱 발전하는 회사가 되도록 노력하겠습니다. 안녕히 계십시오.
>
> [각 사별 사항에 따라서 문구 조정]

2. 개인정보 유출 시 필수 조치 요령

1	**유출된 정보주체 개개인에게 지체 없이 통지** • 시한 : 유출되었음을 알게 되었을 경우 지체 없이(5일 이내) • 통지 항목 : ① 유출된 개인정보의 항목, ② 유출 시점과 및 그 경위, ③ 피해 최소화를 위한 정보주체의 조치방법, ④ 기관의 대응조치 및 피해 구제 절차, ⑤ 피해 신고 접수 담당부서 및 연락처 ※ 개인정보의 유출 사고 시 정보주체에게 유출 항목 등 5개 사실을 지체 없이 알리지 않은 경우 과태료 3천만 원 이하
2	**피해 최소화를 위한 대책 마련 및 필요한 조치 실시** • 접속경로 차단, 취약점 점검·보완, 유출된 개인정보의 삭제 등 피해를 최소화하기 위해 필요한 긴급조치 이행 • 긴급조치 이행 등에 어려움이 있는 경우 전문기관에 기술지원 요청 ※ 피해 최소화 대책을 마련하지 않거나 필요한 긴급 조치를 하지 않은 경우 시정조치명령
3	**1만 명 이상 유출된 경우에는 추가적으로 홈페이지에 공지** • 1만 명 이상 개인정보가 유출된 경우 개별 통지와 함께 유출된 사실을 인터넷 홈페이지에 7일 이상 게재 ※ 홈페이지 등에 공지하지 않거나 7일 미만 게재하는 경우 시정조치명령
4	**1만 명 이상 유출된 경우에는 지체 없이 통지 결과 등 신고** • 1만 명 이상 개인정보가 유출된 경우 유출 통지 및 조치 결과를 지체 없이 행정자치부 또는 전문기관(한국인터넷진흥원, www.privacy.go.kr)에 신고 ※ 행정자치부 또는 전문기관에 통지 결과 등을 신고하지 않은 경우 과태료 3천만 원 이하

3. 개인정보 유출 통지문안 사례

표준 통지문안 예시	부가 설명
개인정보 유출 사실을 통지해 드리며, 깊이 사과드립니다.	**〈제목〉** – '유출 통지' 문구 포함
고객님의 개인정보 보호를 위해 최우선으로 노력하여 왔으나 불의의 사고로 고객님의 소중한 개인정보가 유출되었음을 알려드리며, 이에 대하여 진심으로 사과를 드립니다.	(사과문) – 유출 통지 사실 알림 – 사과문을 먼저 표현
고객님의 개인정보는 2010년 3월 5일 회원관리시스템 장애 처리를 위한 데이터 분석 과정에서 유지보수업체로 전달되었고, 유지보수업체는 자체 서버에 저장·보관하다가 안전한 조치를 다하지 못해 2010년 4월경 해커에 의한 해킹으로 유출되었습니다. 유출된 정확한 일시는 서울지방경찰청에서 현재 수사가 진행 중이며, 확인되면 추가로 알려 드리도록 하겠습니다.	**〈유출된 시점과 경위〉** – 유출된 시점과 경위를 누구나 이해할 수 있게 상세하게 설명 – '귀하', '고객님' 등으로 유출된 정보주체 명시 ※ 부적합한 표현 : 일부 고객, 회원정보의 일부 – 추가 확인된 사항은 반드시 추가로 통지
유출된 개인정보 항목은 이름, 아이디(ID), 비밀번호(P/W), 주민등록번호, 이메일, 연락처 등 총 6개입니다.	**〈유출된 항목〉** – 유출된 항목을 누락 없이 모두 나열 ※ '등'으로 생략하거나, '회사전화번호' 및 '집전화번호'를 합쳐서 '전화번호'로 표시 안 됨
유출 사실을 인지한 후 즉시 해당 IP와 불법접속 경로를 차단하고, 취약점 점검과 보완 조치를 하였습니다. 또한, 유지보수업체 서버에 있던 귀하의 개인정보는 즉시 삭제 조치하였습니다.	**〈개인정보처리자의 대응조치〉** – 접속경로 차단 등 예시된 항목 외에도 망 분리, 방화벽 설치, 개인정보 암호화, 인증 등 접근 통제, 시스템 모니터링 강화 등 조치한 내용 설명
서울지방경찰청이 발표한 수사 결과에 따르면 현재 해커는 검거되었고, 해커가 불법 수집한 개인정보는 2차 유출하거나 판매하지는 않은 것으로 확인되었습니다. 따라서 현재로서는 이번 사고로 인한 2차 피해가 발생할 가능성이 높지 않아 보이나, 혹시 모를 피해를 최소화하기 위하여 귀하의 비밀번호를 변경하여 주시기 바랍니다. 그리고 개인정보 악용으로 의심되는 전화, 메일 등을 받으시거나 기타 궁금하신 사항은 연락주시면 친절하게 안내해 드리고, 신속하게 대응하도록 하겠습니다.	**〈피해 최소화를 위한 정보주체의 조치방법〉** – 유출 경위에 따라 정보주체가 할 수 있는 방법을 안내 – 사건에 따라 다양한 피해를 추정하여 예방 가능한 방법을 모두 안내(보이스 피싱, 피싱 메일, 불법 TM, 스팸문자 등)
아울러, 피해가 발생하였거나 예상되는 경우에는 아래 담당부서에 신고하시면 성실하게 안내와 상담을 해 드리고, 필요한 조사를 거쳐 손실보상이나 손해배상 등의 구제절차를 진행하도록 하겠습니다. 한국인터넷진흥원의 개인정보 분쟁 조정이나 민사 상 손해배상 청구, 감독기관인 ○○○○부 민원신고센터 등을 통해 피해를 구제받고자 하실 경우에도 연락주시면 그 절차를 안내하고 필요한 제반 지원을 아끼지 않도록 하겠습니다.	**〈개인정보처리자의 피해 구제절차〉** – 보상이나 배상이 결정된 경우에는 그 내용을 상세히 기재 – 보상이나 배상이 결정되지 않은 경우 계획과 절차를 안내 – 감독기관 등을 통한 구제절차도 안내
앞으로 장애처리 과정에 대한 개인정보 보호 조치 강화 등 내부 개인정보 보호 관리체계를 개선하고, 관계 직원 교육을 통해 인식을 제고하여, 향후 다시는 이와 유사한 사례가 발생하지 않도록 최선의 노력을 다하겠습니다.	(개인정보처리자의 향후 대응 계획) – 추가적인 향후 대응 계획을 포함
항상 믿고 사랑해 주시는 고객님께 심려를 끼쳐 드리게 되어 거듭 진심으로 사과드립니다.	(사과문)
• 피해 등 접수 담당부서 : 고객지원과 • 피해 등 접수 전화번호 : 02-2345-6789, -9876 • 피해 등 접수 e-메일주소 : abcd@efgh.co.kr	**〈피해 등 신고 접수 담당부서 및 연락처〉** – 전담처리부서 안내를 원칙으로 하되, 대량 유출로 일시적으로 콜센터 등 다른 부서를 지정한 경우 해당 부서를 안내
(주)○○업체 임직원 일동	(발신명의)

부가설명 란에 필수사항은 〈 〉, 참고사항은 ( )로 표기하였다.

필수사항이 확인되지 않아 통지문에 포함하지 않은 경우 추후 확인되면 반드시 추가 통지한다.

다음의 예시를 참고하여 유출 상황에 적합하게 내용을 변경하여 활용한다.

4. 홈페이지, 우편을 통한 통지문 사례

○○○고객님께

당사는 고객님의 소중한 정보를 기반으로 고객님의 안전과 건강을 보호해야 하는 ○○회사로 개인정보 보호에 최우선으로 노력해왔으나, 내부직원의 개인정보 유출 시도로 인해 ○○ 등 일부 정보가 유출된 데 대해 머리 숙여 사과의 말씀을 드립니다.

해당 사고는 위탁업체 직원이 ○○○명의 고객 Data를 ○○○○년 ○월 유출한 건으로 확인되었고 유출된 고객정보는 고객명, 고객직업, 생년월일, 연락처, 주소, ○○○○, ○○○○입니다. 해당 자료에는 고객님의 금융거래정보(계좌정보, 신용카드정보, 대출정보), 주민등록번호 등은 포함되어 있지 않습니다.

당사는 유출을 시도한 해당직원 PC에서 유출을 시도한 Data를 회수 및 파기 조치를 하여, 추가 피해가 발생할 가능성은 낮은 것으로 보입니다. 그럼에도 개인정보 악용으로 의심되는 전화, 메일 등을 받으시거나 기타 궁금하신 사항은 연락주시면 친절하게 안내해 드리고, 신속하게 대응하도록 하겠습니다.

아울러, 피해가 발생하였거나 예상되는 경우에는 아래 담당부서에 신고하시면 성실하게 안내와 상담을 해드리고, 필요한 조사를 거쳐 손실보상 등의 구제절차를 진행하도록 하겠습니다.

한국인터넷진흥원의 개인정보 분쟁조정이나 민사상 손해배상청구 등을 통해 피해를 구제받고자 하실 경우에도 연락을 주시면 그 절차를 안내하고 필요한 제반 지원을 아끼지 않도록 하겠습니다.

당사는 이번 사건의 관련자들을 엄중 문책하고 내부 보안체계 강화와 전 직원의 보안의식을 철저히 하여 향후 본건과 같은 사고가 다시는 발생하지 않도록 최선의 노력을 다하겠습니다.

항상 ○○사를 믿어주신 고객님께 심려를 끼쳐 드리게 되어 다시 한 번 진심으로 사과드립니다.

2017년 ○○월 ○○일
○○주식회사 임직원 일동

※개인정보 침해 확인안내
· www.sample.com
· 소비자보호팀 : (02)○○○○－○○○○

5. SMS를 이용한 통지문 사례

제목 : ○○에서 알려드립니다.

○○○ 고객님께
개인정보 유출사실을 통지해 드리며, 깊이 사과드립니다.

고객님의 정보보호에 최우선으로 노력하여 왔으나, 지난 ○○○○년 ○월 경 불법적인 해킹으로 ○○ 서비스 이용
일부 고객님의 이름, 휴대전화번호 및 주민등록번호, ○○, ○○ 유출되었습니다.

경찰조사 결과, 유출정보는 제3자에게 제공되지 않았고, 범인 체포 직후 전량 회수되었으나 혹시라도 전화광고 등
이 의심되는 경우에는 저희 회사로 즉시 연락주시기 바랍니다. 향후 피해 현황을 파악하여 구체적인 피해가 확인되
면 구제절차 등을 검토하겠습니다.

고객님께 심려를 끼쳐 드리게 된 점 다시 한 번 진심으로 사과드립니다.

○○주식회사 임직원 일동

※ 개인정보 유출 확인 안내
홈페이지 : ○○사 홈페이지(http://www.sample.com)
• 고객서비스
• 고객정보
유출확인 전담상담센터 : ○○○○-○○○○
※ 연락처 변경 미등록 등으로 메시지를 수신하신 분이 해당 고객님이 아니실 경우에는 양해 부탁드립니다.

현장 분야별 실무 사례[5]

1 공공 분야

1. 공공기관이 소관 업무를 위해 수집한 정보를 이용하여 홍보지를 발송할 수 있을까?

보미 씨! 이번에 우리 기관 새로운 정책 홍보 적극적으로 부탁해요.

네! 이메일로 홍보와 소식지 발송 예정입니다.

홍보 담당 김보미 씨

e-mail 전송 _ □ x
받는사람 ☐
제목 ☐
News & Event
저희 공공기관에서 주관

홍보 메일을 발송해볼까?

혹시.. 개인정보 보호법상 이벤트나 홍보, 마케팅 시 정보주체에게 별도의 동의가 필요한거 아시죠?

공공기관이 법령에서 정한 소관업무를 수행하는 경우 동의 없이 개인정보를 이용할 수 있지만, 수집 목적과 다른 목적으로 이용하려면 별도의 동의가 필요해요.

수집·이용

개인정보

공공기관

동의?

기관 홍보나 소식지 발송 시 정보주체의 별도 동의 여부 확인

공공기관이 법령에서 정한 소관 업무를 수행하기 위해 필요한 경우 정보주체의 동의 없이 개인정보를 수집 이용할 수 있다. 이 경우에도 수집한 개인정보는 당초 수집 목적을 위해 이용되어야 하며, 법률에 다른 규정이 없는 한 수집 목적과 다른 목적으로 이용하기 위해서는 정보주체로부터 별도의 동의를 받아야 한다.

담당자 업무처리

'법령 등에서 정한 소관 업무'란?

「정부조직법」 및 각 기관별 직제령·직제규칙, 개별조직법 등에서 정하고 있는 소관 사무 외에, 「주민등록법」, 「국세기본법」, 「의료법」, 「국민건강보험법」 등 소관 법령에 의해서 부여된 권한과 의무, 지방자치단체의 경우 조례에서 정하고 있는 업무 등을 말한다.

공공기관은 법률에서 정하는 목적을 위해 수집된 개인정보를 당초 업무 목적이 아닌 **기관홍보나 소식지** 등의 발송을 위해 정보주체의 이메일 등을 이용하기 위해서는 해당 정보주체로부터 **별도의 동의**를 받아야 한다.

관련 법령

개인정보 보호법 제15조(개인정보 수집·이용)
① 개인정보처리자는 다음 각 호의 어느 하나에 해당하는 경우에는 개인정보를 수집할 수 있으며 그 수집 목적의 범위에서 이용할 수 있다.
1. 정보주체의 동의를 받은 경우
2. 법률에 특별한 규정이 있거나 법령상 의무를 준수하기 위하여 불가피한 경우
3. 공공기관이 법령 등에서 정하는 소관 업무의 수행을 위하여 불가피한 경우

---

5 개인정보 자주하는 질문답변 사례집, 한국인터넷진흥원

2. 공공기관에서 1회적인 개인정보 처리 위탁 시 관리감독과 교육을 이행해야 할까?

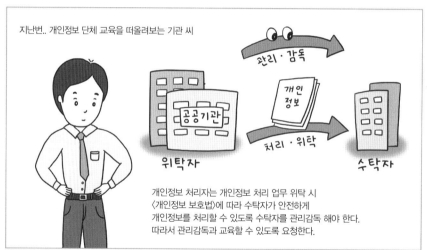

개인정보 처리자는 개인정보 처리 업무 위탁 시
〈개인정보 보호법〉에 따라 수탁자가 안전하게
개인정보를 처리할 수 있도록 수탁자를 관리감독 해야 한다.
따라서 관리감독과 교육할 수 있도록 요청한다.

 1회적인 개인정보 처리업무 위탁 시 관리감독 및 교육의무를 이행해야 하는가?

내부관리계획 및 표준 위탁 계약서 점검

개인정보처리자는 개인정보 처리 업무 위탁 시 수탁자에게 제공된 개인정보를 안전하게 관리할 책임이 있다. 따라서 개인정보 처리업무를 위탁하는 경우, 개인정보 보호법 제26조 동법 시행령에 규정된 사항을 준수하고 수탁자가 안전하게 개인정보를 처리할 수 있도록 수탁자 관리 및 감독에 관한 사항을 내부관리계획에 포함해야 한다.

또한, 위탁자가 수탁자에게 제공한 개인정보와 관련 문제 발생의 경우 그 최종 책임은 위탁자에게 있으므로 수탁자가 개인정보를 안전하게 처리하도록 관리감독해야 한다. 1회적인 업무처리도 포함하는 것이 바람직하다.

담당자 업무처리

개인정보 처리업무 위탁 시 문서화(표준 위탁 계약서)하는 경우 수탁자의 무분별한 개인정보 재위탁, 개인정보 관리소홀, 개인정보 유출 등을 예방하고 의무 위반 시 손해배상 책임 등을 명확히 하기 위해 다음의 사항을 포함하여 작성한다.

• 위탁업무 수행 목적 외 개인정보의 처리 금지에 관한 사항
• 개인정보의 기술적·관리적 보호조치에 관한 사항
• 위탁업무의 목적 및 범위
• 재위탁 제한에 관한 사항
• 접근통제 등 안전성 확보 조치에 관한 사항
• 위탁업무와 관련하여 보유하고 있는 개인정보의 관리 현황 점검 등 감독에 관한 사항
• 수탁자가 준수하여야 할 의무를 위반한 경우 손해배상 등에 관한 사항 등

관련 법령

• 「개인정보 보호법」 제26조(업무 위탁에 따른 개인정보의 처리 제한)
• 개인정보 보호 표준 위탁 계약서

3. 공공기관 직원이 가족의 주민등록번호를 열람했다면?

질문 공공기관에 근무하는 직원이 가족이나 친척의 개인정보를 이용하여 업무 목적 외에 이용이 가능한가?

업무목적 외에 개인정보 활용 시 반드시 동의 필요

개인정보취급자는 정보주체의 개인정보를 수집 목적 외 사용 시에는 반드시 별도의 동의를 받아야 한다. 설령, 본인의 부모님이나 친인척이라 하더라도 본인의 동의 없이 업무 목적 외 사용 시에는 법률 위반 사항이 된다.

담당자 업무처리

개인정보처리자는 개인정보 수집 목적 범위를 초과하여 이용하거나 제공할 수 없다. 하지만 예외적으로 정보주체 또는 제3자의 부당한 이익을 침해할 우려가 있는 경우를 제외하고는 제공할 수 있다고 법 18조에 명시하고 있다. 그 제외 사항은 다음과 같다.

1. 정보주체로부터 별도의 동의를 받은 경우
2. 다른 법률에 특별한 규정이 있는 경우
3. 정보주체 또는 그 법정대리인이 의사표시를 할 수 없는 상태에 있거나 주소불명 등으로 사전 동의를 받을 수 없는 경우로서 명백히 정보주체 또는 제3자의 급박한 생명, 신체, 재산의 이익을 위하여 필요하다고 인정되는 경우
4. 통계작성 및 학술연구 등의 목적을 위하여 필요한 경우로서 특정 개인을 알아볼 수 없는 형태로 개인정보를 제공하는 경우
5. 개인정보를 목적 외의 용도로 이용하거나 이를 제3자에게 제공하지 아니하면 다른 법률에서 정하는 소관 업무를 수행할 수 없는 경우로서 보호위원회의 심의·의결을 거친 경우
6. 조약, 그 밖의 국제협정의 이행을 위하여 외국정부 또는 국제기구에 제공하기 위하여 필요한 경우
7. 범죄의 수사와 공소의 제기 및 유지를 위하여 필요한 경우
8. 법원의 재판업무 수행을 위하여 필요한 경우
9. 형(刑) 및 감호, 보호처분의 집행을 위하여 필요한 경우

관련 법령

- 「개인정보 보호법」 제18조(개인정보의 목적 외 이용·제공 제한)
- 「개인정보 보호법」 제15조1항, 제17조1항
- 「개인정보 보호법」 제24조 2(주민등록번호 처리의 제한)

4. 자동차 과태료 관련 이름과 주민등록번호 앞자리, 차량번호는 개인정보인가?

 시, 군, 구에 자동차 과태료 검색 웹페이지에서 "이름과 주민등록번호 앞자리, 차량번호" 세 가지를 맞게 입력하면 해당 차량에 대한 과태료가 검색됩니다. 개인정보에 해당될까요?

성명, 생년월일 등이 차량번호와 조합되어 식별 가능하기 때문에 개인정보에 해당됩니다.

 개인정보는 살아 있는 개인에 관한 정보로서 성명, 주민등록번호 및 영상 등을 통하여 개인을 알아볼 수 있는 정보뿐만 아니라, 해당 정보만으로는 특정 개인을 알아볼 수 없더라도 다른 정보와 쉽게 결합하여 알아볼 수 있는 것은 모두 개인정보에 포함된다.

따라서 성명, 생년월일(주민등록번호 앞자리), 차량번호가 조합될 경우에는 개인정보에 해당한다.

관련 법령 「개인정보 보호법」 제2조

5. 공공기관 감사 시 감사 목적으로 제공할 때 동의 유무는?

 공공기관인데 감사부서나 상급기관에서 감사 목적으로 개인정보의 제공을 요청하는데 동의 없이 제공할 수 있나요?

 법률에 특별한 규정이 있는 경우 개인정보를 수집·이용할 수 있으며 제3자에게 제공이 가능합니다.

상세설명

공공감사에 관한 법률 제20조에 따르면 자체 감사를 위하여 필요할 때에는 다음의 조치를 취할 수 있다.

1. 출석·답변의 요구(정보통신망 이용촉진 및 정보보호 등에 관한 법률에 따른 정보통신망을 이용한 요구를 포함한다)
2. 관계 서류·장부 및 물품 등의 제출 요구
3. 전산정보시스템에 입력된 자료의 조사
4. 금고·창고·장부 및 물품 등의 봉인 요구

또한, 위 조치를 요구받은 자체 감사 대상기관 및 그 소속 공무원이나 직원은 정당한 사유가 없으면 그 요구에 따라야 한다.

개인정보 보호법 제15조, 제17조 및 제18조에 따라 법률에 특별한 규정이 있는 경우 개인정보를 수집, 이용할 수 있으며 제3자에게 제공이 가능하다.

관련 법령 「개인정보 보호법」 제15조, 제17조, 제18조

6. 공시송달 공고 홈페이지 게재 시 개인정보 저촉 유무는?

벌과금 등 관련한 공시송달 공고를 검찰청 홈페이지 "고시/공고"란에 "성명, 징제번호, 등기번호, 수령여부" 네 가지 항목을 포함하여 게시할 경우, 개인정보 보호법에 저촉되나요?

법률에 특별한 규정이 있는 경우 의무를 준수하기 위하여 불가피한 경우에는 그 수집 목적 범위에서 이용할 수 있습니다.

 개인정보 보호법 제15조 제1항 제2호에서는 "법률에 특별한 규정이 있거나 법령상 의무를 준수하기 위하여 불가피한 경우"에는 개인정보를 수집하고, 그 수집 목적의 범위에서 이용할 수 있도록 규정하고 있다.

공시송달 공고는 형사소송법 제477조, 국세기본법 제11조 등에 근거를 두고 있지만, "공시송달 공고"를 게시하는 경우 해당 법령에 규정되어 공개토록 한 항목은 공개 가능하나 공개 범위가 정해져 있지 않은 경우에는 최소한의 범위에서만 공개해야 한다.

> **관련 법령** 「개인정보 보호법」 제15조, 「형사소송법」 477조, 「국세기본법」 11조

7. 게시글에 개인정보 포함 시 조치 사항은?

공공기관에서 개인정보를 포함하여 게시하는 경우가 있는데 이럴 경우 어떤 조치를 해야 하나요?

법률에 특별한 규정이 있거나, 법령 등에 정하는 소관 업무의 수행을 위하여 불가피한 경우에는 수집 목적 내 이용할 수 있습니다. 다만 최소한의 범위 내에서 이용해야 합니다. 법률에 특별한 규정이 없거나 법령 등에 정하는 소관업무를 위해 불가피한 경우가 아니면 게재해서는 안 됩니다.

 개인정보 보호법 제15조 제1항에 따라 법률에 특별한 규정이 있거나 법령상 의무를 준수하기 위하여 불가피한 경우, 공공기관이 법령 등에서 정하는 소관 업무의 수행을 위하여 불가피한 경우에는 개인정보를 수집하고 수집한 목적 내에서 이용할 수 있다.

다만, 개인의 사생활 침해가 되지 않도록 관계법령에 따라 최소한의 범위 내에서 게시해야 한다.

관련 법령   「개인정보 보호법」 제15조

8. 법정 서식을 통한 개인정보 수집 시 동의 필요 여부는?

Q 지방자치단체 법령에서 신청서나 신고서를 접수받을 때, 주민등록번호 등의 개인정보 수집 동의를 받아야 하나요?

A 주민등록번호 수집 법정주의에 따라 법령에 구체적으로 주민등록번호의 처리를 요구하거나 허용한 경우이므로 별도의 동의 없이 처리할 수 있습니다.

상세설명

개인정보처리자(지방자치단체)는 원칙적으로 정보주체의 동의를 받아 개인정보를 수집·이용하여야 하나, 개인정보 보호법 제15조제1항제2호 '법률에 특별한 규정이 있거나 법령상 의무를 준수하기 위하여 불가피한 경우' 및 제3호 '공공기관이 법령 등에서 정하는 소관 업무의 수행을 위하여 불가피한 경우에는 정보주체의 동의 없이도 개인정보를 수집·이용할 수 있다.

지방자치단체가 법령에서 정한 신청서나 신고서를 접수 받는 것은 제15조제1항제2호 및 제3호에 해당하므로 신청서 등에 기재된 개인정보를 수집할 때 정보주체의 동의는 필요하지 않다.

또한 개인정보 보호법에서 주민등록번호는 개인을 고유하게 구별하기 위하여 부여된 '고유식별 정보'로 분류하고 있다. 주민등록번호는 법령에서 구체적으로 처리를 요구·허용한 경우에만 처리할 수 있다.

시행령에 따른 법정서식에 주민등록번호 항목이 있다면 이는 법령에서 구체적으로 처리를 요구·허용한 것이므로, 지방자치단체는 법정서식을 이용한 신청서 등을 통해 주민등록번호를 수집할 수 있다.

관련 법령 「개인정보 보호법」 제24조제1항제1호, 제2호

9. 공공기관에 초청장을 보낼 때 동의 유무는?

관공서에서 행사가 있어서 초청장을 보낼 때도 동의서를 받아야 하나요?

정보주체로부터 명함 등 동의 의사를 명확히 표시하거나 정황에 비추어 사회통념상 동의 의사가 있었다고 인정되는 범위 내에서만 이용할 수 있습니다.

상세설명

초청장을 보낼 때 필요한 정보(성명, 주소, 이메일 등)의 수집을 정보주체로부터 직접 명함 또는 그와 유사한 매체를 제공 받은 경우, 정보주체가 동의 의사를 명확히 표시하거나 그렇지 않은 경우 명함 등을 제공하는 정황 등에 비추어 사회통념상 동의 의사가 있었다고 인정되는 범위 내에서만 이용할 수 있다.

관공서의 행사 초청장 등은 사회통념상 동의 의사가 있었다고 인정되는 범위 내로 해석되므로 별도의 동의 없이 발송해도 될 것으로 판단된다.

관련 법령　　개인정보 표준지침

10. 공공기관 영향평가 대상 유무는?

공공기관은 영향평가를 무조건 해야 하나요?

영향평가 대상 범위에 해당하는 공공기관만 필수적으로 받아야 합니다.

영향평가의 대상 기관은 대통령령 제35조(개인정보 보호법 제33조제1항에서 위임)에 해당하는 개인정보파일을 구축·운용, 변경 또는 연계하려는 공공기관이다. 영 제35조에 해당하는 개인정보파일은 다음과 같다.

1. 구축·운용 또는 변경하려는 개인정보파일로서 5만 명 이상의 정보주체에 관한 민감정보 또는 고유식별정보의 처리가 수반되는 개인정보파일
2. 구축·운용하고 있는 개인정보파일을 해당 공공기관 내부 또는 외부에서 구축·운용하고 있는 다른 개인정보파일과 연계하려는 경우로 연계 결과 50만 명 이상의 정보주체에 관한 개인정보가 포함되는 개인정보파일
3. 구축·운용 또는 변경하려는 개인정보파일로서 100만 명 이상의 정보주체에 관한 개인정보파일

관련 법령   「개인정보 보호법」 제33조, 시행령 제35조

11. 공공기관 고객만족도 조사업무 위탁 시 개인정보 제공 가능 여부는?

고객만족도 조사를 위한 설문조사를 위탁하면서 수집한 개인정보를 고객만족도 조사에 이용하기 위하여 외부 리서치업체에 제공할 수 있나요?

공공기관은 공공기관의 운영에 관한 법률에 따른 고객만족도 실시 의무를 준수하기 위하여 동의 없이 고객만족도 설문조사에 필요한 개인정보를 이용할 수 있습니다.

상세설명

개인정보 보호법에 따라 개인정보처리자(○○기관)는 법령상 의무 준수 또는 법령에서 정한 소관 업무 수행을 위하여 불가피한 경우 정보주체의 동의 없이 개인정보를 수집·이용할 수 있다.

또한, 공공기관의 운영에 관한 법률 제13조제2항에 따라 공공기관은 연 1회 이상 고객만족도 조사를 의무적으로 실시해야 한다. 따라서 공공기관은 공공기관의 운영에 관한 법률에 따른 고객만족도 실시 의무를 준수하기 위하여 동의 없이 고객만족도 설문조사에 필요한 개인정보를 이용할 수 있다. 따라서 ○○기관에서는 외부기관을 선정하여 고객만족도 조사를 위탁할 수 있으며, 정보주체인 조사대상자의 동의 없이 고객만족도 조사를 위해 필요한 개인정보를 외부기관에게 제공할 수 있다.

고객만족도 조사 업무를 위탁한 외부 리서치 업체에게 정보주체의 동의 없이 개인정보를 제공할 수 있으나 개인정보 보호법 제26조에 따라 위탁 시 주의사항을 준수하여야 한다.

관련 법령 「개인정보 보호법」 제26조, 「공공기관 운영에 관한 법률」 제13조제2항

12. 민원을 이관한 행정기관의 민원인 개인정보 이용은?

A 기관은 민원인의 동의 없이 개인정보를 B 기관에 제공할 수 있나요?

민원을 접수한 행정기관은 접수한 민원이 다른 행정기관의 소관인 경우에는 지체 없이 소관기관으로 이송해야 합니다. 민원사무처리에 관한 법률에 따라 동의 없이 제공할 수 있습니다.

개인정보 보호법은 개인정보 보호에 관하여 다른 법률에 특별한 규정이 있는 경우 해당 법률이 개인정보 보호법에 우선하여 적용된다. 민원사무처리에 관한 법률에 따라 민원을 접수한 행정기관은 접수한 민원이 다른 행정기관의 소관인 경우에는 지체 없이 소관기관으로 이송해야 한다.

민원사무처리에 관한 법률에 따라 A 기관은 접수된 민원이 B 기관 소관인 경우 민원인의 동의 없이 소관기관인 B 기관으로 민원인의 개인정보를 제공할 수 있다.

관련 법령 「개인정보 보호법」 제17조, 「민원사무처리에 관한 법률」

13. 공공기관에서 CCTV 추가 시 의견수렴 여부는?

 최초의 설치 목적과 동일한 목적으로 CCTV를 추가 설치하는 경우에도 개인정보 보호법에 따라 의견수렴 절차를 거쳐야 하나요?

 동일한 설치 목적 내에서 단순히 일부 영상정보처리기기를 추가 설치하거나 촬영 범위를 일부 조정하는 경우에는 설치 목적이 변경된 것이 아니므로 관계 전문가 및 이해관계인의 의견을 수렴할 필요는 없습니다.

상세설명 공공기관이 공개된 장소에 영상정보처리기기를 설치·운영하는 경우에는 개인정보 보호법에 따라 행정예고, 의견청취, 설명회 등 관계 전문가나 이해관계인의 의견을 반드시 수렴하여야 한다.

다만, 동일한 설치목적 내에서 단순히 적은 대수의 영상정보처리기기를 추가 설치하거나 촬영범위를 일부 조정하는 경우에는 설치 목적이 변경된 것이 아니므로 관계전문가 및 이해관계인의 의견을 수렴할 필요는 없다. 그러나 설치 목적을 변경하여 CCTV를 설치하는 경우에는 관계전문가 및 이해관계인의 의견을 수렴하여야 한다.

관련 법령 「개인정보 보호법」 제25조제3항

1. ATM기에서 현금 인출 승인 후 찾지 않았는데, 다른 사람이 수령해간 경우 인출 기록 요구는 가능할까?

질문 ATM기의 기계정보 및 인출기록이 개인정보일까?

ATM 기계정보와 인출기록 개인정보 유무 확인

단순 ATM의 기계정보 및 인출기록은 신용정보법상 개인 신용정보, 개인정보 보호법상 개인정보로 보기 어렵다. 구체적으로 제공 받는 내용에 따라 개인(신용)정보가 될 가능성도 있어 확인을 해야 한다.

담당자 업무처리

개인신용정보라고 판단이 된다면 신용정보법 제32조제6항 및 제33조에 따라 업무처리를 하면 된다. 경찰에 신고하여 처리할 때 은행이 신용정보법 제32조제6항제5호, 제6호 및 제33조제3호에 따르면 법원의 제출명령 또는 법관이 발부한 영장에 따라 제공한 경우이다. 하지만 범죄 때문에 피해자의 생명이나 신체의 심각한 위험 발생이 예상되는 등 긴급한 상황에서는 법관의 영장을 발부 받을 시간적 여유가 없는 것으로 판단되어 검사 또는 사법경찰관의 요구에 따라 제공하는 경우에는 자료 제출이 가능하다. 다만, 피해자의 생명이나 신체에 심각한 위험 발생이 긴급 상황이 아닌 경우 영장이나 법원 명령 없이 자료제출은 불가능하다.

36시간 내에 영장을 발부 받지 못하면 지체 없이 제공 받은 개인신용정보는 파기해야 한다.

관련 법령

- 「신용정보법」 제32조제6항(개인신용정보 제공·활용에 대한 동의)
- 「신용정보법」 제33조(개인신용정보 이용)
- 금융권 개인 신용 정보보호 관련 FAQ(Q5-8)

2. 금융회사 직원이 본인이 속한 회사의 시스템을 이용하여 본인의 금융거래 현황 조회 등을 할 수 있을까?

질문 본인이 속한 회사의 금융시스템을 이용하여 본인 금융거래를 조회하면 안 될까요?

신용정보처리 시스템에 접근하여 정보를 처리할 수 있는 개인신용정보처리 취급자 확인

금융회사 직원이 회사 신용정보처리 시스템에 접속하여 본인의 금융거래 현황 조회 등 정보를 처리하는 것은 제한되어야 한다.

담당자 업무처리

신용정보법상 신용정보에 접근하는 권한을 엄격히 관리하고 목적 외 사용은 제한되어야 한다. 개인신용정보 시스템에 접근하여 정보를 처리할 수 있는 자를 개인신용정보 취급자로 한정하고, 시스템을 이용해 정보를 처리할 수 있는 인원은 고객에게 서비스 제공을 위하여 필요한 최소한의 인원으로 하는 등 개인신용정보처리 취급자의 권한을 엄격하게 제한하고 있다.

따라서 금융회사 직원이 고객 서비스 제공 외의 목적으로 취급자 권한을 이용하여 시스템에 접속 및 정보를 처리하는 것은 신용정보관리 기준 및 내부관리 규정에도 부합하지 않는 행위이다.

관련 법령

- 「신용정보법」 제19조(신용정보시스템의 안전보호)
- 「신용정보법」 제20조(신용정보 관리책임의 명확화 및 업무처리 기록의 보존)
- 「신용정보법」 제33조(개인신용정보의 이용)
- 「신용정보법」 시행령 제16조(기술적·물리적·관리적 보안대책의 수립)
- 감독규정 제20조 및 22조
- 금융권 개인신용정보보호 관련 FAQ(Q4-7)

3. 금융회사 직원이 법령상 보존기간이 불분명하고 정보주체의 동의가 있는 경우의 파일을 파기하는 것은?

 정보주체의 동의가 있으나 법령상 보존 기간이 불분명한 경우 파기 시점은?

3부 현장에서 실무 사례 및 판례

개인(신용)정보의 보존기간 및 파기 시점 산정 기준 확인

원칙적으로 개인(신용)정보는 보유기간 경과, 개인정보 처리 목적 달성 등으로 불필요하게 되었을 때에는 지체 없이(5일 이내) 파기하여야 한다. 따라서 개인(신용)정보 보존 기간은 관련 법령상 규정, 정보주체의 동의 의사, 처리목적 달성여부 등을 고려하여 다음의 기준에 따라 산정한다.

• 법령상 보존 기간이 명시된 경우 해당 법령에 따라 파기
• 법령상 보존 기간이 불분명한 경우 정보주체의 동의에 따라 파기
• 법령상 보존 기간이 불분명하거나 정보주체의 동의가 없는 경우 그 개인정보의 처리 목적이 완전히 달성된 시점에 파기

담당자 업무처리

법령상 보존기간이 불분명하고 정보주체의 동의가 있는 경우

금융 관계법령상 보존기한이 명확히 규정되어 있지 않으나 개인정보의 보유기간에 대하여 정보주체의 명시적인 동의를 받은 경우, 당초 정보주체가 동의한 보유기간이 경과된 후 지체 없이 파기한다.

금융 관계법령에서 별도의 보유기간을 규정하고 있으나 해당 기간 이상 보유를 금지하는 내용이 없는 경우에는 보존기한이 불분명한 경우에 해당한다.

법령상 보존기한이 불분명한 경우의 예시

• 신용정보회사 등은 의뢰자의 성명, 의뢰받은 업무처리 내용, 제공한 신용정보의 내용 등을 3년간 보존하여야 한다(신용정보법 제20조).
• 금융투자업자는 각 호의 자료를 해당 기간 동안 기록 유지해야 한다(자본시장과 금융투자업에 관한 법률 시행령 제62조).
  (투자권유 관련자료 10년, 주문기록 등 거래 관련자료 10년, 업무 위탁 관련 자료 5년, 고유재산 운용 관련 자료 3년 등)
• 보험회사 및 보험 모집에 종사하는 자는 보험계약자 연령 등을 확인 받은 내용을 보험계약 종료일부터 2년간 유지한다(보험업법 시행령 제42조의3).
• 상인은 10년간 상업장부와 영업에 관한 중요 서류를 보존한다. 다만, 전표 또는 이와 유사한 서류는 5년간 이를 보존한다(상법 제33조).

관련 법령
• 「신용정보법」 제18조2항(신용정보의 정확성 및 최신성의 유지)
• 「신용정보법」 제21조(개인정보 파기)
• 금융분야 개인정보 가이드라인(2013. 7)

4. 실명 확인에 필요한 서류를 수집·이용 시 업무처리는?

> **Q** 계약자로부터 제출받는 법정서류(가족관계증명서, 주민등록등본 등)에 계약자 이외의 가족 개인정보가 포함되어 있는 경우, 이들에 대하여 모두 동의를 받아야 하나요?

> **A** 금융기관이 계약자 본인 이외 가족의 주민등록번호가 표기된 주민등록등본을 제출받았을 때 해당 가족의 주민등록번호 수집 근거 및 동의가 없는 경우에는 주민등록번호 뒷자리를 검게 칠하여 알아볼 수 없도록 한 후 보관합니다.

상세설명 실명 확인에 필요한 서류(주민등록등본, 가족관계증명서)를 금융기관이 수집·보관하는 것은 개인정보 처리에 해당하므로, 이러한 서류를 수집하여 보관하고자 하는 경우에는 계약자 본인 이외의 가족 정보 중 수집 근거가 없는 개인정보는 삭제하여 제출받거나 보관하여야 한다.

관련 법령 「개인정보 보호법」 제15조, 「신용정보법」 제33조

5. 착오로 타행 계좌로 오류 송금 시 주민등록번호 처리 유무는?

Q 고객이 착오로 타행 계좌로 오류 송금하여 송금 신청 은행에 타행 금융공동망을 통해 입금자의 자금반환을 신청할 경우 신청인의 주민등록번호 처리가 가능한가요?

A 신용정보법 시행령 제37조2제4항 '금융거래를 위하여 신용정보를 이용하는 사무'에 해당하여 자금 반환을 신청한 고객의 주민등록번호 처리가 가능합니다.

상세설명 타행 고객 앞 자금 송금은 은행법 제27조제2항제3호에 따른 은행의 환업무에 해당한다. 고객의 착오로 인한 오류 송금에 대하여 송금을 신청한 은행에 타행금융공동망을 통한 자금반환을 신청하는 것은 환업무에 수반하여 처리하는 업무이므로 신용정보법 시행령 제37조2제4항 '금융거래를 위하여 신용정보를 이용하는 사무'에 해당하므로 자금 반환을 신청한 고객의 주민등록번호 처리가 가능하다.

관련 법령 「신용정보법 시행령」 제37조의2제4항

6. 고객으로부터 수집하는 CI값은 개인정보인가?

Q

금융회사가 고객으로부터 수집하는 CI값(Connecting Information)이 개인정보에 해당하는지 여부 및 개인정보에 해당하는 경우 금융회사가 해당 정보주체로부터 CI값에 대한 수집·이용에 대하여 동의를 받고 이를 처리할 수 있나요?

아울러 표준동의서에 포함되어 있지 않은 개인정보 수집은 불가능한가요?

A

CI값이 개인정보에 해당되는지에 대한 판단은 개인정보의 일반법인 「개인정보 보호법」을 통해 해석되어야 하는 부분으로 판단되므로, 이에 대해서는 해당 법령의 소관 부처인 행정자치부의 유권해석이 필요합니다.

다만, 법원은 한 소송에서 기계적인 정보라도 특정 개인에게 부여됐음이 객관적으로 명백하고, 이러한 정보를 통해 개인이 식별될 가능성이 크다면 개인정보로 봐야 한다고 판단한 바 있으니 이점 참고하기 바랍니다(대법원 2011. 2. 23 선고 2010고단5343 판결).

상세설명 개인정보의 수집·이용에 대하여는 「개인정보 보호법」 제15조 등에 따른 개인정보주체의 동의를 받은 후 처리가 가능하나, CI값이 개인정보에 해당되는지에 대한 판단은 개인정보의 일반법인 「개인정보 보호법」을 통해 해석되어야 하는 부분으로 판단된다.

표준동의서는 금융감독원 및 각 협회 등에 의해 수립·지도된 업계 자율적인 권장사항으로 개인신용정보 또는 개인정보의 수집·이용 및 처리에 대하여 개별 금융상품의 특성이나 수집하는 개인신용정보의 종류 등에 따라 신용정보법 및 「개인정보 보호법」에서 정하는 바를 준수하는 범위 내에서 변경이 가능할 것으로 판단된다.

스마트폰 애플리케이션 개발업체가 사용자의 동의 없이 단말기의 고유한 식별자인 IMEI 및 USIM 일련번호의 조합정보를 전송해 서버에 저장하도록 하는 '○○통'이라는 증권정보 제공 애플리케이션이 문제된 소송이다.

관련 법령 「개인정보 보호법」 제15조, 「신용정보법」 제33조

7. 단체 상해보험 계약 시 개별 정보의 수집·이용 동의 유무는?

Q 워크샵 등 개최에 따른 참가자 단체 상해보험 계약 시 개인별 정보 수집·이용 동의가 별도로 필요한가요? 인사부에서 인사·노무 목적으로 수집된 개인정보의 동의 없는 제3자 제공이 가능한가요?

A 단체의 대표자가 그 단체의 구성원 전부 또는 일부를 피보험자로 하여 보험자와 1개의 보험계약을 체결함으로써 성립하는 단체보험의 경우, 「상법」 제735조의3제1항에 따라 "단체의 규약에 따라 구성원의 전부 또는 일부를 피보험자로 하는 생명보험 계약을 체결하는 경우에는 제731조를 적용하지 아니한다"고 규정하고 있습니다.

인사·노무와 관련된 개인정보의 보호는 「개인정보 보호법」에서 규정한다. 「개인정보 보호법」에서는 정보주체로부터 별도의 동의를 받거나, 다른 법률의 특별한 규정이 있는 경우 등에 한하여 개인정보를 제3자에게 제공할 수 있다(제17조 및 제18조). 이에 따라 근로자의 복리후생을 위해 회사가 근로자를 일괄하여 피보험자로 하는 단체보험을 체결하는 경우, 회사는 직원의 개인정보를 제3자인 보험자에게 제공해야 하는데, 「개인정보 보호법」에 따르면 원칙적으로는 직원에게 별도의 동의를 받아야 한다.

그러나 「상법」은 타인의 생명보험과 관련하여 제731조제1항에서 "타인의 사망을 보험사고로 하는 보험계약에는 보험계약 체결 시에 그 타인의 서면에 의한 동의를 얻어야 한다"고 규정하고 있고, 단체의 대표자가 그 단체의 구성원 전부 또는 일부를 피보험자로 하여 보험자와 1개의 보험계약을 체결함으로써 성립하는 단체보험의 경우, 「상법」 제735조의3제1항에 따라 "단체의 규약에 따라 구성원의 전부 또는 일부를 피보험자로 하는 생명보험 계약을 체결하는 경우에는 제731조를 적용하지 아니한다"고 규정하고 있다.

아울러 상해보험의 경우에도 「상법」 제739조에 따라 생명보험에 관한 규정이 준용되므로 단체 상해보험 계약을 체결하기 위해서는 보험계약 체결에 대한 근로자의 동의를 갈음하는 규약이 있는 경우 근로자의 서면동의가 없어도 되는 것으로 판단된다. 따라서 단체보험 계약 체결에 관한 사항을 포함하고 있는 규약이 있는 경우에는 회사가 수집한 개인정보를 근로자의 동의 없이 보험회사인 제3자에게 제공할 수 있도록 규정하고 있는 「상법」이 적용된다.

한편, 「상법」 제735조의3에서 말하는 규약의 의미는 단체협약, 취업규칙, 정관 등 그 형식을 막론하고 단체보험의 가입에 관한 단체내부의 협정에 해당하는 것이고, 당해 보험가입과 관련하여 상세한 사항까지 규정할 것을 필요로 하지 않지만 대표자가 구성원을 위하여 일괄하여 계약을 체결할 수 있다는 취지는 담겨 있어야 할 것이다(대법원 2006. 4. 27 선고 2003다60259 판결).

예를 들어, 취업규칙 등에 생명보험 가입에 관한 조항을 두고, 보험금의 지급은 사망퇴직금이나 사망위로금의 지급에 충당하는 규정을 두고 있을 때 근로자가 서명날인 하였다면 근로자의 서면동의가 없어도 되는 것으로 판단된다.

그러나 규약에 단체보험 계약 체결에 관한 사항을 포함하지 않고 단순히 퇴직금, 사망위로금 등만 규정하고 있는 경우에는 근로자의 서면동의가 필요하다.

관련 법령 ｜ 「개인정보 보호법」 제17조 및 제18조, 「상법」 제731조, 제735조, 제735조의3 및 제739조

8. 보험사에 개인정보를 제공하는 제휴업체는 위탁사인가?

Q 보험사에 개인정보를 제공하는 제휴업체(카드사, 공동마케팅사 등)를 위탁관계로 보나요?

A 보험사에 제휴관계로 개인정보를 제공 시에는 제3자 제공으로 보아야 합니다.

 **상세설명** 제휴업체는 통상적으로 각자의 업무 목적을 위해 개인정보를 처리하는 자에 해당하므로 보험사와 위탁관계가 아니라 제3자 제공으로 봐야 한다.

개인정보 보호법 제26조에 따른 개인정보 처리 업무의 위탁은 기관 내부의 업무를 외부의 제3자에게 위탁하여 이를 대신 처리하도록 하는 일종의 아웃소싱(Outsourcing)을 말하는 것이다.

관련 법령 ｜ 「개인정보 보호법」 제26조

9. 제공 받은 개인정보가 정당한 동의를 받았는지 확인 유무는?

보험사가 제공 받은 개인정보가 정당한 동의를 받았는지 확인할 의무가 있나요?

제휴업체로부터 제공 받은 개인정보가 적법하게 수집된 정보인지를 명확하게 하고 사실 증명 제출을 요구할 수 있습니다.

상세설명

제휴업체 등이 정보주체의 동의를 얻어 보험사에 개인정보를 제공하는 경우 해당 제휴업체가 개인정보를 제공하는 자로서 법적 책임을 가진다. 보험사는 제휴업체로부터 제공 받는 개인정보가 적법하게 수집된 정보인지를 명확히 할 필요가 있으므로 해당 제휴업체에게 동의가 있었다는 사실을 증명할 수 있는 자료의 제출이나 정보주체의 동의 확인을 요청할 수 있다. 아울러 불법적으로 수집된 개인정보임을 알게 된 경우에는 이를 취득하여서는 안 된다.

관련 법령 「개인정보 보호법」 제17조

10. 개인정보처리자 간 개인정보를 상호 제공하는 경우 동의 유무는?

개인정보처리자 간 개인정보를 상호 제공하는 경우 쌍방의 개인정보처리자 모두 각각의 동의를 받아야 하나요?

개인정보처리자 쌍방이 상호 합의하여 위 내용을 동의 시 명확히 인지할 수 있도록 동의 내용에 반영하였다면 다시 동의 받을 필요는 없습니다.

 개인정보 보호법이 적용되는 '그 밖의 개인정보'를 개인정보처리자 간 상호 제공하는 경우에는 원칙적으로 개인정보를 제공하는 각각의 개인정보처리자가 정보주체로부터 개별적인 동의를 받아야 한다.

다만, 개인정보를 제공하거나 제공 받고자 하는 개인정보처리자 쌍방이 상호 합의하여 개인정보의 제공 또는 공유에 대한 사항을 일방의 동의서에 명확히 내용을 반영한 후 정보주체의 동의를 받는 경우에는 해당 동의 내용에 이미 개인정보 상호제공 또는 공유가 포함된 것으로 볼 수 있으므로 정보주체가 이미 동의한 내용에 대하여 다른 개인정보처리자가 추가적인 동의를 받을 필요는 없다.

관련 법령   「개인정보 보호법」 제15조

11. 법인 대표자나 대리인의 개인정보 수집 시 동의 유무는?

증권회사가 법인 등기부등본에 기재된 법인 대표자나 대리인의 개인정보를 수집·이용하는 경우에도 동의서를 징구하여야 하나요?

법인 대표자 및 대리인의 정보(성명, 직위, 생년월일, 사업장 소재지 등)는 개인에 대한 정보가 아니라 해당 법인에 대한 정보로 볼 수 있으므로 이러한 정보를 수집·이용하고자 하는 경우에는 별도의 동의서를 징구할 필요는 없습니다.

 법인 등기부등본상에 기재된 법인 대표자 및 대리인의 정보(성명, 직위, 생년월일, 사업장 소재지 등)는 개인에 대한 정보가 아니라 해당 법인에 대한 정보로 볼 수 있으므로 이러한 정보를 수집·이용하고자 하는 경우에는 별도의 동의서를 징구할 필요는 없다.

다만, 법인 등기부등본상 기재된 대표자 및 대리인 등의 정보가 해당 법인의 정보로서가 아니라 특정 자연인의 개인정보로 처리되는 경우는 개인정보에 해당될 수 있으므로 이러한 경우에는 정보주체의 동의를 받는 등 「개인정보 보호법」 제15조에서 정하는 바에 따라 개인정보를 수집·이용하여야 한다.

법인 등기부등본상에 기재된 정보가 특정 자연인의 개인정보로 처리되는 경우는 당해 등본에 기재된 대표자, 임원, 대리인 등의 정보를 수집하여 해당 개인에게 자산관리 등의 금융상품을 홍보하거나 구매를 권유하는 경우 등을 말한다.

관련 법령   「개인정보 보호법」 제15조

12. 보험금 수익자 지정 또는 변경 시 동의 유무는?

보험금 수익자를 지정 또는 변경하거나 제3자 배상책임을 이행하기 위한 경우, 동의 없이 개인정보를 처리할 수 있나요?

정보주체와 계약의 체결 및 이행을 위하여 불가피한 경우 개인정보(민감정보 및 고유식별 정보 제외)를 동의 없이 수집·이용할 수 있습니다.

「개인정보 보호법」에 따라 정보주체와 계약의 체결 및 이행을 위하여 불가피한 경우 개인정보(민감정보 및 고유식별 정보 제외)를 수집·이용할 수 있으므로 이에 해당하는 경우 동의 없이 수집·이용 가능하다.

또한, 보험회사가 보험업법 시행령 제102조제5항에 따른 제3자 배상책임 이행 및 보험수익자 지정·변경에 관한 사무를 수행하는 경우에는 해당 사무 수행에 필요한 범위로 한정하여 제3자의 건강정보 및 고유식별 정보(수익자 지정 또는 변경 시)를 동의 없이 처리할 수 있다.

관련 법령 「개인정보 보호법」 제15조

13. 계약 시 동의한 개인정보 처리에 대해 보험청구 시 추가 동의 유무는?

보험 계약 시 개인정보 처리에 동의한 계약자, 피보험자, 수익자 등이 보험금을 청구한 경우 추가적으로 동의를 받아야 하나요?

보험금 청구와 관련된 개인정보 처리에 대하여 수집 목적의 범위 내에서 이용할 수 있으므로 추가적인 동의를 받을 필요는 없습니다.

「개인정보 보호법」 제15조에 따라 개인정보는 당초 수집 목적의 범위 내에서 이용할 수 있으므로 당초 보험계약 시 보험금 청구와 관련한 개인정보 처리에 대하여 이미 동의를 한 자의 경우에는 향후 보험금 청구 시 추가적으로 동의를 받아야 할 필요는 없다.

관련 법령   「개인정보 보호법」 제15조

1. 의료기관에서 진료실 영상정보처리기기(CCTV) 설치 시 동의를 받아야 할까?

질문 병원 진료실에서 영상정보처리기기(CCTV) 설치는 환자의 동의 없이 촬영 가능한가요?

영상정보처리기기(CCTV) 설치 가능한 경우 우선 검토

개인정보보법에서는 ① 법령에서 구체적으로 허용하고 있는 경우 ② 범죄 예방 및 수사를 위해 필요한 경우 ③ 시설 안전 및 화재 예방을 위해 필요한 경우 ④ 교통 단속을 위해 필요한 경우 ⑤ 교통정보 수집·분석 및 제공을 위해 필요한 경우를 제외하고는 공개된 장소에 영상정보처리기기를 설치 운영하여서는 아니 된다고 명시되어 있다.

병원 진료실은 공개된 장소인지 아닌지 확인해 볼 필요가 있다. 병원 진료실은 대부분 환자와 의료인만 출입하는 장소이므로 공개된 장소라 보기 어렵다. 따라서 진료실에서 환자 진료 시 CCTV 촬영은 사전에 환자 동의를 얻어 촬영하는 것이 바람직하다. 이때 녹음은 금지하며 영상만 촬영해야 한다.

또한, 최근 개정된 개인정보 보호법에 따라 영상정보처리기기 설치 운영자는 반드시 정보주체가 쉽게 인식할 수 있도록 ① 설치 목적 및 장소 ② 촬영 범위 및 시간 ③ 관리책임자 성명 및 연락처 ④ 그 밖에 대통령령으로 정하는 사항을 준수해야 한다.

담당자 업무처리

영상정보처리기기는 개인정보 보호법 제25조에 규정되어 있어 법률 사항을 확인하고 업무처리를 한다. 환자 개인 프라이버시 보호 차원에서 가급적 진료실에서 CCTV 촬영은 하지 않는 것이 바람직하며, 불가피하게 해야 할 경우에는 사전에 동의를 받아야 한다.

관련 법령

- 「개인정보 보호법」 제25조(영상정보처리기기 설치 운영제한)
- 「개인정보 보호법」 시행령 22조(영상정보처리기기 설치 운영제한의 예외)
- 「개인정보 보호법」 시행령 23조(영상정보처리기기 설치 시 의견 수렴)

2. 의료기관에서 휠체어 대여 시 주민등록증 수령은 주민등록번호 수집 법정주의 위반일까?

 휠체어를 대여할 때 분실 방지를 위해 주민등록증 수령 후 휠체어 반납 시 돌려주는 것은 법적 위반 사항이 아닐까?

주민등록번호 수집 법정주의 적용 유무 파악

- 법률·대통령령·국회규칙·대법원규칙·헌법재판소규칙·중앙선거관리위원회규칙 및 감사원규칙에서 구체적으로 주민등록번호의 처리를 요구하거나 허용한 경우(2017. 3. 30 시행)
- 정보주체 또는 제3자의 급박한 생명, 신체, 재산의 이익을 위하여 명백히 필요하다고 인정되는 경우
- 제1호 및 제2호에 준하여 주민등록번호 처리가 불가피한 경우로서 행정자치부령으로 정하는 경우

담당자 업무처리

주민등록증을 임시 수령했다가 다시 돌려주는 행위는 주민등록번호 수집 법정주의에 해당하지 않아 정보주체의 동의 없이 이용 가능하다. 다만, 분실, 도난에 주의할 수 있도록 유의해야 한다.

관련 법령 「개인정보 보호법」 제24조의2(주민등록번호 처리의 제한)

3. 의료기관에서 환자 본인이 아닌데 증명서류를 발급하려면?

질문 병원에서 환자의 증명서류를 발급하는 경우, 의료법에 따른 절차 이외에
개인정보 보호법에 따라 환자 본인의 동의를 받아야 하나요?

특별법(의료법)과 일반법(개인정보 보호법) 중복 적용 시 특별법 우선적용

병원에서는 진단서, 진료기록부 등 환자의 진료와 관련된 여러 증명서류를 발급하고 있다. 개인정보 보호법에 따르면 환자 본인이 아닌 환자의 배우자, 부모, 자녀 등 가족에게 환자의 진료와 관련된 각종 증명서류를 발급하는 것은 '개인정보의 제3자 제공'에 해당되므로 정보주체인 환자의 동의를 받아야 한다.

그런데 의료법에서는 진료기록 열람이나 사본 발급에 대해 동의서, 위임장, 가족관계증명서 등 별도의 절차를 규정하고 있다.

개인정보 보호법 제6조에 의하면 다른 법률에 특별한 규정이 있는 경우에는 해당 법률을 우선적으로 적용하도록 규정하고 있다. 이와 관련하여, 의료법(제21조)은 환자가 아닌 다른 사람에게 환자의 진료기록을 열람하게 하거나 사본을 발급하는 경우에 대한 구체적 허용 근거를 명시하고 있다.

특히 의료법은 환자의 배우자, 직계 존비속, 배우자의 직계 존속 등 환자의 친족이 기록 열람이나 사본 발급을 요청하는 경우 요청자의 신분증 사본, 가족관계증명서 등 친족관계 확인 서류, 환자 본인의 동의서와 신분증 사본 등 엄격한 절차와 구비서류를 규정하고 있다(의료법 시행규칙 제13조의2).

담당자 업무처리

의료법에 따라 환자의 친족이 관련 서류를 구비하여 환자에 대한 진료기록 등을 열람하거나 사본 제출을 요구하는 경우에는 의료법에서 정한 요건이 우선 적용되며, 개인정보 보호법에 따라 동의를 다시 받을 필요는 없다.

참 고 신청 구비서류

- 의무기록(영상) 사본 발급 및 제증명 신청 구비서류

1. 본인이 신청	본인 신분증 지참
2. 환자의 직계존속, 비속배우자의 존속이 신청	환자신분증, 환자동의서, 가족관계증명서, 신청자 신분증
3. 환자의 형제, 자매 및 대리인(보험회사)이 신청	환자신분증, 신청자 신분증, 환자동의서(자필서명), 환자의 위임장(자필서명)

주의사항

1. 본인이 직접 내원해도 신분증 없이 발급 불가하다.

2. 미성년자, 법적 무능력자, 사망자 등의 경우에는 의료법 시행규칙 제13조2의 규정에 따른다.

시행규칙 제13조2의 규정에 따른 구비서류	
미성년자(만 14세 미만) 법정대리인	신청자 신분증, 가족관계증명서 또는 주민등록등본
미성년자(만 14세~만 17세) 법정대리인	신청자 신분증, 가족관계증명서 또는 주민등록등본, 환자가 자필서명한 동의서

시행규칙 제13조2의 규정에 따른 구비서류	
환자가 군복무 중인 경우(친족)	신청자 신분증, 가족관계증명서 또는 주민등록등본, 병적증명서 또는 복무확인서
환자가 사망한 경우	신청자 신분증, 가족관계증명서 또는 주민등록등본, 사망진단서 또는 제적등본
환자가 의식불명 또는 자필서명을 할 수 없는 경우	신청자 신분증, 가족관계증명서 또는 주민등록등본, 환자 의식불명 또는 자필서명 불가능하다는 진단서
환자가 행방불명인 경우	신청자 신분증, 가족관계증명서 또는 주민등록등본, 행방불명 사실을 확인할 수 있는 서류, 법원의 실종선고 결정문 사본
환자가 의사무능력자인 경우	신청자 신분증, 가족관계증명서 또는 주민등록등본, 법적 금치산자선고 결정문 사본 또는 의사무능력자임을 증명할 수 있는 정신과 전문의 진단서

관련 법령	• 「개인정보 보호법」 제6조(다른 법률과의 관계) • 「개인정보 보호법」 제38조(권리행사의 방법 및 절차) • 「의료법」 제21조(기록 열람 등)

4. 환자번호는 개인정보일까?

환자로부터 수집하지 않고 각 의료기관에서 자체 발급하는 환자번호는 개인정보인가요? 그리고 환자번호에 연결된 건강정보는 개인정보인가요?

성명과 같이 결합하여 식별 가능하면 개인정보에 해당됩니다.

개인정보 여부는 식별 가능성으로 판단되며, 환자 고유번호, 병록번호(일명 차트번호–의무기록 차트에 붙는 고유번호) 자체로는 개인정보라고 보기 어려울 수 있으나, 이름과 같이 개인을 식별할 수 있는 연계정보를 시스템에 같이 저장한다면 개인정보에 해당합니다.

관련 법령   「개인정보 보호법」 제2조

5. 의료기관의 진료정보는 개인정보일까? 동의를 받아야 할까?

법 제15조(개인정보의 수집·이용)에서 의료기관의 개인의료정보(개인건강정보) 수집은 동의 대상인가요?

성명과 같이 결합하여 식별 가능하면 개인정보에 해당됩니다.

의료기관에서 의료법에 근거하여 수집하는 개인정보는 개인정보 보호법 제15조제1항제2호의 '법률에 특별한 규정이 있거나 법령상 의무를 준수하기 위하여 불가피한 경우' 및 제4호의 '정보주체와 계약의 체결 및 이행을 위하여 불가피하게 필요한 경우'에 해당되어 동의 없이 수집할 수 있다. 다만, 의료법에서 요구하는 이외의 사항을 수집하는 경우에는 별도의 정보주체 동의가 필요하다. 연락처의 경우에는 진료기록부에 기재할 사항으로 명시되어 있지 않으나 진료예약, 진단 결과의 통보 등 진료목적 범위 내에서 사용할 필요가 있을 경우에는 환자의 동의 없이 수집 가능하다고 판단된다.

진료기록부 등의 기재 사항(의료법 시행규칙 제14조)

- 진료를 받은 사람의 주소·성명·연락처·주민등록번호 등 인적사항
- 주된 증상. 이 경우 의사가 필요하다고 인정하면 주된 증상과 관련한 병력(病歷)·가족력(家族歷)을 추가로 기록할 수 있다.
- 진단결과 또는 진단명
- 진료경과(외래환자는 재진환자로서 증상·상태, 치료내용이 변동되어 의사가 그 변동을 기록할 필요가 있다고 인정하는 환자만 해당한다)
- 치료 내용(주사·투약·처치 등)
- 진료 일시(日時)

※ 주민등록번호의 경우 시행규칙에 근거가 없어(개정됨) 의료법 시행규칙 제14조 개정이 요구된다(의료법이나 시행령에 근거 마련).

관련 법령 「개인정보 보호법」, 제15조, 「의료법 시행규칙」, 제14조

6. 병원에서 건강 및 성생활에 대한 민감정보 유무는?

개인정보 보호법 제23조(민감정보의 처리 제한)에서 건강, 성생활을 민감정보로 정의하고 처리하지 말 것을 규정하고 있는데, 병원에서 건강정보를 수집할 수 있나요?

의료법에서 민감정보의 처리를 요구하거나 허용하는 경우에 해당하므로 별도의 동의 없이 처리 가능합니다.

의료기관에서 의료법에 근거하여 수집하는 민감정보는 개인정보 보호법 제23조(민감정보의 처리 제한)의 제2호 "법령에서 민감정보의 처리를 요구하거나 허용하는 경우"에 해당하므로 별도의 동의 없이 처리할 수 있다. 다만, 법에서 요구하는 이외의 사항을 수집하는 경우에는 정보주체의 별도 동의가 필요하다.

관련 법령 「개인정보 보호법」 제23조

7. 병원에 내원한 만 14세 미만 아동에 대한 동의는?

병원에 방문한 만 14세 미만 아동에게도 법정대리인의 동의를 받아야 하나요?

의료법 22조에 따라 개인정보는 동의 없이 수집 및 이용 가능합니다.

 개인정보 보호법 제15조제1항제2호는 법률에 특별한 규정이 있거나 법령상 의무를 준수하기 위하여 불가피한 경우에는 개인정보를 수집할 수 있으며 그 수집 목적의 범위에서 이용할 수 있다고 규정하고 있다.

의료법 제22조에서는 진료기록부를 작성하도록 규정하고 있으며, 동법 시행규칙 제14조에서는 진료기록부에 기재할 사항으로 "진료를 받은 자의 주소, 성명, 병력 및 가족력, 주된 증상, 진단 결과, 진료경과 및 예견, 치료내용, 진료일시분"을 규정하고 있다. 따라서 성인이나 만 14세 미만 아동의 구분 없이 의료법에서 규정하는 개인정보는 동의 없이 수집 및 이용 가능하다.

관련 법령 「개인정보 보호법」 제15조제1항, 「의료법」 제22조

8. 법 시행 이전에 환자의 동의는 어떻게 해야 할까?

신규 환자가 아닌 기존 환자에 대한 동의는 어떻게 받아야 하나요?

법 시행 이전에 수집한 개인정보는 별도의 동의가 필요하지 않습니다.

 법 시행 이전에 수집한 환자의 개인정보는 별도의 동의가 필요하지 않다. 개인정보 보호법 부칙 제4조(처리중인 개인정보에 관한 경과조치), 표준지침 제63조(처리 중인 개인정보에 관한 경과조치) 규정에 따라 기존에 수집한 개인정보는 수집목적 범위 내에서 보유·이용할 경우, 별도의 동의가 필요하지 않다.

관련 법령　　「개인정보 보호법」 부칙 제4조, 표준지침 제63조

9. 외부 검사기관에 검사 의뢰 시 개인정보를 제공하면 위탁인가? 3자 제공인가?

Q 의료기관이 외부 검사기관에게 검사를 의뢰하면서 환자의 개인정보를 제공하는 것은 개인정보의 제3자 제공에 해당하나요? 아니면 개인정보 처리업무의 위탁에 해당하나요?

A 환자의 검사는 의료기관에서 수행되어야 하지만, 장비 및 인력 등의 이유로 외부 검사기관에 환자의 검사물과 개인정보를 제공하여 검사를 진행하는 것은 개인정보 처리가 수반되는 업무 위탁에 해당합니다.

상세설명

개인정보의 제3자 제공은 제3자의 이익 또는 제3자의 업무를 처리할 목적을 위한 것이고, 개인정보가 제3자에게 제공된 이후에는 제3자가 자신의 책임 하에 개인정보를 처리한다. 반면, 개인정보 처리업무의 위탁은 개인정보처리자의 업무를 처리할 목적으로 개인정보가 수탁자에게 이전되고, 위탁 후 수탁자는 여전히 위탁자인 개인정보처리자의 관리·감독을 받는다.

환자의 검사는 의료기관에서 수행되어야 하지만, 장비 및 인력 등의 이유로 외부 검사기관에 환자의 검사물과 개인정보를 제공하여 검사를 진행하는 것은 개인정보 처리가 수반되는 업무 위탁에 해당한다.

개인정보 처리업무를 위탁하는 경우에는 위탁업무 수행 목적 외 개인정보의 처리 금지에 관한 사항, 개인정보의 기술적·관리적 보호조치에 관한 사항, 위탁업무의 목적 및 범위, 재 위탁 제한에 관한 사항, 개인정보의 관리 현황 등 감독에 관한 사항이 포함된 문서에 의해야 하며, 위탁자는 위탁하는 업무의 내용과 수탁자를 인터넷 홈페이지에 지속적으로 공개해야 한다.

관련 법령 「개인정보 보호법」 제17조

10. 환자의 진료기록부 보관 기간은?

Q 개인정보 보호법에 따라 환자가 개인정보 삭제 요청을 한 경우 병원에서 삭제하지 않고 10년 동안 보관하는 것이 타당한가요?

A 병원을 더 이상 이용할 계획이 없는 환자가 병원에 자신의 개인정보를 삭제해달라고 요청하는 경우에도 병원은 의료법에 따라 진료기록을 10년간 보존해야 합니다. 따라서 10년 간은 진료기록부에 기재된 개인정보를 환자의 요청에 따라 삭제할 수 없습니다.

상세설명 개인정보 보호법에 따라 정보주체는 자신의 개인정보에 대해서 삭제를 요청할 수 있다. 그러나 다른 법령에서 그 개인정보가 수집 대상으로 명시되어 있고 일정기간 보존하도록 규정하고 있는 경우, 개인정보처리자(병원)는 정보주체의 삭제요청이 있더라도, 법에서 정한 보유기간 동안 개인정보를 파기하지 않고 보존하여야 한다.

병원은 의료법에 따라서 환자의 성명, 주소, 주민등록번호 등이 기재된 진료기록부를 작성해야 하고, 작성된 진료기록부를 의료법에 따라 최소한 10년간 보존해야 한다.

다만, 의료기관이 10년 이상 보관하고 있는 진료기록에 대하여 환자가 자신의 개인정보 삭제를 요청하는 경우에는 의료법에서 따른 보존기간이 경과하였으므로, 삭제 등의 필요한 조치를 하여야 한다.

계속적인 진료를 위하여 필요한 경우에는 1회에 한정하여 의료법 시행규칙 제15조 각 호에 정하는 범위 내에서 연장하여 보존할 수 있다.

관련 법령 「개인정보 보호법」 제21조, 「의료법 시행규칙」 제15조

11. 진료실 CCTV 촬영에 동의하지 않는 환자에 대한 진료 유무는?

진료실 내부 CCTV 촬영에 동의하지 않는 환자의 진료 거부는 법적으로 문제가 없나요?

분쟁에 대비하여 CCTV로 촬영된 영상정보는 진료에 필요한 최소한의 정보로 볼 수 없으므로, CCTV 촬영에 동의하지 않는다는 이유로 환자의 진료를 거부하는 것은 개인정보 보호법 위반에 해당될 수 있습니다.

일반적으로 병원의 진료실은 진료를 목적으로 하는 환자 또는 보호자가 출입하므로 진료실 내부에 CCTV를 설치하여 개인영상정보를 수집·이용하기 위해서는 개인정보 보호법 제15조에 따라 환자 또는 보호자의 동의를 받아야 한다.

또한, 개인정보 보호법 제16조에 따라 목적달성을 위해 필요한 최소한의 개인정보를 수집해야 하며, 필요한 최소한의 정보 외에 개인정보 수집에 동의하지 않는다는 이유로 정보주체에게 재화나 서비스의 제공을 거부하여서는 안 된다.

관련 법령 　　「개인정보 보호법」 제15조, 제16조, 제25조

12. 문자, 홍보 안내 시 한 줄로 압축해서 동의를 받아도 될까?

"SMS, DM 등 병원 원내, 홍보에 따른 개인정보 활용에 동의합니다."처럼 한 줄로 압축해서 동의를 받아도 되나요?

개인정보 수집 시에는 수집목적, 항목, 보유기간, 거부에 따른 불이익을 반드시 알리고 동의를 받아야 합니다.

상세설명

법률을 준수한 것이라고 볼 수 없다. 개인정보 수집이용 동의를 받을 때에는 반드시 다음의 내용을 알리고 동의를 받아야 한다.
- 개인정보의 수집·이용 목적
- 수집하려는 개인정보의 항목
- 개인정보의 보유 및 이용 기간
- 동의를 거부할 권리가 있다는 사실 및 동의 거부에 따른 불이익이 있는 경우에는 그 불이익의 내용

관련 법령 「개인정보 보호법」 제15조

1. SMS 전송 서비스를 위한 개인정보 수집 시 본교 재학 기간으로 동의를 받아도 될까?

질문 교육기관에서 재학 동안 SMS 전송을 위한 개인정보 수집 시 보유기간 산정은?

재학 기간으로 하여 보유 기간 합리적으로 산정

학생 지도를 위해 학생·학부모의 연락처 등은 교육 목적을 위해 학교에서 보유하고 있는 개인정보이며, 학교 고유의 업무를 위해 사용할 경우 문자 전송 업무는 위탁에 해당하므로 정보주체의 개별적 동의를 받지 않아도 된다.

담당자 업무처리

개인정보처리자는 학사 업무의 안내 등을 위해 SMS 전송 행위는 재학 기간 내에 계속 발생할 수 있다는 점에서 재학 기간은 이용 목적의 달성을 위한 합리적인 기간으로 해석 가능하다. 다만, 이 경우 정보주체의 보호를 위한 목적 범위 내에서 개인정보의 이용이 이루어져야 하고, 안전성 확보 조치를 준수해야 한다. 또한, 위탁 사실에 대한 고지를 해야 한다.

관련 법령
- 「개인정보 보호법」 제15조(개인정보의 수집·이용)
- 2015년 교육부 개인정보 업무사례집 p69(질의 15)

2. 단체 사진의 경우 학교 게시판에 올릴 때 동의를 받아야 할까?

 학생들의 단체 사진을 학교 홈페이지에 게재하면 안 되나요?
로그인 후 올리면 괜찮나요?

3부 현장에서 실무 사례 및 판례

사진도 개인정보에 해당하므로 보호할 필요가 있음

사진을 통해 개인을 알아볼 수 있는 정보도 개인정보에 해당된다. 단체 사진의 경우도 개인정보에 해당하므로 학교 홈페이지에 사진을 올리는 경우 정보주체의 동의를 필요로 한다.

담당자 업무처리

단체 사진의 경우 동의를 거부한 사람에 대해서는 식별할 수 없도록 처리한 후 게시 가능하다. 만 14세 미만의 경우 법정대리인의 동의를 받아 게시할 수 있다.

학생의 사진을 학교 홈페이지에 게시하는 경우 로그인 등의 방법으로 제한된 사람만 이용할 수 있는지 여부와 상관없이 정보주체인 학생 본인 또는 법정대리인의 동의를 받아야 한다.

관련 법령

- 「개인정보 보호법」 제15조(개인정보의 수집·이용)
- 개인정보 보호법 제17조(개인정보의 제공)
- 2015년 교육부 개인정보 업무사례집 p76(질의 26)

3. 어학시험을 신청하려는데, 마케팅 활용에 동의하지 않으면 접수를 할 수 없나요?

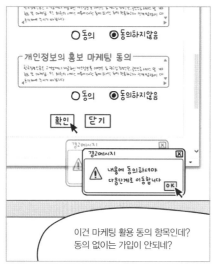

질문 회원가입을 위한 개인정보 수집 시 마케팅 활용에 동의하지 않으면 가입
할 수 없을 때 문제는 없나요?

홍보 · 이벤트 · 마케팅 활용에 사용되는 개인정보 처리방법

온라인 · 오프라인을 통해 개인정보 수집 시 업무 목적 외 홍보 · 이벤트 · 마케팅 사용 시 문제점은 없는지 확인해야 한다. 즉, 홍보나 마케팅 활용에 따른 개인정보 수집은 개인정보 자기결정권에 따라 별도의 동의를 받아야 한다.

담당자 업무처리
개인정보 수집 이용 안내 시 개인정보 수집 이용 목적에 마케팅 항목이 포함되면 안 된다. 반드시 정보주체의 별도 동의를 받아야 한다. 개인정보 이용 목적에 마케팅 항목이 있지만 별도의 동의를 받지 않을 경우 개인정보 보호법 제22조3항 위반 시 1천만 원 이하의 과태료가 부과된다.

관련 법령
「개인정보 보호법」 제22조(개인정보 동의 받는 방법)

4. 학교에서 학생 사진을 게시할 때 동의 유무는?

Q 학교에서는 행사에 참여하는 학생의 사진, 학교명과 이름을 홍보물에 넣거나 학교 홈페이지에 학생들의 생활 사진이나 행사와 관련된 사진 등을 게시하게 되는데, 개별적으로 학생들의 동의를 받아야 하나요?

A 법령 등에서 정하는 소관 업무의 수행을 위하여 불가피한 경우가 아니라고 한다면 사전 동의가 필요합니다.

 **상세설명** 학교는 공공기관으로 개인정보의 수집·이용 시 법 제15조제1항제3호에 따라 공공기관이 법령 등에서 정하는 소관 업무의 수행을 위하여 불가피한 경우 정보주체의 동의 없이 수집, 이용 가능하다. 학생들의 정보가 학사행정에 불가피한 정보라고 한다면, 정보주체인 학생 또는 법정대리인의 동의(학생이 만 14세 미만일 경우) 없이 수집·이용이 가능할 것이다.

법령 등에서 정하는 소관 업무의 수행을 위하여 불가피한 경우가 아니라고 한다면 사전 동의가 필요하므로, 가급적 입학 시 학생들이나 법정대리인의 동의(학생이 만 14세 미만일 경우)를 받는 것이 바람직하다.

관련 법령 「개인정보 보호법」 제15조

5. 학생의 수상 정보와 사진을 홈페이지에 공개할 때 동의 유무는?

학생의 수상 정보와 사진을 홈페이지에 공개하는 것이 개인정보 보호법에 위반되나요?

학생의 개인정보를 홈페이지 등을 통해 불특정 다수에게 공개하는 경우 정보주체인 학생 본인 또는 그 법정대리인의 동의를 받아야 합니다.

학교에서 「교육기본법」 및 「초·중등교육법」 등 관련 법령을 준수하기 위하여 불가피한 경우 개인정보를 수집하여 이용하는 것은 학생이나 부모님의 동의가 필요하지 않다. 그러나 학생의 수상 정보와 사진을 홈페이지에 공개하는 것은 관련 법령을 준수하기 위하여 불가피한 경우에 해당한다고 보기에는 어렵다.

학교에서는 원활한 학교 행정을 위하여 학기 초, 학년 초, 입학 시 정보주체에게 알려야 할 사항을 명시하고 각각의 사안별로 동의를 선택하도록 하는 경우라면 일괄 동의가 가능할 것이다.

학생의 개인정보를 홈페이지 등을 통해 불특정 다수에게 공개하는 경우 정보주체인 학생 본인 또는 그 법정대리인의 동의를 받아야 한다.

관련 법령 　　「개인정보 보호법」 제15조

6. 대학에서의 학력조회 또는 부서 간 업무 시 개인정보 이용에 대한 학생의 동의 유무는?

Q 대학에서 업무목적으로 학생의 개인정보를 교내 부서들과 같이 이용하는 경우 학생의 동의를 받아야 하나요? 학력조회 서비스를 통해 국·공립대학 또는 기업 등 제3자에게 학생의 학력정보를 제공하는 경우 학생의 동의가 필요한가요?

A 개인정보처리자인 대학교는 학사관리 등을 위해 학생의 동의 없이 개인정보를 수집·이용할 수 있으며, 학교 내부 업무수행을 위한 경우 동의 없이 학교 부서가 함께 학생의 개인정보를 이용할 수 있습니다. 다만, 학력조회서비스 제공에 대해서는 법적 근거가 없으므로, 대학교는 학생의 개인정보인 학력정보를 국·공립대학과 공유하거나 기업에 제공하기 위해서는 학생으로부터 별도의 동의를 받아야 합니다.

개인정보처리자인 대학교는 학사관리 등을 위해 학생의 동의 없이 개인정보를 수집·이용할 수 있으며, 학교 내부 업무수행을 위한 경우 동의 없이 학교 부서가 함께 학생의 개인정보를 이용할 수 있다.

그러나 개인정보 보호법은 법령의 근거가 있거나 정보주체의 별도 동의가 있는 경우에만 개인정보를 제3자에게 제공할 수 있도록 하고 있다.

관련 법령　　「개인정보 보호법」 제15조, 제17조

7. 학원 수강생 등록 시 학부모 개인정보 수집 동의 유무는?

Q 보습학원 등록 시 학부모의 정보를 수집하는 것이 개인정보 보호법상 가능한가요?

A 초등학생의 학원 등록 시 학부모의 이름과 휴대전화번호는 해당학생의 교육지도를 위하여 필요하므로 학부모의 동의 없이 연락처를 수집·이용할 수 있습니다.

 개인정보 보호법 제15조에 따라 개인정보처리자(보습학원)는 계약 체결 및 이행을 위하여 불가피하게 필요한 개인정보를 정보주체의 동의 없이 수집하여 목적 범위 내에서 이용할 수 있다. 따라서 개인정보처리자인 학원은 학생의 동의 없이 강의진행 등과 관련하여 필요한 기본적인 개인정보를 수집·이용할 수 있다.

즉, 해당 학생의 교육지도와 관련한 학부모의 이름이나 연락처 정보는 별도 동의 없이 수집할 수 있으나, 그와 관련 없는 직업, 소득 등은 본인이 동의하는 경우에만 수집해야 한다. 특히, 학부모의 동의 없이 수집한 개인정보를 학습지도가 아닌 학원의 홍보 및 마케팅 용도로 이용하고자 할 경우에는 사용목적을 별도로 명시한 후 학부모로부터 별도의 동의를 받아야 한다. 또한 학부모가 학습지도와 관련 없는 정보제공에 동의하지 않거나 홍보 및 마케팅 목적으로 한 개인정보의 수집·이용에 반대하는 경우, 학원은 이를 이유로 수강신청을 거부하는 등 교습 등에 불이익을 줄 수 없다.

관련 법령 「개인정보 보호법」 제15조

8. 만 14세 미만의 학생이 대회에 참석할 때 법정대리인 동의 유무는?

Q 만 14세 미만의 초등학생을 대상으로 대회 개최 시 참가자의 개인정보를 수집하기 위해 법정대리인의 동의를 별도로 받아야 하나요?

A 해당 대회 개최에 필요한 참가 아동의 개인정보를 수집하는 경우 계약 체결 이행을 위해 법정대리인의 동의는 필요하지 않습니다.

 **상세설명** 원칙적으로 개인정보 보호법에 따라 개인정보를 수집·이용하기 위해 동의를 받아야 하는데, 정보주체가 만 14세 미만 아동인 경우에는 법정대리인의 동의를 받아야 한다.

그러나 대회 개최와 관련하여 필요한 대회참가자의 연락처 등은 계약 체결 및 이행을 위하여 필요한 사항으로 개인정보 보호법 제15조제1항제4호에 따라 동의를 받지 않아도 될 것이다.

다만, 대회와 무관한 사항을 안내하거나 홍보하기 위하여 참가자의 개인정보를 이용할 때에는 참가자의 동의를 받아야 하며, 개인정보 보호법 제22조에 따라 14세 미만의 참가자의 경우에는 법정대리인(부모 등)의 동의를 받아야 한다.

이 경우 법정대리인의 동의를 받기 위해 필요한 최소한의 정보는 법정대리인의 동의 없이 해당 아동으로부터 직접 수집할 수 있다.

(관련 법령) 「개인정보 보호법」 제15조

9. 학원 수강생의 합격 및 수상 내용을 학원 홍보에 활용이 가능할까?

수강생 동기부여 및 학원 홍보를 위해 수강생의 사진, 이름, 학교 등의 정보를 현수막에 기재해도 되나요?

학원 수강생의 개인정보를 학원 홈페이지, 현수막에 기재 등을 통해 학원 홍보에 활용하는 것은 당초의 수집·이용 목적 범위를 벗어나는 것이므로 개인정보 보호법 제18조제2항에 따라 수강생으로부터 별도의 동의를 받아야 합니다.

 학원은 수강생들에게 강의를 제공하기 위하여 필요한 경우 수강생의 개인정보를 수집·이용할 수 있다. 그러나 이를 학원 홈페이지, 현수막 기재 등을 통한 홍보 목적에 활용하는 것은 당초 수집목적 외의 용도로 불특정 제3자에게 개인정보를 제공하는 것에 해당한다. 따라서 이러한 경우 해당 수강생이나 법정대리인의 동의를 받아야 한다.

관련 법령 「개인정보 보호법」 제18조제2항, 개인정보 보호 가이드라인(학원·교습소 편)

10. 학원 강사 채용을 위한 개인정보 수집 및 조회 가능 유무는?

Q 학원에서 강사를 채용하기 위해 학력증명서, 경력증명서 등을 받는 경우 반드시 동의를 받아야 하나요? 또 성범죄 경력을 사전에 조회하고 싶은데 이 경우도 동의가 필요한가요?

A 강사를 채용하고자 하는 학원 측은 강사 지원자로부터 학력증명서, 경력증명서, 자격증 등을 요구하여 징구할 수 있습니다. 이는 법령에 수집이용 근거가 있는 경우이므로 별도의 동의를 받을 필요는 없습니다. 또한, 아동청소년 관련 기관은 아동·청소년의 성 보호에 관한 법률 제56조제3항에 따라 취업하려는 자에 대해서 성범죄 경력을 확인할 의무가 있으며 이 경우에는 본인(학원 취업 희망자)의 동의를 받아 수사기관에 성범죄 경력 조회를 요청할 수 있습니다.

상세설명 학원의 설립운영 및 과외교습에 관한 법률 제13조, 동법 시행령 제12조에 의거하여, 학원에서 교습을 담당하는 강사는 반드시 법률이 정하는 자격기준을 갖춘 자여야 한다.
또한, 아동청소년 대상 성범죄자는 학원 등 '아동청소년 관련기관'을 운영하거나 이에 취업하는 것이 금지되어 있다. 그리고 아동청소년 관련기관은 아동·청소년의 성 보호에 관한 법률 제56조제3항에 따라 취업하려는 자에 대해서 성범죄 경력을 확인할 의무가 있다.
그러나 이 경우에는 '본인(학원 취업 희망자)'의 동의를 받아 수사기관에 성범죄 경력 조회를 요청할 수 있다는 점을 유의해야 한다.

관련 법령 「개인정보 보호법」 제15조, 「학원 설립 운영 및 과외 교습에 관한 법률」 제13조

11. 동창회의 요청에 따라 학교가 졸업생의 개인정보를 제공하는 것이 가능한가?

학교는 동창회의 요청에 따라 졸업생의 동의 없이 동창회가 요구한 졸업생의 개인정보를 제공할 수 있나요?

학교는 해당 졸업생의 동의를 받아 개인정보를 동창회에 제공할 수 있습니다.

상세설명 개인정보 보호법에 따라 개인정보처리자(학교)는 법령의 근거가 있거나 정보주체의 별도의 동의가 있는 경우에만 개인정보를 제3자에게 제공할 수 있다.

학교와 동창회는 별개의 독립된 개인정보처리자이며, 학교가 보유하고 있는 졸업생의 개인정보를 동창생 명부를 발간하려는 동창회에 제공하기 위해서는 졸업생에게 제공 받는 자와 제공 받는 자의 이용 목적, 제공하는 개인정보 항목, 개인정보를 제공 받는 자의 보유 및 이용 기간, 동의거부 권리 및 동의 거부 시 불이익의 내용 등을 알리고 동의를 받아야 한다.

관련 법령 「개인정보 보호법」 제17조

12. 학생들을 대상으로 신체검사 시 학생의 동의를 받아야 하는가?

학교 보건실에서 학생들을 대상으로 신체검사 시 학생의 동의를 받아야 하는가?

학교보건법 제7조3에 따라 법률에 특별한 규정이 있는 사항으로 동의 없이 수집 가능합니다.

학교보건법 제7조의3에 따르면 학교의 장은 학생의 건강검사를 실시하였을 때는 그 결과를 기준에 따라 작성·관리하여 교육 정보시스템에 입력하도록 하고 있으며, 그 정보로서는 인적사항, 신체의 발달상황 및 능력 등을 규정하고 있다.

따라서 이 경우는 개인정보의 수집·이용과 관련하여 법률에 특별한 규정이 있는 사항이라고 보여지므로 정보주체의 동의 없이 수집이 가능하다고 할 수 있다.

관련 법령 「개인정보 보호법」 제15조, 「학교보건법」 제7조의 3

13. 사립학교에서 교직원 채용 시 이력서 동의 유무는?

사립학교에서 교직원 채용 시 접수받는 이력서의 경우 개인정보의 어느 항목까지 요구할 수 있으며, 탈락자의 경우 즉시 이력서를 폐기해야 하는가?

개인정보 보호법 제15조제1항제4호(계약의 체결 및 이행에 필요한 경우) 규정에 의하여 구직 예정자의 동의가 면제될 수 있습니다.

 신규 채용된 교직원은 근로에 관하여 사립학교와 상호계약을 체결하고 체결된 계약의 내용에 따른 의무를 이행하는 자에 해당한다고 할 수 있으므로 이들에 대한 개인정보는 정보주체에 대한 고지·동의 없이 수집할 수 있다고 볼 수 있다.

따라서 개인정보 보호법 제15조제1항제4호(계약의 체결 및 이행에 필요한 경우) 규정에 의하여 구직예정자의 동의가 면제될 수 있을 것이다. 하지만, 탈락자의 경우 수집된 개인정보의 목적을 다했으므로 이를 파기하는 것이 바람직하다. 하지만 대다수 상위기관 감사 등으로 보관해야 하는 경우가 많다. 보관 근거가 없으면 근거를 마련하고 보관해야 한다.

관련 법령 　「개인정보 보호법」 제15조

1. 사회복지시설의 다양한 행사나 소식지 제공을 위해 후원자에게 동의를 받아야 할까?

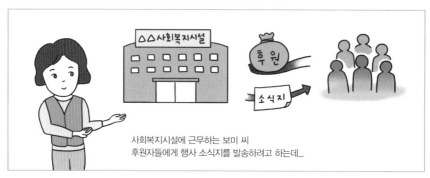

사회복지시설에 근무하는 보미 씨
후원자들에게 행사 소식지를 발송하려고 하는데...

보미 씨! 이번 행사에
후원자분들 빠짐없이
안내 부탁해요.

네. 알겠습니다.

동의??

맞아! 후원자분들에게
우편 발송할 때
별도의 동의를 받아야 한다던데
선배에게 여쭤봐야겠다.

응. 보미 씨
이건 별도로...

질문 사회복지시설에서 후원자에게 소식지나 행사 안내 시 동의를 받아야 할까?

후원자 개인정보 활용 범위 검토

사회복지시설은 후원금(아무런 대가없이 무상으로 금품 및 기타의 자산)에 대해 영수증의 교부, 사용내역의 통보 및 보고가 필요한 최소한 범위에서 개인정보를 수집가능하다.

담당자 업무처리

후원자의 인적사항 및 후원활동, 후원금품에 대한 개인정보 수집 시 후원자별 동의가 필요하다.

- 수집된 개인정보의 이용 범위 및 기간은 후원자에게 고지하여야 하며, 고지된 내용 변경 시 추가 동의 필요
- 단체로 후원하는 경우에도 후원자 연락망을 작성하기 위해서는 개별적인 개인정보 수집 동의 필요

따라서 후원자에게 사회복지시설이 제공하는 다양한 혜택 및 행사 참여를 위한 소식지 등을 제공하기 위해서는 후원과 관련된 개인정보 수집동의 외에 별도의 동의가 필요하다.

관련 법령

- 「개인정보 보호법」 제15조(개인정보 수집 이용)
- 사회복지시설 개인정보 보호 가이드라인(2013. 12)

2. 자원봉사자가 자원봉사에 대한 증빙서류 요청 시 업무처리는?

질문 자원봉사자의 자원봉사에 대한 증빙서류 발급은 어떻게 해야 하나요?

자원봉사자 개인정보 보유기간 검토 및 정보주체 동의

사회복지봉사활동인증관리시스템(VMS)은 자원봉사자(또는 자원봉사단체)가 직접 회원등록을 한다. 입력된 정보의 열람에 필요한 정보 및 기타 추가 정보에 대해서만 수집 가능하다.

담당자 업무처리

자원봉사자가 원하는 경우 VMS를 활용하여 자원봉사 증명서를 발급하고 발급대장을 관리하여야 한다. 사회복지시설은 개인정보 수집 목적(자원봉사활동 확인 등)을 달성하였을 경우 개인정보를 파기하여야 한다.

- VMS 개인정보 처리 근거는 사회복지사업법 제9조 및 시행령 제25조2에서 사회복지 자원봉사활동의 지원 육성에 관한 사무를 위해 고유식별정보를 처리하도록 규정하고 있다.
- 사회복지시설은 VMS 시스템을 통해 증빙서류를 발급하고 VMS를 활용하지 않는 기관에서는 최소한 보존을 위해 백업과 별도 보관을 통해 증빙서류를 발급해야 한다.
- 사회복지시설은 법령에서 정한 보관 기간이 지난 이후에도 자원봉사 증빙서류를 보관하고자 하는 경우 정보주체로부터 별도의 동의를 받아야 한다.

관련 법령　사회복지시설 개인정보 보호 가이드라인(2013. 12 Q4-2-1)

3. 사회복지시설에서 치매노인 상담 및 지원 시 개인정보 수집 방법은?

질문 사회복지시설에 치매환자를 상담하거나 지원할 때 개인정보는 어떻게 하나요?

정보주체인 치매환자에게 동의 받을지 아니면 보호자에게 받을지

치매환자는 정상적인 판단을 하기 어려운 환자라는 점에서 보호자와 함께 동행하였을 때 보호자에게 치매환자 개인정보 수집·이용·제공에 대한 동의를 받는 것이 바람직하다.

담당자 업무처리

개인정보 수집·이용에 대한 동의를 받을 경우 개인정보 수집 목적 및 이용범위, 이용 기간, 정보주체의 권리 등이 포함된 내용을 고지한 후 받아야 한다.

- 동의서는 개인정보 처리에 관하여 포괄적 동의가 되지 않도록 구체적 목적 단위별로 동의 항목을 구성하여 작성한다.
- 시각, 청각 등의 장애로 인하여 서면 동의를 이용하지 못할 경우 음성 또는 통화 녹음을 통한 동의가 가능하다. 단, 음성이나 통화 녹음 등을 통하여 동의를 구할 경우 필수 고지 사항을 안내해야 한다.
- 입소자에 대한 상담카드를 관리할 경우, 사생활 보호를 위하여 외부에 공개하지 않도록 보안관리를 철저히 한다.
- 사회복지시설에 협약 의료기관 및 촉탁의사를 두는 경우, 입소자의 건강기록에 대한 진료기록부는 정보주체의 동의 없이 의료기관에 보관 가능하다.

관련 법령

- 「개인정보 보호법」 제15조(개인정보 수집 이용)
- 사회복지시설 개인정보 보호 가이드라인(2013. 12)

4. 현황판에 시설 이용자 현황 게제 시 동의 유무는?

Q 복지시설 이용자들의 인적사항을 사무실 현황판에 사용할 때에도 동의를 받아야 하나요?

A 인적사항은 개인정보에 포함되기 때문에 정보주체의 동의를 받아야 합니다.

상세설명 개인정보 보호법 제15조는 개인정보처리자가 정보주체 동의 및 법률에 특별한 규정이 있거나 법령상 의무를 준수하기 위하여 필요한 경우 등의 개인정보 수집 방법을 규정하고 있다.

인적사항은 일반적으로 성명, 전화번호, 생년월일, 주소 등을 내용으로 하며, 개인정보 보호법 제2조(정의)는 살아 있는 개인에 관한 정보로서 그 자체 혹은 다른 정보와 쉽게 결합하여 개인을 알아볼 수 있는 정보를 개인정보라 규정하고 있어 인적사항은 개인정보에 해당한다.

위와 같은 인적사항의 게재가 필요한 경우에는 정보주체의 동의가 필요하다.

관련 법령
- 「개인정보 보호법」 제15조
- 사회복지시설 개인정보 보호 가이드라인(Q2-1-2)

5. 같은 기관에서 다른 부서의 업무처리 시 동의 유무는?

같은 기관이지만 다른 부서에서 다른 프로그램을 이용하는 데 개인정보를 이용하려는 경우, 접수 시 별도 동의가 필요한가요?

동일 기관에서 업무를 목적으로 정보를 공유하는 경우에는 별도의 동의가 없어도 정보 제공이 가능합니다.

개인정보 보호법 제15조제1항제2호 및 제17조제1항제2호에 의거, 법률에 특별한 규정이 있거나 법령상 의무를 준수하기 위하여 불가피한 경우 정보주체의 동의 없이 정보를 수집·이용하고 그 목적 범위 내에서 제3자에게 제공할 수 있다.

동일 기관에서 업무를 목적으로 정보를 공유를 하는 경우에는 별도의 동의가 없어도 정보 제공이 가능하다. 단, 동의 항목 외의 정보를 수집하거나, 다른 목적(복지정보, 사회복지시설 소식 제공 등)으로 이용하고자 한다면 별도 동의를 받아야 한다.

관련 법령
- 「개인정보 보호법」 제15조
- 사회복지시설 개인정보 보호 가이드라인(Q2-1-6)

6. 복지시설에서 개인정보 보호법이 발효되기 이전에 수집된 개인정보 동의 유무는?

Q 복지시설에서 개인정보 보호법이 발효되기 이전에 수집된 개인정보에 대해 정보주체에게 별도의 동의를 받아야 하나요?

A 수집목적 내에서 개인정보를 보유하는 것은 적법한 처리로 봅니다.

 **상세설명** 종전 다른 법령에 따라 적법하게 이루어진 개인정보 처리의 경우, 다시 동의를 받지 않아도 된다. 법 시행 전에 개인정보를 수집한 경우 당해 수집 목적 내에서 개인정보를 보유하는 것은 적법한 처리로 본다. 단, 기존의 수집 목적 범위를 벗어난 경우에는 별도의 동의를 받는 것이 필요하다.

관련 법령
- 「개인정보 보호법」 제15조
- 사회복지시설 개인정보 보호 가이드라인(Q2-2-1)

7. 복지시설에서 입소자 외출 시 실종방지 인식표를 위한 개인정보 동의 유무는?

사회복지시설 내 입소자의 외출 시 착용하는 실종방지 인식표에 보호자의 연락처와 주소 기재는 보호자의 동의가 필요한가요?

사회복지기관, 환자, 보호자 간의 합의가 필요한 사항이라고 판단되므로, 보호자의 동의가 필요한 사항입니다.

 실종방지 보호서비스가 필요한 어르신의 경우 보호자 연락처, 주소 등을 착용 의상에 붙이는 사항에 대해서는 사회복지기관, 환자, 보호자 간의 합의가 필요한 사항이라고 판단되므로, 보호자의 동의가 필요한 사항이다.

실종방지 인식표에는 입소자의 성명, 주소, 보호자 연락처 등을 코드화하여 일련번호를 부여하고, 실종신고·민원상담 관련기관 전화번호(182센터, 보건복지부 콜센터 129)를 인쇄하여 인식표를 제작하고, 배회 가능 어르신의 의류에 가정용 다리미를 사용하여 간편하게 부착할 수 있도록 제작하는 것이 바람직하다.

관련 법령	• 「개인정보 보호법」 제15조 • 사회복지시설 개인정보 보호 가이드라인(Q2-2-3)

8. 우편물 발송 완료 후 개인정보 책임은 누구에게 있을까?

복지시설에서 우편물 DM 작업 의뢰 시 발송 완료 후, 개인정보의 관리 책임은 제공하는 자와 수탁자 중 누구에게 있나요?

개인정보 관리를 위해 업무 위탁 시 위탁자가 수탁자를 관리·감독하는 책임이 있습니다.

DM 발송 처리업무를 제3자에게 위탁할 경우, 「개인정보 보호법」 제26조에 해당하므로, 개인정보 관리를 위해 위탁자가 수탁자를 관리감독하는 책임이 있다. 손해배상 책임은 수탁자를 위탁자의 소속직원으로 간주한다.

따라서 위탁 계약서에 기술적·관리적 보호조치에 관한 사항이나 관리감독에 관한 사항 등을 명시할 필요가 있으며, 개인정보 처리에 대한 위탁사실을 홈페이지나 사업장에 공개하여야 한다.

관련 법령

- 「개인정보 보호법」 제26조
- 사회복지시설 개인정보 보호 가이드라인(Q2-2-4)

9. 자원봉사자의 증빙서류 요청 시 업무처리는?

자원봉사 단체의 자원봉사자가 자원봉사에 대해 증빙서류를 요청하는 경우 어떻게 해야 하나요?

증빙서류 요청 시 VMS를 활용해서 발급하고, VMS를 활용하지 않는 기관에서는 최소한의 보존을 위해 백업하고 별도 보관을 통해 증빙서류를 발급합니다.

상세설명 사회복지시설 중 VMS를 활용하는 기관에서는 VMS 시스템을 통해 증빙서류를 발급하고, VMS를 활용하지 않는 기관에서는 최소한의 보존을 위해 백업과 별도 보관을 통해 증빙서류를 발급해야 한다.

법령에서 정한 보관기간이 지난 이후에도 사회복지시설에서 자원봉사 증빙서류를 보관하고자 하는 경우, 정보주체로부터 별도 동의를 받아야 한다.

관련 법령 「개인정보 보호법」 제17조, 제18조

10. 사회복지시설에 설치된 영상정보처리기기 열람 요구 처리는?

사회복지시설 안전 및 범죄예방을 위하여 교육장, 복도 등에 영상정보처리기기를 설치하여 운영하고 있습니다. 교육장 등에서 도난사고 발생 시 피해자가 영상정보처리기기 영상정보 확인을 요청하는 경우, 시설은 이용자에게 영상정보처리기기를 열람하게 할 수 있나요?

개인정보에 대한 열람 요구 시 특별한 거부사유가 없는 한 지체 없이 필요한 조치를 하여야 합니다.

 상세설명

사회복지시설은 「개인정보 보호법」 제35조에 따라 이용자가 개인정보에 대한 열람 또는 존재 확인을 요구하는 경우, 지체 없이 필요한 조치를 하여야 한다.
다만, 열람을 요구한 정보주체 이외의 개인정보는 마스킹 처리를 해야 하며, 마스킹 처리를 위한 실비 등은 열람을 요구한 정보주체에게 청구 가능하다.

관련 법령   「개인정보 보호법」 제25조, 제35조

11. 사회복지시설에 거주하는 사람들의 사진으로 소개 시 동의 유무는?

 거주시설 생활실 앞에 생활실에 사는 사람들 사진으로 소개하기 위해서는 정보주체에게 동의를 얻어야 하나요?

 본인의 동의가 필요합니다.

 거주시설 생활실 앞에 사진을 개재하기 위해서는 사진 게재에 대한 본인의 동의가 필요하다.

관련 법령 　「개인정보 보호법」 제15조

12. 산재보험 단체가입 시 개인정보 제공 동의 유무는?

일자리 제공 사업을 위해 산재보험 단체가입 시에도 개인정보 제공 동의를 받아야 하나요?

법령에 따라 개인정보를 처리하기 때문에 불필요합니다.

일자리 제공을 위해 산재가입 시, 고용보험 및 산업재해보상보험의 보험료징수 등에 관한 법률 시행령 제19조의5에 따라 산재보험 가입대상자는 주민등록번호 등 개인정보를 근로복지공단에 신고하여야 하므로 동의가 불필요하다.

관련 법령 　「개인정보 보호법」 제15조, 「고용보험 및 산업재해보상보험의 보험료징수 등에 관한 법률 시행령」 제19조의5

13. 유관 기관 시설 이용자의 주민등록번호 요구 시 업무처리는?

Q 협회 또는 유관 기관에서 공문을 통해 사회복지시설 이용자 주민등록번호를 알려달라고 하는데 제공해도 되나요?

A 주민등록번호 수집 법정주의에 따라 법령에 근거한 경우에 한하여 제공할 수 있습니다. 관련 법령에 근거하지 않은 제공은 안 됩니다.

 **상세설명** 개인정보 보호법 제15조는 개인정보처리자가 정보주체 동의 및 법률에 특별한 규정이 있거나 법령상 의무를 준수하기 위하여 필요한 경우 등의 개인정보 수집 방법을 규정하고 있다. 개인정보 보호법에서 규정한 사항 외의 정보제공은 정보주체의 동의가 있어야 한다. 특히, 주민등록번호 수집 법정주의에 따라 단순히 공문에 근거하여 협회 또는 유관기관에 주민등록번호를 제공하는 것은 개인정보 보호법 위반이다. 주민등록번호 수집 관련 법령이 있는지 자세히 살펴봐야 한다.

관련 법령 「개인정보 보호법」 제15조, 제17조, 제18조

1. ○○○ 주식회사의 자체감사를 위한 개인정보 이용·제공 관련 질의 건

Q ○○○ 주식회사가 '○○○ 주식회사와 같은 공공기관의 내부 전산 서버에 저장된 임직원의 전화 및 이메일 송수신기록, 이메일 내용 및 첨부물을 정보주체의 동의 없이 자체감사 목적으로 이용할 수 있는지 여부'와 '자체감사 결과 범죄혐의를 발견하여 수사기관에 고소 또는 고발하는 경우 감사에 이용한 개인정보를 정보주체의 동의 없이 수사기관에 제공할 수 있는지 여부'에 대하여 질의

A 1. ○○○ 주식회사는 자체감사를 위하여 필요한 최소한의 범위 내에서 내부 전산서버에 저장되어 있는 임직원의 전화 및 이메일 송수신 기록을 정보주체의 동의 없이 이용할 수 있으나, 이메일 내용 및 첨부물의 경우 범죄 혐의를 구체적이고 합리적으로 의심할 수 있는 상황에서 긴급히 확인하고 대처할 필요가 있고 그 열람 범위를 범죄혐의와 관련된 범위로 제한하는 등 사회통념상 허용될 수 있는 상당성이 있는 경우를 제외하고는 이용할 수 없음

---

6 자세한 의결문은 개인정보 보호위원회 홈페이지에 공개되어 있으니 다운로드 받아 참고하길 바란다.

A

2. ○○○ 주식회사는 자체감사에 이용한 개인정보 중 임직원의 이메일 내용 및 첨부물을 제외한 개인정보를 고소 또는 고발에 필요한 범위 내에서 정보주체의 동의 없이 수사기관에 제공할 수 있으나, 이메일 내용 및 첨부물은 위 제1항 후단의 경우를 제외하고는 제공할 수 없음

참 고 개인정보 보호에 관한 법령의 해석·운용에 관한 사항, 위원회 결정
(제 2016-11-19호, 2016. 7. 11 의결)

2. 시각장애인 운전면허 적성검사 결과 제공 관련 추가 질의 건

Q ○○공단이 '위원회의 기존 결정(제2015-16-29호, 2015. 10. 12 의결)에 언급되지 않은 개인정보인 운전면허 수시적성검사를 통과한 시각장애인의 생년월일, 주소, 수검장소를 보건복지부에 추가로 제공할 수 있는지 여부'에 대하여 질의

A ○○공단은 보건복지부의 장애등급 조정 업무를 위한 목적으로 보건복지부에 운전면허 수시적성 검사를 통과한 시각장애인의 생년월일과 주소를 제공할 수 있으나 수검장소는 제공할 수 없는 것으로 의결

참 · 고 보호법 제18조제2항제5호에 따른 개인정보의 이용·제공에 관한 사항, 위원회 결정
(제 2016-11-20호, 2016. 6. 27 의결)

3. 지방공무원 배우자의 개인정보 처리 질의 건

Q ○○부가 '지방자치단체에서 가족수당, 자녀학비 보조수당의 중복 지급을 방지하기 위하여 국민건강보험공단으로부터 지방공무원 배우자의 직장명, 직장 대표전화번호를 「개인정보 보호법」 제18조 제2항 제5호에 따라 제공 받을 수 있는지 여부'에 대하여 심의·의결 요청

A 지방자치단체는 가족수당, 자녀학비 보조수당의 중복지급을 방지하기 위하여 국민건강보험공단으로부터 위 각 수당 지급을 신청한 지방공무원의 배우자 중 지방공무원과 「국가재정법」, 「지방재정법」 또는 「지방자치단체 기금관리기본법」 등의 법률에 따른 회계 또는 기금에서 인건비가 보조되는 「사립학교법」 제2조에 따른 사립학교, 「별정우체국법」 제2조에 따른 별정우체국, 「공공기관의 운영에 관한 법률」 제4조에 따른 공공기관, 「지방공기업법」 제49조에 따른 지방공사와 같은 법 제76조에 따른 지방공단 및 「고등교육법」 제2조 각 호의 학교 중 국가가 국립대학 법인으로 설립하는 국립학교에 각 근무하는 자의 직장명, 직장 대표전화번호를 제공 받을 수 있는 것으로 의결

참　　고 　 보호법 제18조제2항제5호에 따른 개인정보의 이용·제공에 관한 사항, 위원회 결정 (제 2016-09-18호, 2016. 6. 13 의결)

4. 피내사자의 개인정보 제공 관련 질의 건

Q ○○공단이 "○○지방경찰청에서 피내사자의 개인정보 제공을 요청함에 따라, 내사가 「개인정보 보호법」 제18조제2항제7호의 '범죄의 수사를 위하여 필요한 경우'에 해당하는지 여부"를 질의

A 내사는 「개인정보 보호법」 제18조제2항제7호의 '범죄의 수사를 위하여 필요한 경우'에 원칙적으로 해당하지 않고, 다만, 범죄의 수사를 위하여 피내사자의 개인정보 제공이 불가피하다는 점이 구체적으로 소명될 경우 이에 해당할 수 있으며, 이 경우 개인정보의 제공은 범죄의 수사 목적에 필요한 최소한의 범위 내에서 이루어져야 하는 것으로 의결

참 고 개인정보 보호에 관한 법령의 해석·운용에 관한 사항, 위원회 결정
(제 2016-07-15호, 2016. 5. 9 의결)

5. ○○방송의 개인정보 이용 관련 심의·의결 건

○○방송이 '○○신문 구독자와 후원 회원으로부터 각각 구독신청서와 후원신청서를 통해 수집·관리하고 있는 개인정보를 신규사업 홍보를 목적으로 이용할 수 있는지 여부'에 대하여 심의·의결 요청

○○방송은 가톨릭신자 사업장을 소개하는 신규사업의 홍보를 위하여 기존에 보유하고 있는 ○○신문 구독자와 후원 회원의 개인정보를 이용할 수 없는 것으로 의결

 개인정보 보호에 관한 법령의 해석·운용에 관한 사항, 위원회 결정
(제 2016-07-16호, 2016. 4. 25 의결)

6. ○○ 도청 소속 공무원의 인사이력을 도의회에 제출 관련 질의 건

Q ○○○도가 '「지방자치법」 제40조(서류제출요구)'에 의하여 ○○○도의회에 도청 소속 공무원의 인사발령 자료를 「개인정보 보호법」에 따라 제출할 수 있는지 여부'에 대하여 질의

A ○○○도는 ○○○도의회가 도정질의 목적으로 요청한 도청 소속 공무원의 인사발령 자료를 ○○○도의회에 제공할 수 있고, 이 경우 ○○○도는 정보주체 또는 제3자의 이익이 부당하게 침해될 우려가 없도록 하여야 하며, ○○○도의회의 도정질의에 필요한 범위 내로 제공하여야 한다고 의결

참 고 보호법 제18조제2항제5호에 따른 개인정보의 이용·제공에 관한 사항, 위원회 결정 (제 2016-06-13호, 2016. 4. 11 의결)

7. 주민등록번호가 기재된 각종 증서, 서식에 대한 건별 심의 요청 건(7차)

Q ○○○부에서 주민등록번호 기재가 포함된 각종 증서, 서식에 대한 개선 필요성에 대하여 심의·의결 요청

A 본 건의 부패행위 신고자 보상금 지급 신청 서식(1건), 공익신고 보상금 및 구조금 지급 신청 서식(2건)에 따른 주민등록번호 처리는 현재 불가피하나 향후 처리하지 아니하도록 개선할 필요가 있다고 의결

참 고

개인정보 보호 관련 정책, 제도 및 법령의 개선에 관한 사항, 위원회 결정
(제 2016-05-12호, 2016. 3. 28 의결)

공공기관의 경우 법에 근거하지 않을 때 주민등록번호 기재가 포함된 증서, 서식에 대한 필요성을 개인정보 보호위원회 심의·의결을 거쳐 주민등록번호 수집 처리하는 것이 바람직하다.

8. 주민등록번호가 기재된 각종 증서, 서식에 대한 건별 심의 요청 건(6차)

Q
○○○부에서 주민등록번호 기재가 포함된 각종 증서, 서식에 대한 개선 필요성에 대하여 심의·의결 요청

A
• 본 건의 주택전매 관련 신청 또는 신고 서식(2건)에 따른 주민등록번호 처리는 「개인정보 보호법」 제24조의2에 위반되므로 허용되지 아니함
• 인턴 경력증명서 서식(1건), 표준근로계약서 관련 서식(2건), 기업재난관리자 인증시험 응시원서 서식(1건), 사행행위 영업 허가증 관련 서식(2건), 자원봉사자증 서식(1건), 선거권이 없는 자 대장 서식(1건)에 따른 주민등록번호 처리는 불가피하지 아니함
• 보조금 지급 관련 서식(2건)에 따른 주민등록번호 처리는 불가피하고, 포상금 지급신청 관련 서식(1건)에 따른 주민등록번호 처리는 현재 불가피하나 향후 처리하지 아니하도록 개선할 필요가 있음

참 고
개인정보 보호 관련 정책, 제도 및 법령의 개선에 관한 사항, 위원회 결정
(제 2016-04-11호, 2016. 3. 14 의결)

9. 육군 제○○○○부대의 ○○시 통합관제센터 영상정보 제공에 대한 질의 건

Q 육군 제○○○○부대가 '충무훈련 시 또는 합동훈련 시 ○○지역을 관할하고 있는 육군 제○○○○부대 1대대와 해병 제○○○○부대가 ○○시 통합관제센터에 연락관을 파견하여 영상정보를 열람할 수 있는지 여부'에 대하여 질의

A 육군 제○○○○부대 1대대와 해병 제○○○○부대는 충무훈련 시 또는 「통합방위법」 제20조, 「통합방위 지침」의 합동훈련 시 ○○시 통합관제센터에 연락관을 파견하여 영상정보를 열람할 수 있는 것으로 의결

참 고 개인정보 보호에 관한 법령의 해석·운용에 관한 사항, 위원회 결정
(제 2016-04-10호, 2016. 3. 14 의결)

10. 개인정보 처리 업무 위탁 및 개인정보파일 등록 관련 심의·의결 건

Q ○○○부가 '○○○에서 가정위탁사업 관련 개인정보를 처리하기 위하여 「개인정보 보호법」 제26조에 따라 위탁계약을 별도로 체결해야 하는지 여부'와 '개인정보의 처리 업무를 다른 공공기관에 위탁한 경우 개인정보파일의 등록 주체는 누가 되는지'에 대하여 심의·의결 요청

A ○○○부는 가정위탁사업과 관련된 개인정보의 처리 업무를 사회복지법인 ○○○에 위탁함에 있어 「개인정보 보호법」 제26조제1항 각 호에서 정한 사항이 포함되도록 기존의 중앙가정위탁지원센터 운영 위탁계약을 변경하거나 별도의 위탁계약을 체결해야 하고, 개인정보의 처리 업무를 다른 공공기관에 위탁한 경우 개인정보파일 등록은 위탁자인 ○○○부가 하여야 한다고 의결

참 고	개인정보 보호에 관한 법령의 해석·운용에 관한 사항, 위원회 결정 (제 2016-04-09호, 2016. 3. 14 의결)

최근 이슈가 된 개인정보 보호 관련 판례

1. 공개된 개인정보를 영리목적으로 수집, 제공한 행위에 대한 손해배상청구 사건[6]

〈요약〉

대법원(주심 대법관 이상훈)은 2016. 8. 17 피고들이 OO대학교 학과 홈페이지 등에 공개된 원고(위 대학의 교수로 재직 중임)의 사진, 성명, 성별, 출생연도, 직업, 직장, 학력, 경력 등의 개인정보를 원고의 동의 없이 수집하거나 다른 피고들로부터 제공 받아 이를 유료로 제3자에게 제공한 행위에 대하여 원고가 개인정보 자기결정권 침해로 인한 손해배상을 청구한 사건에서, 「이 사건 개인정보는 이미 정보주체의 의사에 따라 국민 누구나가 일반적으로 접근할 수 있는 정보원에 공개된 개인정보로서 그 내용 또한 민감정보나 고유식별 정보에 해당하지 않고 대체적으로 공립대학교 교수로서의 공적인 존재인 원고의 직업적 정보에 해당하여, 피고 주식회사 A기업 등이 영리목적으로 이 사건 개인정보를 수집하여 제3자에게 제공하였더라도 그에 의하여 얻을 수 있는 법적 이익이 그와 같은 정보처리를 막음으로써 얻을 수 있는 정보주체의 인격적 법익에 비하여 우월하다고 할 것이므로, 피고들의 행위를 원고의 개인정보 자기결정권을 침해하는 위법한 행위로 평가할 수는 없다」고 하여, 원심판결 중 피고 주식회사 A기업에 대하여 일부 손해배상 책임을 인정한 부분을 파기 환송하고, 나머지 피고들에 대한 원고의 상고를 기각하였음(대법원 2016. 8. 17 선고 2014다235080 판결, 피고 주식회사 A기업 : 파기환송, 나머지 피고들 : 원고 청구 기각 확정)

1-1. 사안내용 및 소송 경과

● 사안의 내용

원고는 1990년부터 현재까지 ○○대학교(1984년 공립대학교로 전환되었다가 2013년 국립대학법인으로 전환됨) 교수로 재직 중임

피고 주식회사 A기업(이하 '피고 A기업')은 종합적인 법률정보를 제공하는 사이트인 'A기업'(이하 '이 사건 사이트')를 운영하는 회사로, 주식회사 법률신문사로부터 제공 받은 법조인 데이터베이스상의 개인정보와 자체적으로 수집하여 데이터베이스로 구축한 국내

---

6 공개된 개인정보를 영리목적으로 수집, 제공한 행위에 대한 손해배상청구 사건 보도자료, 2016. 8. 18, 대법원 보도자료

IV. 최근 이슈가 된 개인정보 보호 관련 판례

323

법과대학 교수들의 개인정보를 이 사건 사이트 내의 '법조인' 항목에서 유료(개인정보만 따로 떼어내어 판매하는 방식이 아니라 피고 A기업가 제공하는 다른 콘텐츠와 결합하여 전체적으로 요금을 받는 방식임)로 제공하는 사업을 영위하였음

피고 A기업는 2010. 12. 17경 원고의 사진, 성명, 성별, 출생연도, 직업, 직장, 학력, 경력 등의 개인정보(이하 '이 사건 개인정보')를 수집하여 이 사건 사이트 내의 '법조인' 항목에 올린 다음 이를 유료로 제3자에게 제공하여 오다가, 2012. 6. 18 이 사건 소장 부본을 송달받자 2012. 7. 30경 이 사건 사이트 내의 '법조인' 항목에서 이 사건 개인정보를 모두 삭제함

이 사건 개인정보 중 출생연도를 제외한 나머지 정보는 ○○대학교 학과 홈페이지에 이미 공개되어 있고, 출생연도는 1992학년도 사립대학교원명부와 1999학년도 ○○대학교 교수요람에 게재되어 있으며, 피고 A기업는 이러한 자료들을 통하여 이 사건의 개인정보를 수집하였음

나머지 피고들은 피고 A기업와 유사한 방법으로 수집하거나 다른 피고들로부터 제공받은 원고의 개인정보를 유료로 제3자에게 제공하거나, 원고의 개인정보가 담긴 웹페이지가 포털사이트에 노출되도록 함

● **소송 경과**
 – 원심 : 피고 A기업에 대한 청구만 일부 인용(위자료 50만 원 및 지연 손해금), 나머지 피고들에 대한 청구 모두 기각(피고 A기업를 제외한 나머지 피고들에 대하여는 소멸시효가 완성되었다는 이유 등으로 청구 기각)
 – 원고와 피고 A기업가 각 상고 제기

1-2. 대법원의 판단

● **사건의 쟁점**
피고 A기업 등이 원고의 공개된 개인정보를 정보주체의 별도의 동의 없이 영리목적으

로 수집하여 제3자에게 제공한 행위가 개인정보 자기결정권을 침해하거나 개인정보 보호법을 위반하여 위법한지 여부

● **판결의 결과**

피고 A기업 패소부분 파기환송

나머지 피고들에 대한 원고 상고기각

● **판단의 근거**

− 개인정보 자기결정권 침해 관련

개인정보 자기결정권이라는 인격적 법익을 침해·제한한다고 주장되는 행위의 내용이 이미 정보주체의 의사에 따라 공개된 개인정보를 별도의 동의 없이 영리목적으로 수집·제공하였다는 것인 경우에는, 그와 같은 정보처리 행위로 침해될 수 있는 정보주체의 인격적 법익과 그 행위로 보호받을 수 있는 정보처리자 등의 법적 이익이 하나의 법률관계를 둘러싸고 충돌하게 됨

이때는 정보주체가 공적인 존재인지, 개인정보의 공공성과 공익성, 원래 공개한 대상 범위, 개인정보 처리의 목적·절차·이용형태의 상당성과 필요성, 개인정보 처리로 인하여 침해될 수 있는 이익의 성질과 내용 등 여러 사정을 종합적으로 고려하여, 개인정보에 관한 인격권 보호에 의하여 얻을 수 있는 이익과 그 정보처리 행위로 인하여 얻을 수 있는 이익 즉, 정보처리자의 '알 권리'와 이를 기반으로 한 정보수용자의 '알 권리' 및 표현의 자유, 정보처리자의 영업의 자유, 사회 전체의 경제적 효율성 등의 가치를 구체적으로 비교 형량하여 어느 쪽 이익이 더 우월한 것으로 평가할 수 있는지에 따라 그 정보처리 행위의 최종적인 위법성 여부를 판단하여야 하고, 단지 정보처리자에게 영리목적이 있었다는 사정만으로 곧바로 그 정보처리 행위를 위법하다고 할 수는 없음

이 사건의 경우, 원고는 공립대학교 교수로서 공적인 존재이고, 이 사건 개인정보의 내용이 민감정보나 고유식별 정보에 해당하지 않고 대체적으로 원고가 교수로서의 공공성 있는 직업적 정보인 점, 이 사건 개인정보는 일반인이 일반적으로 접근할 수 있도

록 외부에 공개된 매체인 OO대학교 학과 홈페이지나 사립대학 교원명부, 1999학년도 OO대학교 교수요람에 이미 공개된 개인정보인 점과 이와 같은 공개를 통하여 추단되는 원고의 공개 목적 내지 의도, 이 사건 개인정보의 성질 및 가치와 이를 활용하여야 할 사회·경제적 필요성, 피고 A기업 등이 그 정보처리로 얻은 이익의 정도와 그 정보처리로 인하여 원고의 이익이 침해될 우려의 정도 등에 피고 A기업 등이 원고의 명시적 의사에 반하여 이 사건 개인정보를 처리한 것은 아닌 점까지 종합적으로 고려하면, 피고 A기업 등이 영리목적으로 이 사건 개인정보를 수집하여 제3자에게 제공하였더라도 그에 의하여 얻을 수 있는 법적 이익, 즉 정보처리자의 '알 권리'와 이를 기반으로 한 정보수용자의 '알권리' 및 표현의 자유, 정보처리자의 영업의 자유, 사회 전체의 경제적 효율성 등이 그와 같은 정보처리를 막음으로써 얻을 수 있는 정보주체의 인격적 법익에 비하여 우월하다고 할 것이므로, 피고 A기업 등의 행위를 원고의 개인정보 자기결정권을 침해하는 위법한 행위로 평가할 수는 없음

– 개인정보 보호법 위반 관련

2011. 3. 29 법률 제10465호로 제정되어 2011. 9. 30부터 시행된 개인정보 보호법은 개인정보처리자의 개인정보 수집·이용(제15조)과 제3자 제공(제17조)에 원칙적으로 정보주체의 동의가 필요하다고 규정하면서도, 그 대상이 되는 개인정보를 공개된 것과 공개되지 아니한 것으로 나누어 달리 규율하고 있지는 않음

정보주체가 직접 또는 제3자를 통하여 이미 공개한 개인정보는 그 공개 당시 정보주체가 자신의 개인정보에 대한 수집이나 제3자 제공 등의 처리에 대하여 일정한 범위 내에서 동의를 하였다고 할 것임

이와 같이 공개된 개인정보를 객관적으로 보아 정보주체가 동의한 범위 내에서 처리하는 것으로 평가할 수 있는 경우에도 그 동의의 범위가 외부에 표시되지 아니하였다는 이유만으로 또다시 정보주체의 별도의 동의를 받을 것을 요구한다면 이는 정보주체의 공개의사에도 부합하지 아니하거니와 정보주체나 개인정보처리자에게 무의미한 동의 절차를 밟기 위한 비용만을 부담시키는 결과가 됨

다른 한편, 개인정보 보호법 제20조는 공개된 개인정보 등을 수집·처리하는 때에는 정보주체의 요구가 있으면 즉시 개인정보의 수집 출처, 개인정보의 처리 목적, 제37조에 따른 개인정보 처리의 정지를 요구할 권리가 있다는 사실을 정보주체에게 알리도록 규정하고 있으므로, 공개된 개인정보에 대한 정보주체의 개인정보 자기결정권은 이러한 사후통제에 의하여 보호받게 됨

따라서 이미 공개된 개인정보를 정보주체의 동의가 있었다고 객관적으로 인정되는 범위 내에서 수집·이용·제공 등 처리를 할 때는 정보주체의 별도의 동의는 불필요하다고 보아야 할 것이고, 그러한 별도의 동의를 받지 아니하였다고 하여 개인정보 보호법 제15조나 제17조를 위반한 것으로 볼 수 없음

그리고 정보주체의 동의가 있었다고 인정되는 범위 내인지는 공개된 개인정보의 성격, 공개의 형태와 대상범위, 그로부터 추단되는 정보주체의 공개 의도 내지 목적뿐만 아니라, 정보처리자의 정보제공 등 처리의 형태와 그 정보제공으로 인하여 공개의 대상범위가 원래의 것과 달라졌는지, 그 정보 제공이 정보주체의 원래의 공개 목적과 상당한 관련성이 있는지 등을 검토하여 객관적으로 판단하여야 함

이 사건의 경우, 원고가 ○○대학교 학과 홈페이지 등을 통하여 이미 공개한 개인정보의 성격, 그 공개의 형태와 대상범위, 거기에서 추단되는 원고의 공개 의도 내지 목적과 아울러, 피고 A기업 등이 이 사건 사이트를 통하여 제3자에게 제공한 이 사건 개인정보의 내용이 원고가 원래 공개한 내용과 다르지 아니한 점, 피고 A기업 등의 정보제공 목적도 원고의 직업정보를 제공하는 것으로서 원고의 원래 공개목적과 상당한 관련성이 있다고 할 것인 점, 피고 A기업 등의 행위로 원고의 개인정보에 대한 인식범위가 당초 원고에 의한 공개 당시와 달라졌다고 볼 수도 없는 점 등을 종합하면, 피고 A기업 등이 이 사건 개인정보를 수집하여 제3자에게 제공한 행위는 원고의 동의가 있었다고 객관적으로 인정되는 범위 내라고 봄이 타당하고, 피고 A기업 등에게 영리목적이 있었다고 하여 달리 볼 수 없음

결국 피고 A기업 등이 원고의 별도의 동의를 받지 아니하였다고 하여 개인정보 보호법 제15조나 제17조를 위반하였다고 볼 수도 없음

1-3. 판결의 의의

공개된 개인정보를 정보주체의 별도의 동의 없이 수집, 제공하는 행위가 개인정보 자기결정권을 침해하거나 개인정보 보호법에 위반되는지의 판단 기준에 관한 대법원의 첫 판시임

2. 인터넷 사이트에서 개인정보를 수집하면서 적법한 동의를 받았는지가 문제된 사건[7]

2-1. 사안내용 및 소송 경과

원고가 인터넷 오픈마켓상에 할인쿠폰을 증정한다는 배너광고를 게시한 후, 이를 통해 접속한 이용자들로부터 개인정보를 수집하여 제3자에게 제공함에 있어 이용자들로부터 적법한 동의를 받았다고 인정하기 위한 요건

관련 법령규정의 문언·체계·취지 등에 비추어 보면, 정보통신서비스 제공자가 이용자로부터 개인정보 수집·제공에 관하여 정보통신망법에 따라 적법한 동의를 받기 위해서는, 이용자가 개인정보 제공에 관한 결정권을 충분히 자유롭게 행사할 수 있도록, 정보통신서비스 제공자가 미리 해당 인터넷 사이트에 통상의 이용자라면 용이하게 법정 고지사항의 구체적 내용을 알아볼 수 있을 정도로 법정 고지사항 전부를 명확하게 게재하여야 함

아울러, 법정 고지사항을 게재하는 부분과 이용자의 동의 여부를 표시할 수 있는 부분을 밀접하게 배치하여 이용자가 법정 고지사항을 인지하여 확인할 수 있는 상태에서

---

7 대법원 2016. 06. 28 선고 주요판결, 2014두2638 시정조치등취소(카) 상고기각

개인정보의 수집·제공에 대한 동의 여부를 판단할 수 있어야 하고, 그에 따른 동의의 표시는 이용자가 개인정보의 수집·제공에 동의를 한다는 명확한 인식 하에 행하여질 수 있도록 그 실행방법이 마련되어야 함

인터넷 오픈마켓에 '배너' 광고를 하고, 배너를 통해 연결되는 이벤트 페이지에서 참여 자에게 경품 등을 제공하는 대가로 개인정보를 수집하여 이를 보험사 등에 제공한 원 고에 대하여, ① 이벤트 화면에서 법정 고지사항을 제일 하단에 배치하여, 이를 명확 하게 인지·확인할 수 있게 배치한 것으로 볼 수 없는 점, ② 이벤트 화면에 스크롤바 를 설치한 것만으로는 개인정보 수집·이용 및 제3자 제공에 관한 동의를 구하고 있고 화면 하단에 법정 고지사항이 존재한다는 점을 쉽게 인지·확인할 수 있는 형태라고 볼 수 없는 점, ③ 이벤트 화면에서 개인정보의 수집·제공에 관한 동의 여부를 표시하도 록 되어 있는 체크박스에 아무런 표시도 하지 아니한 채 이벤트에 참여하려 하면 일련 의 팝업창이 뜨는데, 그 팝업창 문구 자체만으로는 수집·제공의 대상이 '개인정보'이고 제공처가 제3자인 보험회사라는 점을 쉽고 명확하게 밝힌 것으로 볼 수 없음에도, 이용 자가 팝업창에서 '확인' 버튼만 선택하면 개인정보 수집·제3자 제공에 동의한 것으로 간주되도록 한 점 등의 사정을 들어, 원고가 이용자의 개인정보 수집 등을 하면서 적법 한 동의를 받은 것으로 볼 수 없다고 판단한 원심을 수긍한 사안

2-2. 시사점

최근 H 대형할인점 개인정보 유출 사건 항소심에서 무죄 판결난 부분과 비교해 살펴볼 필요가 있다. 위 사건은 온라인 사건으로, 얼마나 정보통신서비스 제공자가 이용자에 게 법적준수를 하였는지를 입증하는 측면에서 H 대형할인점 사건과 대비된다고 볼 수 있다. 따라서 정보주체 및 이용자 입장과 개인정보처리자 및 정보통신서비스 제공자 입장에서 최근 판례를 중심으로 사례연구를 통하여 대응하는 것이 바람직하다. 세부적 인 판결문은 대법원 사이트에 공개하고 있으니 다운로드 받아 읽어 볼 수 있다.

3. 제3자의 해킹으로 정보통신서비스 제공자가 보유하고 있던 개인정보가 유출된 사건과 관련하여, 정보통신서비스 제공자가 이용자의 개인정보가 도난·누출되지 않도록 안전성 확보에 필요한 보호조치를 취하여야 할 법률상 또는 계약상 의무를 위반하였는지를 판단하는 기준[8]

구 「정보통신망 이용촉진 및 정보보호 등에 관한 법률」(2008. 2. 29 법률 제8852호로 개정되기 전의 것, 이하 '구 정보통신망법'이라 한다) 제28조제1항은 "정보통신서비스 제공자 등은 이용자의 개인정보를 취급함에 있어서 개인정보가 분실·도난·누출·변조 또는 훼손되지 아니하도록 정보통신부령이 정하는 바에 따라 안전성 확보에 필요한 기술적·관리적 조치를 하여야 한다"고 규정하고 있다.

그리고 구 정보통신망법 제28조제1항의 위임을 받은 구 「정보통신망 이용촉진 및 정보보호 등에 관한 법률 시행규칙」(2008. 9. 23 행정안전부령 제34호로 전부 개정되기 전의 것, 이하 '구 정보통신부령'이라 한다) 제3조의3제1항은 정보통신서비스 제공자가 취하여야 할 개인정보의 안전성 확보에 필요한 기술적·관리적 조치로 '개인정보의 안전한 취급을 위한 내부관리계획의 수립 및 시행(제1호)', '개인정보에 대한 불법적인 접근을 차단하기 위한 침입차단시스템 등 접근통제장치의 설치·운영(제2호)', '접속기록의 위조·변조 방지를 위한 조치(제3호)', '개인정보를 안전하게 저장·전송할 수 있는 암호화기술 등을 이용한 보안조치(제4호)', '백신소프트웨어의 설치·운영 등 컴퓨터바이러스 방지 조치(제5호)', '그 밖에 개인정보의 안전성 확보를 위하여 필요한 보호조치(제6호)'를 규정하고 있다.

따라서 정보통신서비스 제공자는 구 정보통신부령 제3조의3제1항 각 호에서 정하고 있는 개인정보의 안전성 확보에 필요한 기술적·관리적 조치를 취하여야 할 법률상 의무를 부담한다.

---

[8] 2013다43994, 2013다44003(병합) 손해배상(기)(다) 상고기각, [대법원 2015. 2. 12 선고 주요판례] 옥션 개인정보 유출사건

나아가 정보통신서비스 제공자가 정보통신서비스를 이용하려는 이용자와 정보통신서비스 이용계약을 체결하면서, 이용자로 하여금 이용약관 등을 통해 개인정보 등 회원정보를 필수적으로 제공하도록 요청하여 이를 수집하였다면, 정보통신서비스 제공자는 위와 같이 수집한 이용자의 개인정보 등이 분실·도난·누출·변조 또는 훼손되지 않도록 개인정보 등의 안전성 확보에 필요한 보호조치를 취하여야 할 정보통신서비스 이용계약상의 의무를 부담한다.

그런데 정보통신서비스가 '개방성'을 특징으로 하는 인터넷을 통하여 이루어지고 정보통신서비스 제공자가 구축한 네트워크나 시스템 및 그 운영체제 등은 불가피하게 내재적인 취약점을 내포하고 있어서 이른바 '해커' 등의 불법적인 침입행위에 노출될 수밖에 없고, 완벽한 보안을 갖춘다는 것도 기술의 발전 속도나 사회 전체적인 거래비용 등을 고려할 때 기대하기 쉽지 아니한 점, 해커 등은 여러 공격기법을 통해 정보통신서비스 제공자가 취하고 있는 보안조치를 우회하거나 무력화하는 방법으로 정보통신서비스 제공자의 정보통신망 및 이와 관련된 정보시스템에 침입하고, 해커의 침입행위를 방지하기 위한 보안기술은 해커의 새로운 공격방법에 대하여 사후적으로 대응하여 이를 보완하는 방식으로 이루어지는 것이 일반적인 점 등의 특수한 사정이 있으므로, 정보통신서비스 제공자가 구 정보통신망법 제28조제1항이나 정보통신서비스 이용계약에 따른 개인정보의 안전성 확보에 필요한 보호조치를 취하여야 할 법률상 또는 계약상 의무를 위반하였는지 여부를 판단함에 있어서는 ① 해킹 등 침해사고 당시 보편적으로 알려져 있는 정보보안의 기술 수준, ② 정보통신서비스 제공자의 업종·영업규모와 정보통신서비스 제공자가 취하고 있던 전체적인 보안조치의 내용, ③ 정보보안에 필요한 경제적 비용 및 그 효용의 정도, ④ 해킹기술의 수준과 정보보안기술의 발전 정도에 따른 피해발생의 회피가능성, ⑤ 정보통신서비스 제공자가 수집한 개인정보의 내용과 개인정보의 누출로 인하여 이용자가 입게 되는 피해의 정도 등의 사정을 종합적으로 고려하여 정보통신서비스 제공자가 해킹 등 침해사고 당시 사회통념상 합리적으로 기대 가능한 정도의 보호조치를 다하였는지 여부를 기준으로 판단하여야 한다.

특히 구 정보통신부령 제3조의3제2항은 "정보통신부장관은 제1항 각 호의 규정에 의한 보호조치의 구체적인 기준을 정하여 고시하여야 한다"고 규정하고 있고, 이에 따라 정보통신부장관이 마련한 「개인정보의 기술적·관리적 보호조치 기준」(정보통신부 고시 제2005-18호 및 제2007-3호, 이하 '이 사건 고시'라 한다)은 해킹 등 침해사고 당시의 기술수준 등을 고려하여 정보통신서비스 제공자가 구 정보통신망법 제28조제1항에 따라 준수해야 할 기술적·관리적 보호조치를 구체적으로 규정하고 있으므로, 정보통신서비스 제공자가 이 사건 고시에서 정하고 있는 기술적·관리적 보호조치를 다하였다면, 특별한 사정이 없는 한, 정보통신서비스 제공자가 개인정보의 안전성 확보에 필요한 보호조치를 취하여야 할 법률상 또는 계약상 의무를 위반하였다고 보기는 어렵다.

4. 정보통신망 이용촉진 및 정보보호 등에 관한 법률로 보호되는 개인정보 누출의 개념[9]

정보통신망 이용촉진 및 정보보호 등에 관한 법률로 보호되는 개인정보의 '누출'이란 개인정보가 해당 정보통신서비스 제공자의 관리·통제권을 벗어나 제3자가 그 내용을 알 수 있는 상태에 이르게 된 것을 의미하는바, 어느 개인정보가 정보통신서비스 제공자의 관리·통제하에 있고 그 개인정보가 제3자에게 실제 열람되거나 접근되지 아니한 상태라면, 정보통신서비스 제공자의 기술적·관리적 보호조치에 미흡한 점이 있어서 제3자가 인터넷상 특정 사이트를 통해 정보통신서비스 제공자가 보관하고 있는 개인정보에 접근할 수 있는 상태에 놓여 있었다고 하더라도 그것만으로 바로 개인정보가 정보통신서비스 제공자의 관리·통제권을 벗어나 제3자가 그 내용을 알 수 있는 상태에 이르게 되었다고 할 수는 없다.

---

9 2011다24555, 2011다24562(병합) 손해배상(기)(아) 상고기각, [대법원 2014. 5. 16 선고 주요판례] 통신사 개인정보 유출 사건

4부

개인정보
업무 필수 서식

개인정보 업무 필수 서식

개인정보 업무 시 필수적으로 사용하는 서식과 상황에 따라 서식을 생성해야 하는 경우도 있다. 필수적인 (별정서식)이나 (법정서식)은 반드시 사용하고 상황에 따라 서식을 생성해야 할 경우 참고할 수 있는 서식을 소개한다. 업무에 도움이 되길 바란다.

> 본 표준 개인정보 처리위탁 계약서는 「개인정보 보호법」 제26조제1항에 따라 위탁계약에 있어 개인정보 처리에 관하여 문서로 정하여야 하는 최소한의 사항을 표준적으로 제시한 것으로서, 위탁계약이나 위탁업무의 내용 등에 따라 세부적인 내용은 달라질 수 있다.
>
> 개인정보 처리업무를 위탁하거나 위탁업무에 개인정보 처리가 포함된 경우에는 본 표준 개인정보 처리위탁 계약서의 내용을 위탁계약서에 첨부하거나 반영하여 사용할 수 있다.

표준 개인정보 처리위탁 계약서(안)

○○○(이하 "갑"이라 한다)과 △△△(이하 "을"이라 한다)는 "갑"의 개인정보 처리업무를 "을"에게 위탁함에 있어 다음과 같은 내용으로 본 업무 위탁 계약을 체결한다.

제1조(목적) 이 계약은 "갑"이 개인정보 처리업무를 "을"에게 위탁하고, "을"은 이를 승낙하여 "을"의 책임 아래 성실하게 업무를 완성하도록 하는데 필요한 사항을 정함을 목적으로 한다.

제2조(용어의 정의) 본 계약에서 별도로 정의되지 아니한 용어는 개인정보 보호법, 동법 시행령 및 시행규칙, 표준 개인정보 보호지침(행정안전부 예규 제45호)에서 정의된 바에 따른다.

제3조(위탁업무의 목적 및 범위) "을"은 계약이 정하는 바에 따라 (   ) 목적으로 다음과 같은 개인정보 처리 업무를 수행한다.[1]
　　1.
　　2.

제4조(재위탁 제한) ① "을"은 "갑"의 사전 승낙을 얻은 경우를 제외하고 "갑"과의 계약상의 권리와 의무의 전부 또는 일부를 제3자에게 양도하거나 재위탁 할 수 없다.

---

1 각 호의 업무 예시 : 고객만족도 조사 업무, 회원가입 및 운영 업무, 사은품 배송을 위한 이름, 주소, 연락처 처리 등

② "을"이 재위탁 받은 수탁회사를 선임한 경우 "을"은 당해 재위탁 계약서와 함께 그 사실을 즉시 "갑"에 통보하여야 한다.

제5조(개인정보의 안전성 확보조치) "을"은 개인정보 보호법 제29조, 동법 시행령 제30조 및 개인정보의 안전성 확보조치 기준 고시(행정안전부 고시 제2011-43호)에 따라 개인정보의 안전성 확보에 필요한 관리적·기술적 조치를 취하여야 한다.

제6조(개인정보의 처리 제한) ① "을"은 계약기간은 물론 계약 종료 후에도 위탁업무 수행 목적 범위를 넘어 개인정보를 이용하거나 이를 제3자에게 제공 또는 누설하여서는 안 된다.

② "을"은 계약이 해지되거나 또는 계약기간이 만료된 경우 위탁업무와 관련하여 보유하고 있는 개인정보를 「개인정보 보호법」 시행령 제16조에 따라 즉시 파기하거나 "갑"에게 반납하여야 한다.

③ 제2항에 따라 "을"이 개인정보를 파기한 경우 지체 없이 "갑"에게 그 결과를 통보하여야 한다.

제7조(수탁자에 대한 관리·감독 등) ① "갑"은 "을"에 대하여 다음 각 호의 사항을 관리하도록 요구할 수 있으며, "을"은 특별한 사유가 없는 한 이에 응하여야 한다.

1. 개인정보의 처리 현황
2. 개인정보의 접근 또는 접속현황
3. 개인정보 접근 또는 접속 대상자
4. 목적 외 이용·제공 및 재위탁 금지 준수여부
5. 암호화 등 안전성 확보조치 이행여부
6. 그 밖에 개인정보의 보호를 위하여 필요한 사항

② "갑"은 "을"에 대하여 제1항 각 호의 사항에 대한 실태를 점검하여 시정을 요구할 수 있으며, "을"은 특별한 사유가 없는 한 이행하여야 한다.

③ "갑"은 처리위탁으로 인하여 정보주체의 개인정보가 분실·도난·유출·변조 또는 훼손되지 아니하도록 1년에 (   )회 "을"을 교육할 수 있으며, "을"은 이에 응하여야 한다.[2]

④ 제1항에 따른 교육의 시기와 방법 등에 대해서는 "갑"은 "을"과 협의하여 시행한다.

제8조(손해배상) ① "을" 또는 "을"의 임직원 기타 "을"의 수탁자가 이 계약에 의하여 위탁 또는 재위탁 받은 업무를 수행함에 있어 이 계약에 따른 의무를 위반하거나 "을" 또는 "을"의 임직원 기타 "을"의 수탁자의 귀책사유로 인하여 이 계약이 해지되어 "갑" 또는 개인정보주체 기타 제3자에게 손해가 발생한 경우 "을"은 그 손해를 배상하여야 한다.

② 제1항과 관련하여 개인정보주체 기타 제3자에게 발생한 손해에 대하여 "갑"이 전부 또는 일부를 배상한 때에는 "갑"은 이를 "을"에게 구상할 수 있다.

본 계약의 내용을 증명하기 위하여 계약서 2부를 작성하고, "갑"과 "을"이 서명 또는 날인한 후 각 1부씩 보관한다.

갑
○○시 ○○로 ○○
성 명 :   (인)

을
○○시 ○○로 ○○
성 명 :   (인)

---

2 개인정보 안전성 확보조치 기준 고시(행정자치부 고시 제2014-7호)에 따라 개인정보처리자 및 취급자는 1년에 1회 이상 개인정보 보호에 관한 교육을 의무적으로 시행하여야 한다.

개인정보파일([ ] 등록 [ ] 변경등록) 신청서

※'변경정보 및 변경사유'란은 변경등록 시에만 작성합니다.

접수번호		접수일			처리기간	7일
개인정보파일을 운용하는 기관 명칭			부서명		취급자	

등록항목		등록정보	변경정보 및 변경사유
개인정보파일 명칭		보유 기간·목적·항목 등이 다른 경우에는 별도의 개인정보파일로 관리	
개인정보파일 운영 근거		– 개인정보파일 수집·보유 근거 　※근거 법령(관련 조항기술) 또는 정보주체 동의 등 – 고유식별 정보, 민감정보에 대한 보유근거 명확히 기술 　⑩ 주민등록번호 : ○○법 시행령 ○조 　　기타 개인정보 : ○○법 시행령 ○조	
개인정보파일 운영 목적			
개인정보파일에 기록되는 개인정보 항목		– 필수항목 : – 선택항목 :	
개인정보 처리방법		개인정보파일생성 혹은 업무수행을 위하여 개인정보를 처리하는 방법 ("수기", "전자적", "수기와 전자적" 처리로 구분)	
개인정보 보유기간		– 관련 법 또는 개인정보 보호책임관과 협의 후 기관장의 결재(위임·전결 규정) – 근거 기술(관련 법령 조문, 결재 문서번호 등) 　※ 별표 1.「개인정보파일 보유기간 책정기준표」참조 　※ 홈페이지 회원의 경우 2년 주기로 재동의 확인 후 보유	
개인정보를 통상적 또는 반복적으로 제공하는 경우	제공 받는 자	– 통상적 혹은 반복적으로 제공하는 기관명 작성 　※ 통상적 또는 반복적은 1년에 1회 이상 제공 – 시스템 간 연계 제공의 경우 연계 기관명 작성	
	근거	제공가능 범위 참조	
	개인정보 범위	제공하는 개인정보의 항목	
개인정보파일로 보유하고 있는 개인정보의 정보주체 수		정보주체의 수(중복자 제외)	
개인정보 처리 관련 업무를 담당하는 부서		개인정보파일 내 일부정보를 활용하는 부서도 작성	
개인정보의 열람 요구를 접수·처리하는 부서			
개인정보파일에서 열람을 제한하거나 거절할 수 있는 개인정보 범위 및 그 사유	개인정보 범위	정보주체에게 열람이 제한되는 개인정보 항목	
	사유		

「개인정보 보호법」제32조제1항과 같은 법 시행령 제34조제1항에 따라 위와 같이 개인정보파일([　]등록 [　]변경등록)을 신청합니다.

년　　　월　　　일

	신청자	(서명 또는 인)
	귀하	

개인정보파일 파기요청서

작성일		작성자	
파기 대상 개인정보파일			
생성 일자		개인정보취급자	
주요 대상업무		현재 보관건수	
파기 사유			
파기 일정			
특기 사항			
파기 승인일		승인자 (개인정보 보호책임자)	
파기 장소			
파기 방법			
파기 수행자		입회자	
폐기 확인 방법			
백업 조치 유무			
매체 폐기 여부			

개인정보파일 파기 관리대장

번 호	개인정보 파일명	자료의 종류	생성일	폐기일	폐기사유	처리담당자	처리부서장

개인정보의 목적 외 이용 및 제3자 제공 대장

개인정보 또는 개인정보파일 명칭			
이용 또는 제공 구분	[ ] 목적 외 이용 [ ] 제3자 제공		
목적 외 이용기관의 명칭 (목적 외 이용의 경우)		담당자	소속
			성명
			전화번호
제공 받는 기관의 명칭 (제3자 제공의 경우)		담당자	성명
			소속
			전화번호
이용하거나 제공한 날짜, 주기 또는 기간			
이용하거나 제공한 형태			
이용 또는 제공의 법적 근거			
이용 목적 또는 제공 받는 목적			
이용하거나 제공한 개인정보의 항목			
「개인정보 보호법」 제18조제5항에 따라 제한을 하거나 필요한 조치를 마련할 것을 요청한 경우에는 그 내용			

개인영상정보 관리대장

번호	구분	일시	파일명/형태	담당자	목적/사유	이용·제공받는 제3자/열람 등 요구자	이용·제공 근거	이용·제공 형태	기간
1	☐ 이용 ☐ 제공 ☐ 열람 ☐ 파기								
2	☐ 이용 ☐ 제공 ☐ 열람 ☐ 파기								
3	☐ 이용 ☐ 제공 ☐ 열람 ☐ 파기								
4	☐ 이용 ☐ 제공 ☐ 열람 ☐ 파기								
5	☐ 이용 ☐ 제공 ☐ 열람 ☐ 파기								
6	☐ 이용 ☐ 제공 ☐ 열람 ☐ 파기								
7	☐ 이용 ☐ 제공 ☐ 열람 ☐ 파기								
8	☐ 이용 ☐ 제공 ☐ 열람 ☐ 파기								

[별지 6호]

개인정보 유출신고서

기관명	
정보주체에의 통지 여부	
유출된 개인정보의 항목 및 규모	
유출된 시점과 그 경위	
유출피해 최소화 대책·조치 및 결과	
정보주체가 할 수 있는 피해 최소화 방법 및 구제절차	

담당부서·담당자 및 연락처		성명	부서	직위	연락처
	개인정보보호책임자				
	개인정보취급자				

유출신고 접수기관	기관명	담당자명	연락처

개인정보 취급위탁(제공) 계약 보안 서약서

_____(이하 "을"이라 한다)는 □□□□회사(주)(이하 "갑"이라 한다)의 개인정보 취급위탁 업무수행에 따른 개인정보 및 개인정보취급시스템(DBMS)의 안전한 보호를 위해 다음 각 호의 사항을 준수한다.

1. 을은 갑의 정보보호 규정을 준수하며 갑이 취급위탁한 개인정보(정보 및 정보시스템)를 안전하게 사용·관리하며, 개인정보의 보호를 위해 다음의 사항을 준수한다.
   1) 갑의 정보보호 규정 및 개인정보 보호 관련 법규의 준수
   2) 업무상 알게 된 개인정보에 관한 비밀 유지
   3) 제공 받은 목적 외 제공 금지
   4) 제공 받거나 허가 받은 개인정보 취급업무 및 취급권한의 제3자 공유 금지
   5) 취급업무의 종료 시의 파기 등 의무사항의 이행
   6) 갑의 규정 및 관련 법규의 미준수 또는 관리소홀로 인해 발생한 개인정보 사고에 대한 책임 부담
2. 을은 갑의 업무 수행을 위해 담당하는 직원에 대하여 책임을 진다.
3. 을은 갑의 사전 승인을 받지 못한 프로그램 및 정보기기는 갑의 업무와 관련하여 사용하지 않는다.
4. 을은 갑의 정보보호 정책과 반하는 행위로 야기되는 문제에 대해 민·형사상 책임을 진다.

상기사항을 숙지하고 이를 성실히 준수할 것을 서약한다.

201   년   월   일

수탁업체 대표 :   (인)

개인정보 보호 서약서

나 (_____)는 업무 중에 알게 된 개인정보 및 회사의 업무와 관련된 정보에 대하여 업무 수행 중이나 업무 수행 후에도 비밀을 지킬 것을 서약합니다.

또한 회사에서 수집한 개인정보의 보호를 위해 회사에서 정하는 개인정보 보호 관리 규정을 준수할 것이며, 적정한 절차 없이 개인정보를 무단으로 조회, 누출하지 않을 것을 서약합니다.

개인정보 보호와 관련한 비밀의 준수와 개인정보 보호를 위한 법적 준수기준인 "정보통신망 이용촉진 및 정보보호에 관한 법률"에 명시된 모든 조항과 회사의 개인정보 보호 관리 규정 등 관련된 모든 조항이 포함된다는 것을 충분히 설명 받고 숙지하였습니다.

만약, 이러한 서약에도 불구하고 업무상 알게 된 사항에 대하여 비밀을 누설하거나 정당한 사유 없이 조회, 유출, 오용할 경우, 형사상 민사상의 법률 조항에 의거하여 제재를 받을 수 있음을 통고 받았으며, 이러한 제재에 대하여 이의를 제기하지 않을 것을 본인의 자의로 서약합니다.

일 시 : 201   년   월   일

소 속 :

성 명 :   (인)

위 임 장

위임 받는 자	성명		전화번호	
	생년월일		정보주체와의 관계	
	주소			
위임자	성명		전화번호	
	생년월일			
	주소			

「개인정보 보호법」 제38조제1항에 따라 위와 같이 개인정보(□ 열람, □ 정정·삭제, □ 처리정지)의 요구를 위의 자에게 위임합니다.

년   월   일

위임자   (서명 또는 인)

○○○○ 귀하

개인정보 보호교육 이수확인서

- **교육과정** : 개인정보 보호를 위한 기본 지침
- **교육내용** : 회사 내 기본 보안조치 방법 및 윤리교육
- **교육일시** : 20   년   월   일(00:00~00:00)
- **교육장소** : 본사 4층 회의실

본 직원은 위와 같이 개인정보 보호교육을 이수하였음을 증명합니다.

번호	부서	직책	이름	서명
1				
2				
3				
4				
5				
6				
7				
8				
9				
10				

20   년   월   일

개인정보 보호책임자 :   (서명)

전문인력의 자격기준(제37조제1항제2호 관련) 〈개정 2014. 11. 19〉

1. 「정보통신망 이용촉진 및 정보보호 등에 관한 법률」 제52조에 따른 한국인터넷진흥원이 시행하는 정보보호전문가 (SIS) 자격을 취득한 후 1년 이상 개인정보 영향평가 관련 분야에서 업무를 수행한 경력이 있는 사람

2. 「전자정부법」 제60조에 따른 감리원(ISA) 자격을 취득한 후 1년 이상 개인정보 영향평가 관련 분야에서 업무를 수행 한 경력이 있는 사람

3. 「국가기술자격법」에 따른 정보통신 직무분야의 국가기술자격 중 정보관리기술사, 컴퓨터시스템응용기술사, 정보통 신기술사, 전자계산기조직응용기사, 정보처리기사 또는 정보통신기사 기술자격을 취득한 후 1년 이상 개인정보 영 향평가 관련 분야에서 업무를 수행한 경력이 있는 사람

4. 국제정보시스템감사통제협회(Information Systems Audit and Control Association)의 공인정보시스템감사사 (CISA) 자격을 취득한 후 1년 이상 개인정보 영향평가 관련 분야에서 업무를 수행한 경력이 있는 사람

5. 국제정보시스템보안자격협회(International Information System Security Certification Consortium)의 공인정보시 스템보호전문가(CISSP) 자격을 취득한 후 1년 이상 개인정보 영향평가 관련 분야에서 업무를 수행한 경력이 있는 사람

6. 그 밖에 개인정보 보호와 관련된 자격으로서 행정자치부장관이 정하는 자격을 취득한 후 1년 이상 개인정보 영향평 가 관련 분야에서 업무를 수행한 경력이 있는 사람

비고
"개인정보 영향평가 관련 분야에서 업무를 수행한 경력이 있는 사람"이란 공공기관, 법인 및 단체 등의 임직원으로 개 인정보 보호를 위한 공통기반기술(암호기술, 인증기술 등을 말한다), 시스템·네트워크 보호(시스템 보호, 해킹·바이러 스 대응, 네트워크 보호 등을 말한다) 또는 응용서비스 보호(전자거래 보호, 응용서비스 보호, 정보보호 표준화 등을 말 한다)에 해당하는 분야에서 계획, 분석, 설계, 개발, 운영, 유지·보수, 감리, 컨설팅 또는 연구·개발 업무 등을 수행한 경력이 있는 사람을 말한다.

과징금의 부과기준(제40조의2제1항 관련)〈신설 2014. 8. 6〉

1. 과징금 부과 여부의 결정

과징금은 법 제34조의2제2항 각 호의 사항과 위반행위의 내용 등을 종합적으로 고려하여 그 부과 여부를 결정한다. 다만, 법 제24조제3항에 따른 안전성 확보에 필요한 조치를 다한 경우에는 과징금을 부과하지 아니한다.

2. 과징금의 산정기준

과징금은 법 제34조의2제2항 각 호의 사항과 이에 영향을 미치는 사항을 종합적으로 고려하여 산정하되, 가목의 위반 정도에 따른 산정기준액에 나목의 안전성 확보에 필요한 조치 이행 노력 정도 등에 따른 조정(이하 "1차 조정"이라 한다), 다목의 위반행위의 기간 및 횟수 등에 따른 조정(이하 "2차 조정"이라 한다)을 거쳐 라목에 따라 부과과징금을 산정한다. 다만, 산정된 과징금이 5억 원을 초과하는 경우에는 5억 원으로 한다.

가. 기본 산정기준

위반 정도	산정기준액	비고
매우 중대한 위반행위	3억 5천만 원	고의 또는 중과실로 인하여 10만건 이상의 주민등록번호가 분실·도난·유출·변조 또는 훼손(이하 "분실 등"이라 한다)된 경우를 말한다.
중대한 위반행위	2억 3천만 원	고의 또는 중과실로 인하여 10만건 미만의 주민등록번호가 분실 등이 된 경우 및 경과실로 인하여 10만건 이상의 주민등록번호가 분실 등이 된 경우를 말한다.
일반 위반행위	1억 원	경과실로 인하여 10만건 미만의 주민등록번호가 분실 등이 된 경우를 말한다.

나. 1차 조정

법 제24조제3항에 따른 안전성 확보에 필요한 조치 이행 노력 정도, 피해를 최소화하기 위한 대책 마련 등 피해확산 방지를 위한 후속조치 이행 여부를 고려하여 산정기준액의 100분의 50의 범위에서 가중하거나 감경한다.

다. 2차 조정

위반행위의 기간 및 횟수, 위반 행위에 대한 조사 협조 여부, 위반행위에 따른 추가적 피해 발생 여부, 평소 개인정보 보호를 위한 노력 정도 등을 종합적으로 고려하여 1차 조정된 금액의 100분의 50의 범위에서 가중하거나 감경한다.

라. 부과과징금의 산정

개인정보처리자의 현실적 부담능력이나 그 위반행위가 미치는 효과, 위반행위로 인하여 취득한 이익의 규모 등을 고려하여 볼 때 과중하다고 인정되는 경우에는 2차 조정된 금액의 100분의 50의 범위에서 감액하여 부과과징금으로 정할 수 있다.

과태료의 부과기준(제63조 관련)〈개정 2016. 9. 29〉

1. 일반기준

가. 위반행위의 횟수에 따른 과태료 부과기준은 최근 3년간 같은 위반행위로 과태료를 부과받은 경우에 적용한다. 이 경우 위반행위에 대하여 과태료 부과처분을 한 날과 다시 같은 위반행위를 적발한 날을 각각 기준으로 하여 위반 횟수를 계산한다.

나. 행정자치부장관 또는 관계 중앙행정기관의 장은 다음의 어느 하나에 해당하는 경우에는 제2호에 따른 과태료 부과금액의 2분의 1의 범위에서 그 금액을 감경할 수 있다. 다만, 과태료를 체납하고 있는 위반행위자의 경우에는 그러하지 아니하다.

   1) 위반행위자가 「질서위반행위규제법 시행령」 제2조의2제1항 각 호의 어느 하나에 해당하는 경우

   2) 위반행위가 사소한 부주의나 오류로 인한 것으로 인정되는 경우

   3) 위반행위자가 위법행위로 인한 결과를 시정하였거나 해소한 경우

   4) 그 밖에 위반행위의 정도, 위반행위의 동기와 그 결과 등을 고려하여 과태료를 감경할 필요가 있다고 인정되는 경우

다. 행정자치부장관 또는 관계 중앙행정기관의 장은 다음의 어느 하나에 해당하는 경우에는 제2호에 따른 과태료 부과금액의 2분의 1의 범위에서 그 금액을 가중할 수 있다. 다만, 가중할 사유가 여러 개인 경우라도 법 제75조제1항부터 제3항까지의 규정에 따른 과태료 금액의 상한을 넘을 수 없다.

   1) 위반의 내용 및 정도가 중대하여 소비자 등에게 미치는 피해가 크다고 인정되는 경우

   2) 법 위반상태의 기간이 3개월 이상인 경우

   3) 그 밖에 위반행위의 정도, 위반행위의 동기와 그 결과 등을 고려하여 과태료를 가중할 필요가 있다고 인정되는 경우

2. 개별기준

(단위 : 만 원)

위반행위	근거 법조문	과태료 금액		
		1회 위반	2회 위반	3회 이상 위반
가. 법 제15조제1항을 위반하여 개인정보를 수집한 경우	법 제75조 제1항제1호	1000	2000	4000
나. 법 제15조제2항, 제17조제2항, 제18조제3항 또는 제26조제3항을 위반하여 정보주체에게 알려야 할 사항을 알리지 않은 경우	법 제75조 제2항제1호	600	1200	2400
다. 법 제16조제3항 또는 제22조제4항을 위반하여 재화 또는 서비스의 제공을 거부한 경우	법 제75조 제2항제2호	600	1200	2400
라. 법 제20조제1항 또는 제2항을 위반하여 정보주체에게 같은 항 각 호의 사실을 알리지 않은 경우	법 제75조 제2항제3호	600	1200	2400

위반행위	근거 법조문	과태료 금액		
		1회 위반	2회 위반	3회 이상 위반
마. 법 제21조제1항을 위반하여 개인정보를 파기하지 않은 경우	법 제75조 제2항제4호	600	1200	2400
바. 법 제21조제3항을 위반하여 개인정보를 분리하여 저장·관리하지 않은 경우	법 제75조 제3항제1호	200	400	800
사. 법 제22조제1항부터 제3항까지의 규정을 위반하여 동의를 받은 경우	법 제75조 제3항제2호	200	400	800
아. 법 제22조제5항을 위반하여 법정대리인의 동의를 받지 않은 경우	법 제75조 제1항제2호	1000	2000	4000
자. 법 제24조의2제1항을 위반하여 주민등록번호를 처리한 경우	법 제75조 제2항제4호의2	600	1200	2400
차. 법 제24조의2제2항을 위반하여 암호화 조치를 하지 않은 경우	법 제75조 제2항제4호의3	600	1200	2400
카. 법 제24조의2제3항을 위반하여 정보주체가 주민등록번호를 사용하지 않을 수 있는 방법을 제공하지 않은 경우	법 제75조 제2항제5호	600	1200	2400
타. 법 제23조제2항, 제24조제3항, 제25조제6항 또는 제29조를 위반하여 안전성 확보에 필요한 조치를 하지 않은 경우	법 제75조 제2항제6호	600	1200	2400
파. 법 제25조제1항을 위반하여 영상정보처리기기를 설치·운영한 경우	법 제75조 제2항제7호	600	1200	2400
하. 법 제25조제2항을 위반하여 영상정보처리기기를 설치·운영한 경우	법 제75조 제1항제3호	1000	2000	4000
거. 법 제25조제4항을 위반하여 안내판 설치 등 필요한 조치를 하지 않은 경우	법 제75조 제3항제3호	200	400	800
너. 법 제26조제1항을 위반하여 업무 위탁 시 같은 항 각 호의 내용이 포함된 문서에 의하지 않은 경우	법 제75조 제3항제4호	200	400	800
더. 법 제26조제2항을 위반하여 위탁하는 업무의 내용과 수탁자를 공개하지 않은 경우	법 제75조 제3항제5호	200	400	800
러. 법 제27조제1항 또는 제2항을 위반하여 정보주체에게 개인정보의 이전 사실을 알리지 않은 경우	법 제75조 제3항제6호	200	400	800
머. 법 제30조제1항 또는 제2항을 위반하여 개인정보 처리방침을 정하지 않거나 이를 공개하지 않은 경우	법 제75조 제3항제7호	200	400	800
버. 법 제31조제1항을 위반하여 개인정보 보호책임자를 지정하지 않은 경우	법 제75조 제3항제8호	500		

위반행위	근거 법조문	과태료 금액		
		1회 위반	2회 위반	3회 이상 위반
서. 법 제32조의2제6항을 위반하여 인증을 받지 않았음에도 거짓으로 인증의 내용을 표시하거나 홍보한 경우	법 제75조 제2항제7호의2	600	1200	2400
어. 법 제34조제1항을 위반하여 정보주체에게 같은 항 각 호의 사실을 알리지 않은 경우	법 제75조 제2항제8호	600	1200	2400
저. 법 제34조제3항을 위반하여 조치 결과를 신고하지 않은 경우	법 제75조 제2항제9호	600	1200	2400
처. 법 제35조제3항을 위반하여 열람을 제한하거나 거절한 경우	법 제75조 제2항제10호	600	1200	2400
커. 법 제35조제3항·제4항, 제36조제2항·제4항 또는 제37조제3항을 위반하여 정보주체에게 알려야 할 사항을 알리지 않은 경우	법 제75조 제3항제9호	200	400	800
터. 법 제36조제2항을 위반하여 정정·삭제 등 필요한 조치를 하지 않은 경우	법 제75조 제2항제11호	600	1200	2400
퍼. 법 제37조제4항을 위반하여 처리가 정지된 개인정보에 대하여 파기 등 필요한 조치를 하지 않은 경우	법 제75조 제2항제12호	600	1200	2400

허. 법 제63조제1항에 따른 관계 물품·서류 등 자료를 제출하지 않거나 거짓으로 제출한 경우
  1) 자료를 제출하지 않은 경우
  2) 자료를 거짓으로 제출한 경우
	법 제75조
	제3항제10호
		
		100
		200
			
			200
			400
				
				400
				800

고. 법 제63조제2항에 따른 출입·검사를 거부·방해 또는 기피한 경우	법 제75조 제3항제11호	200	400	800
노. 법 제64조제1항에 따른 시정명령에 따르지 않은 경우	법 제75조 제2항제13호	600	1200	2400

개인정보파일 보유기간 책정 기준표

보유기간	대상 개인정보파일
영구	1. 국민의 지위, 신분, 재산을 증명하기 위해 운용하는 개인정보파일 중 영구보존이 필요한 개인정보파일 2. 국민의 건강증진과 관련된 업무를 수행하기 위해 운용하는 개인정보파일 중 영구보존이 필요한 개인정보파일
준영구	1. 국민의 신분, 재산을 증명하기 위해 운용하는 개인정보파일 중 개인이 사망, 폐지 그 밖의 사유로 소멸되기 때문에 영구 보존할 필요가 없는 개인정보파일 2. 국민의 신분증명 및 의무부과, 특정대상 관리 등을 위하여 행정기관이 구축하여 운영하는 행정정보시스템의 데이터 셋으로 구성된 개인정보파일
30년	1. 관계 법령에 따라 10년 이상 30년 미만의 기간 동안 민·형사상 또는 행정상의 책임 또는 시효가 지속되거나, 증명자료로서의 가치가 지속되는 개인정보파일
10년	1. 관계 법령에 따라 5년 이상 10년 미만의 기간 동안 민·형사상 또는 행정상의 책임 또는 시효가 지속되거나, 증명자료로서의 가치가 지속되는 개인정보파일
5년	1. 관계 법령에 따라 3년 이상 5년 미만의 기간 동안 민·형사상 또는 행정상의 책임 또는 시효가 지속되거나, 증명자료로서의 가치가 지속되는 개인정보파일
3년	1. 행정업무의 참고 또는 사실 증명을 위하여 1년 이상 3년 미만의 기간 동안 보존할 필요가 있는 개인정보파일 2. 관계 법령에 따라 1년 이상 3년 미만의 기간 동안 민·형사상 또는 행정상의 책임 또는 시효가 지속되거나, 증명자료로서의 가치가 지속되는 개인정보파일 3. 각종 증명서 발급과 관련된 개인정보파일(단, 다른 법령에서 증명서 발급 관련 보유기간이 별도로 규정된 경우 해당 법령에 따름)
1년	1. 상급기관(부서)의 요구에 따라 단순 보고를 위해 생성한 개인정보파일

[별표 4]

위반 시 벌칙사항

구분	주요 내용	처벌 및 벌칙
수집·이용	민감정보(사상·신념·정당가입·건강 등) 처리기준 위반(제23조)	5년 이하 징역 또는 5천만 원 이하 벌금
	고유식별 정보(주민등록·여권·운전면허 번호 등) 처리기준 위반(제24조)	
	부당한 수단이나 방법에 의해 개인정보를 취득하거나 개인정보 처리에 관한 동의를 얻는 행위를 한 자(제59조)	3년 이하 징역 또는 3천만 원 이하 벌금
	개인정보의 수집기준 위반(제15조)	5천만 원 이하 과태료
	만 14세 미만 아동의 개인정보 수집 시 법정대리인 동의확득여부 위반(제22조)	
	탈의실·목욕실 등 영상정보처리기기 설치 금지 위반(제25조)	
	최소한의 개인정보 외 정보의 미동의를 이유로 재화 또는 서비스 제공을 거부한 자(제16조, 제22조)	3천만 원 이하 과태료
	주민등록번호를 제공하지 아니할 수 있는 방법 미제공(제24조)	
	동의확득방법 위반하여 동의 받은 자(제22조)	1천만 원 이하 과태료
제공·위탁	정보주체의 동의 없는 개인정보 제3자 제공(17조)	5년 이하 징역 또는 5천만 원 이하 벌금
	개인정보의 목적 외 이용·제공(제18조, 제19조, 제26조)	
	개인정보주체에게 알려야 할 사항을 알리지 아니한 자(제15조, 제17조, 제18조, 제26조)	3천만 원 이하 과태료
	업무 위탁 시 공개의무 위반(제26조)	1천만 원 이하 과태료
개인정보안전관리	개인정보의 누설 또는 타인 이용에 제공(제59조)	5년 이하 징역 또는 5천만 원 이하 벌금
	개인정보의 훼손, 멸실, 변경, 위조, 유출(제59조)	
	영상정보처리기기 설치목적과 다른 목적으로 임의 조작하거나 다른 곳을 비추는 자 또는 녹음 기능을 사용한 자(제25조)	3년 이하 징역 또는 3천만 원 이하 벌금
	직무상 알게 된 비밀을 누설하거나 직무상 목적 외 사용한 자(제60조)	
	안전성 확보에 필요한 보호조치를 취하지 않아 개인정보를 도난·유출·변조 또는 훼손당하거나 분실한 자(제24조, 제25조, 제29조)	2년 이하 징역 또는 1천만 원 이하 벌금
	안전성 확보에 필요한 조치의무 불이행(제24조, 제25조, 제29조)	3천만 원 이하 과태료
	영상정보처리기기 설치·운영기준 위반(제25조)	
	개인정보를 분리해서 저장·관리하지 아니한 자(제21조)	1천만 원 이하 과태료
	개인정보 처리방침 미공개(제30조)	
	개인정보 관리책임자 미지정(제31조)	
	영상정보처리기기 안내판 설치 등 필요조치 불이행(제25조)	

구분	주요 내용	처벌 및 벌칙
정보주체권익보호	개인정보의 정정·삭제요청에 대한 필요한 조치를 취하지 않고, 개인정보를 계속 이용하거나 제3자에게 제공한 자(제36조)	2년 이하 징역 또는 1천만 원 이하 벌금
	개인정보의 처리정지 요구에 따라 처리를 중단하지 않고 계속 이용하거나 제3자에게 제공한 자(제37조)	
	개인정보 유출사실 미통지(제34조)	3천만 원 이하 과태료
	정보주체의 열람 요구의 부당한 제한·거절(제35조)	1천만 원 이하 과태료
	정보주체의 정정·삭제요구에 따라 필요 조치를 취하지 아니한 자(제36조)	
	처리정지된 개인정보에 대해 파기 등의 조치를 하지 않은 자(제37조)	
	시정명령 불이행(제64조)	
	정보주체의 열람, 정정·삭제, 처리정보 요구 거부 시 통지의무 불이행(제35조, 제36조, 제37조)	
	관계물품·서류 등의 미제출 또는 허위제출(제63조)	
	출입·검사를 거부·방해 또는 기피한 자(제63조)	
파기	개인정보 미파기(제21조)	3천만 원 이하 과태료

참고문헌, 자료 및 사이트

개인정보 보호 법령 및 지침 고시·해설서, 안전행정부, 2011. 12

개인정보 침해신고센터(http://privacy.kisa.or.kr), 한국인터넷진흥원

금융 분야 개인정보 가이드라인, 안전행정부, 금융감독원, 금융위원회, 2013. 7

금융권 개인(신용)정보 보호 관련 FAQ, 금융감독위원회

법제처(http://www.moleg.go.kr), 개인정보 보호법, 정보통신망법

금융감독원, 개인정보보호 게시판(http://www.fss.or.kr → 업무자료 → 공통 업무 → 개인정보보호)

개인정보 보호 종합포털(http://privacy.go.kr)

개인정보 보호 위원회(http://www.pipc.go.kr)

교육부 개인정보 업무사례집, 2014

복지시설 개인정보 가이드라인, 2013. 12

에스토니아 '사이버테러' 배후는 러시아?, 한겨레, 2007. 5. 17

서비스 약관동의, 고객의 선택권은 있었나?, 아이뉴스24, 2013. 3. 21

개인정보 보호 전문 강사 교육자료, 한국인터넷진흥원, 2016. 8

의료기관 개인정보 가이드라인, 보건복지부, 2016. 3

대법원(http://www.scourt.go.kr/) 주요판결문 자료 게시판

대법원 보도자료, 2016. 8

개인정보 자주하는 질문답변 사례집, 한국인터넷진흥원

개인정보 자율 활동 사례분석보고서, 한국정보화진흥원

개인정보 유출로 인한 손해배상 책임 최근동향, 보안뉴스, 2016. 7. 7

법원 틀에 얽메인 판결 벗어나야, 한국일보, 2016. 7. 20

개인정보 유출 배상책임 시장 최대 3조 규모, 보안뉴스, 2015. 5. 31

개인정보 보호 관리체계 인증제도 의의와 효과, 보안뉴스, 2016. 7. 11

개인정보 영향평가 안내 해설서, 행정자치부, 한국인터넷진흥원

CCTV로 감시, 노동자 거리로 나온 이유, 오마이뉴스, 2014. 6. 12

개인정보 안전성확보조치 기준 고시(행정자치부 제2016−35호)

표준 개인정보 보호지침, 행정자치부(행정자치부 제2016−21호)

미흡한 개인정보 암호화 조치로 2, 3차 피해, IT조선, 2016. 7. 8

개인정보 영향평가 안내 해설서, 한국인터넷진흥원

http://arstechnica.com

http://arstechnica.com/tech−policy/2016/07/nobody−reads−tos−agreements−even−ones−
    that−demand−first−born−as−payment

개인정보 취급방침 심사제도 도입 연구, 한국인터넷진흥원, 2012. 11

2014 개인정보 실태조사, 개인정보보호 위원회, 행정자치부, 2015

개인정보 비식별조치 가이드라인, 행정자치부, 2016. 6. 30

ISMS 의무대상 '의료 교육기관으로 확대', 미래창조과학부, 2016. 6. 1

소프트웨어정책연구소, https://spri.kr/post/16676 참조

개인정보 수집출처 본인에게 알려준다. 연합뉴스, 2016. 3. 3

찾아보기